KB106061

사업 타당성 분석 4.0

사업 타당성 분석 4.0

발행일	2020년 9월 15일

지은이	서정민		
펴낸이	손형국		
펴낸곳	(주)북랩		
편집인	선일영	편집	정두철, 윤성아, 최승헌, 이예지, 최예원
디자인	이현수, 한수희, 김민하, 김윤주, 허지혜	제작	박기성, 황동현, 구성우, 권태련
마케팅	김회란, 박진관, 장은별		
출판등록	2004. 12. 1(제2012-000051호)		
주소	서울특별시 금천구 가산디지털 1로 168, 우림라이온스밸리 B동 B113~114호, C동 B101호		
홈페이지	www.book.co.kr		
전화번호	(02)2026-5777	팩스	(02)2026-5747

ISBN	979-11-6539-394-6 03320 (종이책)	979-11-6539-395-3 05320 (전자책)	

이 도서의 국립중앙도서관 출판예정도서목록(CIP)은 서지정보유통지원시스템 홈페이지(http://seoji.nl.go.kr)와
국가자료공동목록시스템(http://www.nl.go.kr/kolisnet)에서 이용하실 수 있습니다.
(CIP제어번호: CIP2020038796)

기초이론부터 분석실무 응용기법까지
사업 타당성 분석 한 권으로 끝내기

사업 타당성 분석 4.0

서정민 지음

북랩 book Lab

머리말

　기업을 포함한 '사업추진주체'들이 지극히 힘들고(至苦) 어려운(至難) 과정을 거쳐 개발한 사업 아이템(Business Item)이 중·장기적인 미래에도 지속적으로 생존하고 성장·발전해 나갈 수 있는 '미래 먹거리'로서의 가치가 충분하다면 사업화 의사결정은 결코 어렵지 않을 것이다.

　그러나 신규사업 및 전략경영과 관련된 실제상황은 그렇게 쉽게 전개되지 않는 것이 현실이다. 사업의 성공과 실패를 사전에 정확하게 예측할 수 있는 능력은 우리 인간의 영역이 아닐지도 모르지만 체계적인 방법과 절차를 통해 그 위험을 줄일 수는 있는 것이다.

　사업 타당성 분석은 사업추진 주체가 추진하고자 하는 사업 아이템의 사업적 타당성 여부를 사업추진 이전에 조사·분석·검토하여 전략적 의사결정에 필요한 기초자료를 도출하는 활동을 말한다. 전략적 의사결정을 함에 있어서 '타당성'이란 분석자가 분석대상에 대하여 가치 있는 요소들을 빠짐없이 검토·측정(measure)해 보았느냐의 문제이고 '신뢰성'이란 어느 누가 검토·측정하더라도 그 결괏값이 비슷하거나 똑같으냐의 문제이다.

따라서 사업의 성공 및 실패와 관련성이 높은 핵심요소와 요건들에 대한 분석과 검토를 통하여 사업 아이템의 사업적 타당성과 신뢰성을 확보하고자 하는 노력은 상당한 의미와 가치가 있는 활동이 아닐 수 없다.

이 책은 창업과 신규 사업은 물론 기존 사업의 사업 타당성을 분석·검토 및 평가하는 데 필요한 기본적인 이론과 실무기법을 소개하기 위한 목적에서 기획되었으며 전체 4부 8장으로 구성되었다.

제1부 '사업과 기업의 기초이론'에서는 제1장에서 사업과 기업에 대한 개념과 의의 및 전략에 대하여, 제2장에서 창업과 신규사업을 비교하여 그 개념과 개발전략에 대하여 요약·설명하였다. 제2부 '사업 타당성 분석의 대상: 사업 아이템' 제3장에서는 아이템의 전략적 개념과 중요성, 탐색의 체계 및 모델을 정립, 제시하였고, 제3부 '사업 아이템 선정의 배경분석'에서는 제4장에서 사업 영역 이념에 의해 선정된 사업 아이템에 대하여, 제5장에서 외부 환경 분석에 의해 선정된 사업 아이템에 대하여, 제6장에서 내부능력 분석에 의해 선정된 사업 아이템에 대하여, 각각 그 선정 배경과 내용에 대하여 구체적으로 살펴봄으로써 사업의 타당성과 신뢰성을 제고할 수 있는 기반을 구축·제시하였다.

제4부 '사업 타당성 분석과 사업계획 수립'의 제7장에서는 사업 타당성을 분석·검토 및 평가하는 이론 및 실무기법을 구체적으로 상세하게 설명하고 제8장에서는 타당성이 담보된 아이템의 사업계획 수립에 필요한 기초지식을 요약, 서술하였다.

그러나 이와 같은 집필 의도가 사업 타당성 분석에 대한 필요와 관심을 가진 여러 독자들의 기대에 부응할 수 있을지에 대해서는 의문이며 솔직히 두려울 따름이다. 부족하나마 이 책을 활용하고자 하는 분들의 기대와 필요에 티끌만큼이라도 도움이 될 수 있기를 두손 모아 기원드린다.

이 책이 나올 수 있도록 직간접적으로 많은 은혜를 베풀어 주신 여러분들에게 진심으로 존경과 감사를 드리며 아울러 많은 비평과 지도편달을 바라면서, 앞으로 계속적인 연구와 보완을 통하여 이 책이 보다 충실한 내용으로 독자들에게 다가갈 수 있게 되기를 충심으로 소망한다.

2020년 9월

서정민

CONTENTS

PART  사업 타당성 분석의 대상: 사업 아이템

PART 3 사업 아이템 선정의 배경분석

PART 4

사업 타당성 분석과 사업계획 수립

CHAPTER VII / 사업 타당성 분석 • 206

사업 타당성 분석 4.0

사업과 기업의
기초이론

I 사업과 기업

01 사업과 기업의 의의

1-1. 사업(Business)의 의의와 구성요소

가. 사업의 전략적 의의

"기본(基本)으로 돌아가라(Back to the Basic)"라는 말이 있다. 어떤 것(또는 어떤 일)이든지 좀 더 잘하려고 하면 근본 또는 기본에 충실해야 한다는 것을 간결하면서도 단호하게 표현한 말이다.

> 君子務本 本立而道生
> 군자무본 본립이도생
>
> 군자는 근본에 힘써야 하며, 근본이 서야 도가 생겨난다.
>
> — 논어, 학이편

自天子　至庶人　一是皆以　修身爲本　其本亂而　末治者　否矣
자천자 지서인 일시개이 수신위본 기본난이 말치자 부의

　지위고하를 막론하고 수신(자신의 수양)이 근본이니 그 근본(기본)이 혼란함에도 불구하고 말단(응용)이 다스려지는 일은 없다.

— 대학, 본론 수기치인

　이와 같은 맥락에서 사업에 관심이 있고 앞으로 사업을 해보고 싶은 마음이 있는 사람은 '사업이란 무엇인가?', '어떤 사업을 어떻게 할 것인가?' 등등 '사업'에 대한 기본적 사항을 확실하게 알아 두어야 할 필요가 있다.

　사업을 사전적 의미로 풀이하면 '사(事)'는 일 그 자체를, '업(業)'은 직업을 의미한다. 사업은, 즉 '직업적인 일'이라는 뜻이 된다. 이 세상에는 수많은 일들이 있다. 사람은 누구나 꼭 해보고 싶고, 해야만 하는 많은 일들을 가지고 있다. 그러다 보니 사업의 종류도 엄청나게 많을 수밖에 없다. '청춘사업'도 사업이고, '자선사업'도 사업이고, '경제사업'도 사업이다.

　그러나 민주주의와 더불어 인류가 만들어낸 체제 가운데 가장 우수한 시스템이라고 일컬어지는 시장경제체제(또는 자본주의 경제체제)에 있어서 사업은 '일정한 목적과 계획을 가지고 경영하는 경제적 활동(Economic Activity)'으로 일반화되고 있다.

　경제적 활동은 시장기구를 중심으로 생산과 소비, 수요와 공급, 판매와 구매라고 하는 거래(去來) 행위를 통하여 활성화된다. 경제적 사업은 곧 거래이다. 따라서 사업을 하려고 한다면 무엇보다도 먼저 '거래 상대방'을 생각해야 하는 것이다. 다시 말하자면 사업은 거래 상대방(고객)을 기본으로 하여 거래 목적물(제품 또는 서비스), 거래 장소(시장), 거래 방법(기술)이라고 하는 다차원적인 개념(Concept)하에서 전략적으로 파악되어야 한다는 것이다.

　거래 상대방, 즉 '고객'이라고 하는 개념이 사업에 있어서 가장 기본적인

개념이며 고객 또는 고객의 욕구가 없으면 사업이 존재할 수 없다는 사실인
식이 사업의 출발점이 된다.

　전략적 관점에서 사업의 의의는 **그림 1-1**과 같이 요약될 수 있다.

그림 1-1 사업에 대한 전략적 정의

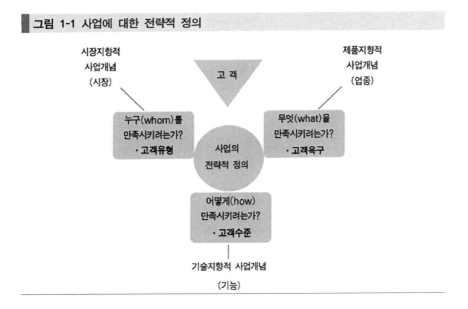

나. 사업의 구성요소와 요건

　사업의 전략적 정의는 사업에 대한 기본적인 개념(Basic Concept)의 확립을
통하여 사람들의 사고의 틀을 확장시켜 준다. 제품(업종)과 시장(고객) 및 기술
(기능)의 세 가지 차원에서 현실적으로 고객가치를 창조할 수 있는 여러 가지
실행 가능한 개념적 대안을 제시해 주기 때문이다.

　그러나 실제로 '사업'을 시작해 보려고 하면 어디서부터 어떻게 해야 될지
잘 모르는 경우가 많다. 이때 필요한 것이 바로 사업을 구성하고 있는 핵심
요소(KFS: Key Factor for Success)와 핵심요건(KFC: Key Factor for Condition)에 대

한 개념이다.

사람들이 경제적 활동을 통해서 소득을 얻는 방법을 구분하여 보면 **그림 1-2**와 같이 네 가지 형태로 대별될 수 있다.

그림 1-2 소득의 원천

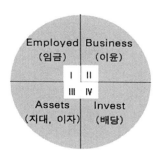

I : 고용(안정된 직업)을 통한
임금(wages) 소득 창출
II : 사업(기업)을 통한 이윤(profit)
창출
III : 자산(자원)사용을 통한 지대(rent)
이자(interest) 소득 창출
IV : 투자활동을 통한 배당
(devidants) 소득 창출

그림 1-2에서 보는 바와 같이 사업(Business)은 사람들이 소득을 획득하는 한 가지 방법이며, 경제적 이유만을 고려한다면 여타의 방식(I, III, IV)이 더 적은 위험과 더 많은 소득을 보장할 경우 굳이 사업을 해야 한다고 볼 수는 없을 것이다. 따라서 사업(Business)을 하느냐 마느냐의 문제는 인간의 욕구 중 경제적 측면 이외의 요인도 고려해야 할 것이다.

아무튼 사업에 관심과 흥미가 많이 있는 사람은 창조적 혁신에 의한 사업 아이템 개발을 통하여 하고 싶은(관심 업종, 영역) 사업을 하게 될 것이다. 경제적 사업을 시작하고 성공적으로 운영하기 위해서는 **그림 1-3**과 같은 여러 가지 항목들의 최적결합(Optimum Conbi- nation)이 필요하며, 이를 사업의 핵심요소 및 요건이라고 한다.

그림 1-3 사업의 핵심요소와 요건

핵심요소

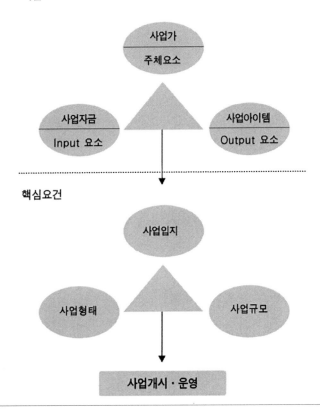

핵심요건

🧊 1-2. 기업(Corporation)의 개념

❯❯ 기업(企業)이란 무엇인가?

기업의 본질이나 성격 내지는 특성에 대해서는 여러 가지의 견해가 있을 수 있다. 일반적(사전적 의미)으로 기업이란 "경영목적을 가지고 생산, 판매, 서비스 등의 경제활동을 지속적으로 수행하는 조직체"를 의미한다.

자본주의 경제는 기본적으로 시장기구를 중심으로 움직이며 시장은 공급자와 수요자로 구성된다. 이때 공급자와 수요자는 각각 현실의 제약 아래 아담 스미스(A. Smith)의 '보이지 않는 손(invisible hand)'에 의한 시장원리의 상호작용을 통하여 자기가 추구하는 목적을 효율적으로 달성할 수 있는 가장 합리적이고 경제적인 방법을 선택한다.

쌍방에 이득이 되는(Win-Win Game) 이러한 경제활동을 수행하는 과정 중에서 경제 주체의 하나인 개인(또는 자연인)은 보다 나은 경제적 성과를 획득하기 위한 방법으로 '기업'이라고 하는 조직체를 형성하게 된다.

기업은 자본주의 시장경제체제의 발전과정 중에서 필연적으로 등장한 생산경제의 주체로서 '가계', '정부'와 더불어 경제적 기능뿐만 아니라 사회적 책임과 역할을 수행하는 조직체가 되고 있다.

따라서 '기업'이라고 하는 실체(實體)에 대하여 그 개념을 전략적으로 재정의하고 그 기본적 개념을 확실하게 파악할 수 있는 능력이 요구되는 것이다.

실정법(實定法)인 상법상의 측면에서 볼 때 '개인기업'의 경우에는 자연인인 '개인(個人)'이 권리의무의 주체로서의 자격을 갖게 되며 '회사기업'의 경우에는 복수의 자본이 결합되어 단일의 기능자본을 형성하게 되므로 무명의 인격화된 자본기능 그 자체가 법률상 '법인(法人)'으로 되고 이 법인이 권리, 의무의 주체가 되는 것이다.

'기업'을 경영·경제적 개념 또는 기술적 개념으로 이해할 경우에는 기업을

형성하는 '요소적 측면'과 기업에 제반 영향을 미치는 '환경적 측면' 및 기업
실체가 갖는 '시스템적 측면'을 고려해야 한다.

전략적 의미에서 기업은 **그림 1-4**에서 보는 바와 같이 환경과 밀접하게
관련되어 있는 환경적응적 개방시스템이며, **그림 1-5**와 같이 탄생과 소멸의
'생애주기'를 갖는 실체이다.

■ 그림 1-4 개방시스템으로서의 기업

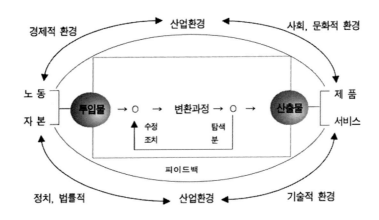

그림 1-5 기업의 Life-Cycle

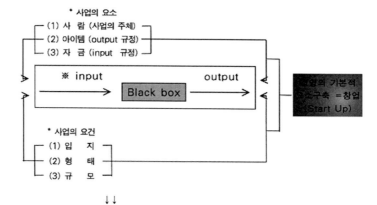

기업창업(기업의탄생)

* 사업의 요소
- (1) 사 람 (사업의 주체)
- (2) 아이템 (output 규정)
- (3) 자 금 (input 규정)

※ input   output
Black box

경영의 기본적
요소구축 = 창업
(Start Up)

* 사업의 요건
- (1) 입 지
- (2) 형 태
- (3) 규 모

↓↓

기업운영(기업의 유지와 성장)

- (1) 계획화(planning)
- (2) 조직화(organizing)
- (3) 통제화(controlling)

경영의 관리적
요소구축 = 경영
Management

↓↓

기업해체(기업의 소멸)

- (1) 부분적 해체 (기업 합병)
- (2) 전체적 해체 (기업 파산)

1-3. 사업과 기업의 관계

사업과 기업의 관계를 규정하는 일은 창업을 구상하거나 신규사업을 계획·입안하는 데 있어서 매우 중요한 의미를 제공한다.

기업(Corporation)은 가치생산의 경제적 주체로서 제반 환경과 밀접하게 관련되어 있는 시스템(System)으로 파악되고 있다.

자본주의 시장경제체제하에서 기업은 법률·제도적인 측면에 있어서도 권리·의무의 주체가 되는 실체로, 자연인에 대응되는 법인(法人)으로서의 그 영속성을 부여받고 있다.

이와 같은 기업은 사업의 선택이라고 하는 경제활동을 통하여 창설되고 사업의 성공적 운영을 통하여 유지되며 새로운 사업의 내용과 활동영역을 추가·확대함으로써 성장·발전하게 된다(**그림 1-6** 참조).

사업(Business)은 경제적 활동이며, 경제적 활동은 제품(재화와 용역)의 교환 거래를 통하여 이루어지기 때문에 전통적으로 사업은 곧 제품이라고 하는 1차원적인 개념으로 인식되었다.

그러나 고객의 구매행위가 제품 그 자체에 있는 것이 아니라 제품이 가지고 있는 가치 또는 효용에 의해 이루어진다는 인식의 발전에 따라 고객(시장) 지향적인 2차원적인 개념으로 변화되었으며, 근래에는 제품과 시장이라고 하는 두 차원에 입각한 사업 개념은 산업구조의 고도화와 광역화, 경영환경의 다변화로 인하여 더 이상 기업의 경쟁전략에 도움이 되지 못하게 되어 3차원 또는 다차원적인 사업 정의가 보편화되고 있다.

기업과 사업의 관계 정립에 대한 견해 또한 크게 변화하였다. 과거에는 기업과 사업이 동일하다고 보는 입장에서 하나의 기업과 그 기업이 수행하는 특정 사업이 하나로 결합되어 기업과 사업이 동일하다는 일체화 개념이 주류를 이루었다.

그러나 사업 개념의 다차원적인 정의와 계속기업으로서의 기업 실체 개념의 대두에 따라 현재는 사업은 기업의 목적을 달성하기 위한 방법 또는 수단의 개념으로, 기업은 사업을 경영하는 주체인 실체적 시스템으로 인식하고 있다.

따라서 기업이 선택하는 제품, 시장, 기술의 범위 내지는 활동영역에 따라 사업과 기업의 관계가 설정된다고 볼 수 있겠으나 요약하자면 '기업은 사업의 형식이고 사업은 기업의 내용'이라고 할 수 있다.

그림 1-6 기업과 사업의 관계

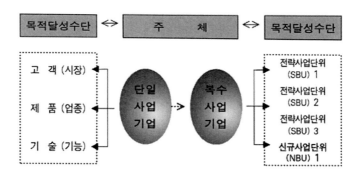

02 | 기업전략과 사업전략

💎 2-1. 전략의 개념

'기업은 살아남아야 하고 살아남기 위해서는 전략이 필요하다', '사업은 성공해야 하고 성공하기 위해서는 전략이 필요하다'고 할 때의 전략(Strategy)이란 과연 무슨 의미인가?

엄격한 이론적 측면에서 전략의 개념을 어떻게 파악하고 어떻게 정의할 것인가 하는 문제와는 관계없이 오늘날의 경영에 있어서 전략 및 전략적 사고는 반드시 해결해야 할 하나의 과제가 되고 있다. 급변하는 환경과 보유자원의 제약하에서 미래지향적이고 전체적·종합적인 관점에서의 접근이 아니면 특정 조직이나 시스템 또는 경영에 있어서 생존과 번영, 가치(價値)와 이상(理想)의 실현이 힘들어질 것이기 때문이다.

본서는 전략의 보편타당한 개념을 어떻게 정의할 것인가에 대한 문제를 규정하고자 하는 것이 초점이 아니기 때문에 다음과 같이 일반적인 입장에서 그 개념을 정의하고 논의를 전개하고자 한다. 이와 같은 관점에서 전략결정의 요소와 전략의 수립체계를 요약·정리하면 **표 1-1** 및 **그림 1-7** 및 **그림 1-8**과 같다.

▌표 1-1 전략의 개념

전략(Strategy)이란 특정의 중요한 의사결정활동(Decision Making Activity)으로서 시스템의 목적(Subject)과 환경(Environ- ment)과 자원(Resources)의 최적결합을 통해 미래의 장기적인 경쟁우위와 시너지(Synergy)를 추구하는 것을 말한다.

전략이란 집중적(Focus), 장기적(Long Term), 전체적(Totally) 관점에서 선택, 판단, 결정하는 과학이고 기술이다.

전략은 창조(Creation)와 혁신(Innovation)을 위한 적정한 범위(Scope), 방향(Direction) 및 시점(Timing)을 기획하는 과정을 포함한다.

그림 1-7 전략 결정 요소

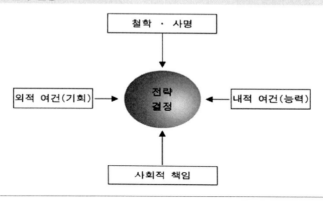

그림 1-8 전략수립 체계 I

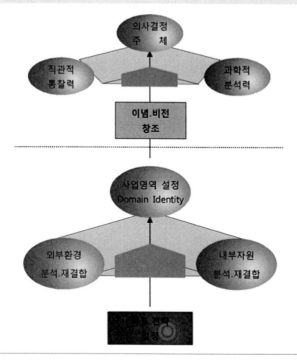

그림 1-8 전략수립 체계 II

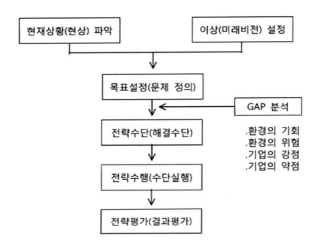

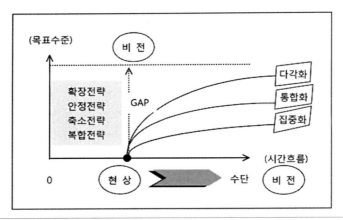

2-2. 기업전략

기업전략은 기업이라고 하는 시스템의 사명(이념) 및 비전과 연계되어 수립·시행되어야 한다. 이념 및 사명은 기업의 '존재의 의미'이다. 비전은 사명 달성을 위한 미래의 희망과 모습을 현재화한 것이라고 할 수 있다. 즉 비전은 장기적인 관점에서 기업이 갖추어야 할 자세와 목적을 구체화한 것으로서 경영의 기본 방향과 방침, 공유가치, 사고와 행동양식 및 규범 등을 정리해 놓은 것이라고 정의할 수 있다.

경영 비전의 역할은 무엇보다도 먼저 미래의 경영 방향을 제시해 주고 지속적으로 기업의 존재 목적인 '가치창조능력'을 발휘하도록 하는 데 있다.

그렇다면 현실적으로 기업은 어떻게 기업 본연의 사명과 비전을 달성할 것인가? 가장 먼저 해결해야 할 최우선 과제(기본과제)가 바로 사업 아이템 또는 사업 영역의 설정이다. 사업 아이템이 결정돼야만 사업을 가장 효율적으로 수행하기 위한 경영자원의 배분과 조직구조의 설계가 필요하게 되는 것이다. 참고로 경영 비전의 구조를 도식화하면 **그림 1-9**와 같고, 가치창조 프로세스로서의 의미를 갖는 기업전략의 개념을 살펴보면 **표 1-2** 및 **그림 1-10**과 같다.

그림 1-9 경영 비전의 구조

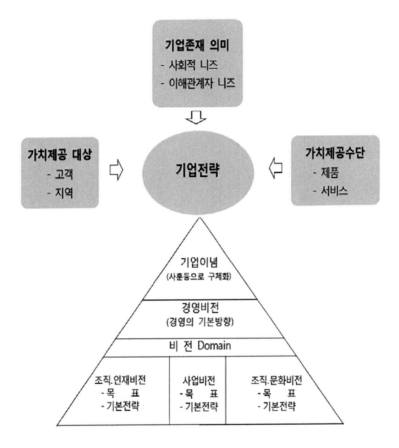

※ 기업이념 : 기업이 사회에 대한 사명, 목적, 책임, 경영철학, 경영자세 등을 명확히 하여
　　일관성 있게 사내.외에 선언, 강조하고 있는 경영의 가치관

※ 기업이념 (예) : 우리의 사명은 ...... (존재의미)를 성취하기 위해 ...... (제품, 서비스)를
　　가지고 ......(고객, 지역)에게 최상의 가치를 제공하는 것이다.

표 1-2 가치창조 프로세스

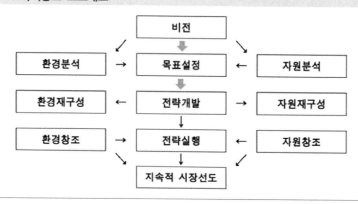

그림 1-10 기업전략

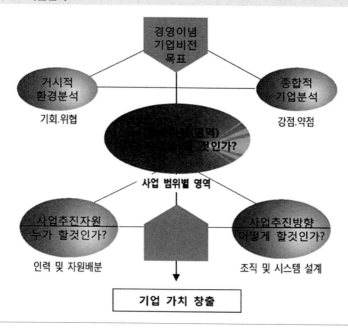

또한 기업의 사명과 비전을 달성하기 위한 기업전략은 필연적으로 전략의 계층 및 전개 과정과 밀접하게 관련될 수밖에 없다.

경영의 계층(수준)적 측면에서 기업전략은 사업별 전략과 기능별 전략의 상위개념으로서 '전사적 전략' 또는 '경영 기본 전략'이라고도 하며, 전략의 전개 측면에서도 계획, 집행, 통제의 전개 과정별 효율성이 전제되어야 하는바, 반드시 기업의 최고 의사결정권자가 담당해야 할 핵심적인 역할과 책임으로써 그 중요성이 부여되고 있는 것이다.

기업 시스템의 목적 및 계층에 따른 전략 수준과 전략의 전개 과정을 대비하여 보면 **표 1-3**과 같이 요약될 수 있다.

▌ 표 1-3 전략의 계층과 과정

		전략과정(단계)		
		전략계획 Planning	전략집행 Organizing	전략통제 Controlling
전략 계층 (수준)	기업 전략	C_p	C_O	C_c
	사업전략	B_p	B_O	B_c
	기능 전략	F_p	F_O	F_c

주: 기업 수준전략수행(C_O) = 사업 수준 전략 목표(B_p)
　사업 수준전략수행 (B_O) = 기능 수준 전략 목표 (F_p)

한편 기업전략은 기업시스템의 규모에 따라 전략 수준 및 전개과정이 달라질 수 있다. 즉 하나의 사업 단위만 가진 단일사업 기업의 기업전략과 복수사업 기업(여러 개의 SBU를 가진 기업)의 기업전략은 서로 다르다는 것이다.

결론적으로 말하자면 단일사업 기업은 단일 SBU(사업)의 구성요소인 고객 만족 또는 고객 창조에 바탕을 둔 고객(시장), 제품(업종), 기술(방법) 지향적이어야 하고, 복수사업 기업의 경우에는 복수의 SBU 간의 균형과 최적결합(균형 포트폴리오)을 통해 기업의 전체 목표를 극대화해야 한다는 사업 규모별 차이점이 있는 것이다(기업과 사업의 관계 **그림 1-6** 참조).

🔷 2-3. 사업전략

사업전략은 기업전략에서 선별·채택된 사업 아이템을 바탕으로 기업 비전과 목표사업 비전을 효율적으로 달성하기 위한 경쟁 방법을 선택하는 것이다.

다시 말하자면 기업전략의 기본이 무슨 사업(What), 즉 경쟁 영역(사업 영역)을 선정하는 것에 그 목적이 있다면 사업전략은 사업을 어떻게(How) 할 것인가, 즉 목표달성을 위한 경쟁수단(사업 방법)을 채택하는 데 있는 것이다.

따라서 여러 가지의 사업 단위를 가진 복수사업 기업의 경우에는 기업전략 밑에 여러 가지 다양한 사업전략이 존재하겠지만 단일의 사업 단위만으로 이루어진 단일사업 기업의 경우에는 단 하나의 사업전략을 수립·시행하게 되고 이는 곧 기업전략과 사업전략이 동일하게 되는 결과를 초래하게 된다.

한편 전략의 계층성 측면에서 보면 사업전략은 상위의 '기업전략'을 달성하기 위한 수단이면서 동시에 하위전략인 '기능전략'의 방향을 설정해주는 역할을 담당하고 있다.

그러므로 기업의 목적을 달성하기 위하여 시장(고객), 제품(욕구), 기술(기능)을 세분화·차별화·혁신화하는 경쟁활동의 방법을 모색하고 이를 지원하는 각종 경영기능별(연구개발, 생산, 마케팅, 인사, 재무 등)로 구체화하여 사업 계획으로 연결해주는 것이 사업전략인 것이다.

그림 1-11 사업전략

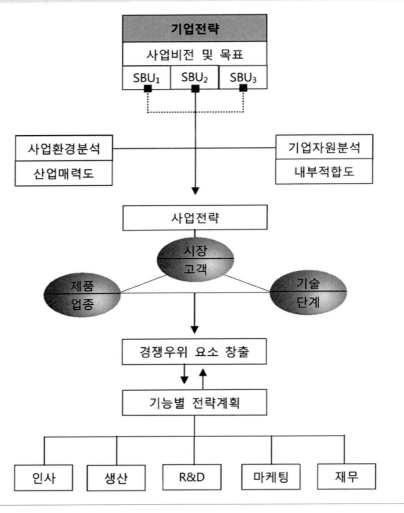

II 창업과 신규사업

01 │ 창업과 신규사업의 개념

 1-1. 창업의 개념

가. 창업의 내용적 의의

1) 창업의 의의

'창업'이라는 말을 사전에서 찾아보면 ① 나라를 처음으로 세움 ② 사업(事業)의 기초를 세우고 처음으로 시작함 ③ 비롯하여 이룸 등으로 표현하고 있다.

'국가창업'과 관련된 말을 옛 문헌 중에서 찾아보면 대표적인 것으로 중국 당나라 태종의 '정관정요'를 들 수 있는데 다음과 같은 유명한 문답 내용이 그것이다.

당(唐) 태종이 조회에서 신하들에게 창업(創業)과 수성(守成) 중 어느 것이 더 어려운가를 묻자 당 태종을 따라 창업을 이룩한 재상 방현령은 창업이 더 어렵다고 했고 당 태종의 측근 중 일인자인 위징은 수성이 더 어렵다고 답했다. 이에 당 태종은 두 사람의 말을 모두 긍정하고 다음과 같이 말했다. "창업은 이제 과거의 일이 되었고 수성은 현재의 일이므로 앞으로는 수성에 힘써야 되겠다."

'기업 창업'과 관련하여 널리 상식화된 사례 또한 너무도 많다. 우리나라 (삼성, 현대, LG 등), 미국(GM, 월마트, IBM 등), 일본(미쓰이, 미쓰비시, 소니 등)은 물론 세계 여러 나라 사람들의 입에 오르내리는 기업 창업의 비화는 부지기수이다.

창업이라는 말을 문자 그대로 해석하면 '사업(일) 또는 직업을 새로이 만드는(창조하는) 것'으로도 이해할 수 있다. 사업은 경제적 활동이며, 직업은 경제적인 일을 갖는 것이다. 니체(F. W. Nietzsche)는 직업(job)을 "생활의 등뼈"라고 하면서 생활 중심의 물질주의적 직업관을 설파했고, 루터(M. Luther)는 "하나님의 소명"이라고 정의하여 사명 또는 가치관 중심의 정신주의적 직업관을 얘기한 바 있다.

결론적으로 요약하자면 내용적 의미의 창업은 새로운 사업(일)을 창조하는 것이다. 경영목적과 계획하에 지속적으로 사업을 수행하는 조직체 또는 시스템인 '기업'을 만드는 것이다.

기업의 창업이란 '사업의 주체로서 재화 또는 서비스를 생산·판매하는 시스템(System)을 구축하는 일'을 의미한다.

시스템은 투입(Input)·변환(Transfer)·산출(Output)의 기본적인 구조성(Structure)과 목적성(Objective), 기능성(Function) 및 전체성(Whole)을 가진다. 실제로 이러한 시스템을 구축(설립)하려면 여러 가지의 투입요소, 변환요소, 산출요소가 필요하다. 따라서 '창업'을 보다 체계적으로 이해하기 위해서는 기업 시스템을 구성하는 투입, 변환(추진주체), 산출이라고 하는 요소에 대한 분명한 개념 파악이 필요하다고 할 수 있다.

2) 기업 창업의 내용 범위

이상과 같은 창업과 관련된 여러 가지 논의를 바탕으로 좀 더 구체적으로 '기업 창업'에 대한 개념을 규정하여 보자.

엄격한 의미에서 창업의 내용범위를 '기업설립 행위'만을 의미하는 좁은 의미로 볼 것인가, 아니면 좀 더 넓은 의미로 계속기업(Going Concern)의 가정을 전제로 하여 '기업설립 및 기반정착(定着)시기'까지를 창업의 범위에 포함시킬 것인가에 대한 문제가 제기될 수 있다.

전자는 일정한 행위와 시점을 기준으로 하는 스톡(Stock)의 개념으로 창업을 규정하는 방식이다. 이러한 창업의 개념에 의하면 창업은 결코 어려운 일이 아니고 '창업 기업가'가 되는 것 또한 어렵지 않은 일이다.

후자는 일정한 범위를 기준으로 하는 플로우(Flow)의 개념으로 창업을 정의하는 방식이다. 후자의 경우 창업은 매우 어려운 일이 아닐 수 없다. 따라서 내용적(실질적) 의미에서 창업을 정의하고자 할 경우에는 좀 더 넓은 의미인 후자로 창업을 정의하는 것이 바람직할 것으로 생각된다.

그림 2-1 시스템의 속성

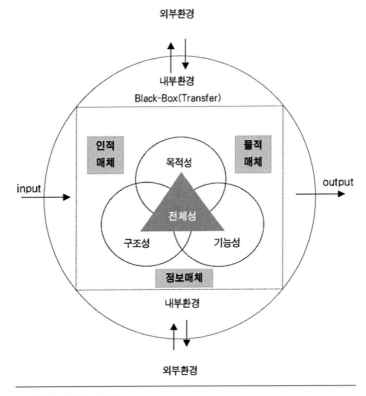

① 환경성 : 내.외부 환경대응
② 목적성 : 수량, 품질, 시간, 원가적 가치 창조
③ 구조성 : 구성인자 상호간의 관계구조
   - 목적, 구조, 기능의 상호관계
   - 투입, 변환, 산출의 구조
   - 인적, 물적, 정보매체간의 상호관계
④ 기능성 : 구성인자의 상호작용
   - 목적, 구조, 기능의 상호작용
   - 투입, 변환, 산출의 작용
   - 인적, 물적, 정보매체간의 상호작용
⑤ 전체성 : ①②③④의 통합적 단일체

나. 창업의 형식적 의의

1) 실정법상의 창업의 의의

형식적·제도적 의미의 창업은 실정법(實定法)상에 규정된 거래를 포함한 법률행위를 할 수 있는 '권리·의무의 주체로서의 자격을 획득하는 일'이다. 법치주의와 자본주의 경제체제 및 자유기업 제도를 채택하고 있는 세계 많은 나라들이 법·제도적으로 자연인과 더불어 '법인(法人)'의 실체를 인정하고 있다.

우리나라의 경우에는 일반법인 '민법'과 특별법인 '상법'에 자세하게 규정되어 있는데 일반적으로 법인의 구성요소(실체)에 따라 '사단(사람)법인'과 '재단(재산)법인'으로 구분되고 법인의 목적에 따라 '영리법인(상법상의 회사)'과 '비영리법인(민법상의 법인)'으로 분류된다.

기업은 개인기업이든 공동기업(회사포함)이든 법률상 권리·의무의 주체가 되며, 개인기업의 경우에는 '영업주'가, 법인기업의 경우에는 '법인'이 상인(商人)으로서 모든 권리·의무의 주체가 된다.

따라서 형식적 의미의 창업은 법·제도적으로 규정된 '권리·의무의 주체' 자격을 취득하는 행위를 의미한다고 할 수 있다.

2) 「중소기업 창업지원법」상의 창업

중소기업의 발전이 국민경제 활력에 크게 기여한다는 인식은 대기업 체제가 굳어진 오늘날에도 그 중요성이 강조되고 있다. 유망 중소기업의 창업 활성화와 성장 발전은 기업의 사회·경제적인 역할과 기능 측면에서 계속 장려되고 있다.

우리나라에서 '창업'이라는 말이 일반화되고 실질적인 측면에서 중소기업 창업 또는 소자본 창업 등이 그 의미를 가지게 된 동기를 살펴보자면 1986년 5월 12일 법률 제3381호로 제정 공포된 「중소기업 창업지원법」이 효시가 된

것이 아닌가 생각된다.

동법(同法)은 '창업의 촉진 및 육성발전'에 그 핵심 취지를 두고 이를 지원하기 위한 제도절차, 자금, 정보제공, 경영지도 등의 각종 지원 요소를 갖춘 창업에 대한 종합지원법으로서의 성격을 가지고 제정되었다.

우리나라 「중소기업 창업지원법」에서는 창업과 관련하여 창업의 범위, 창업자 및 창업일, 법 적용 범위 및 업종 등을 구체적으로 규정하고 있다.

1-2. 신규사업의 개념

가. 신규사업의 일반적 의의

신규사업은 말 그대로 현재 특정 사업을 하고 있는 기업이 새롭게 추진하는 신사업을 의미한다. 특정 기업의 입장에서는 제품이나 기술에 대한 존재 자체의 신규성을 불문하고 그 기업이 처음으로 시작하는 사업은 신규사업이라고 할 수 있다.

그러나 이론적 또는 실무적 측면에서 현 사업과 신사업이 어떻게 다른지 그 개념을 구분해 보고자 하면 상당히 어려워진다. 그리고 사업의 개념을 시장, 제품, 기술의 3차원적인 전략적 관점에서 파악할 때 신규사업과 신시장 개발, 신규사업과 신제품 개발, 신규사업과 신기술 개발 등의 개념을 어떻게 정의하고 어떻게 구분할 것인가 하는 문제 또한 쉬운 일이 아니다.

이와 같은 문제를 제기하는 것은 무의미한 탁상공론을 하고자 하는 것이 아니라 경영 현장에서 도입·활용하고자 할 때 가장 유용한 개념과 방법이 무엇인지를 찾기 위해서이다.

현 사업(기존 사업)과 신규사업은 어떻게 구분하는가? 많은 학자들이 여러 가지 구분 기준을 제시하고 있으나, 아직까지 지배적인 이론이 정립되지는 못하고 있는 실정이다.

사업을 3차원적인 개념으로 정의한 아벨(D.F. Abell)에 의하면 사업은 대상 고객(Customer)과 제품기능(Function) 및 독특한 기술(Technology)의 세 가지로 규정되는데 이 세 가지가 기존 사업과 일치하는 것은 신규사업이 아니라는 기준을 제시하고 있으며, 세 가지 중 한 가지 내지 두 가지 이상을 특징적으로 달리하면 신규사업으로 구분하고 있다.

안소프(H. I. Ansoff)는 경영전략을 수립·시행할 때 상호배타적인 것이 아니라 상호보완적인 기준 또는 구성요소로서 다음과 같은 다섯 가지의 기준을 제시하고 있다.

- 제품과 시장의 영역(Product-Market Scope)
- 성장벡터(Growth Vector)
- 경쟁우위(Competitive Advantage)
- 시너지(Synergy)
- 내적 또는 외적 다각화(Internal or External Diversification)

성장벡터(제품과 시장에서 성장을 위한 방향과 크기를 나타내는 개념)는 ① 시장침투 ② 시장개발 ③ 제품개발 ④ 다각화의 네 가지로 제시되고 있으며(그림 2-2 참조), 이 네 가지 중에서 ① 시장침투(현 시장-현 제품)를 제외하고 ②, ③, ④는 모두 신규사업으로 구분될 수 있다. 한편 제품과 기술의 집합을 사업으로 보고, 시장에 고객의 개념을 도입·응용하면 성장벡터는 그림 2-3과 같이 재구성될 수 있는데, 이 경우 ① 시장침투 벡터에서도 순수한 시장침투(현 제품-현 고객)를 제외한 제품 개발, 고객 개발, 제품 및 고객 개발의 요소는 신규사업의 개념에 포함될 수 있는 항목들이다.

그림 2-2 안소프의 성장벡터

시장·사명 \ 제품		현제품	신제품	
			유관기술	무관기술
현시장		① 시장침투	③ 제품개발	
신시장·사명	동일유형 고객	② 시장개발	④-1 수평적 다각화	
	현고객과 관계강화		④-2 수직적 다각화	
	유사유형 고객		④-3 집중적 다각화	
	신유형 고객		④-4 컨글로머리트 다각화	

강 ← 시너지 → 약 (제품 열)

강 ↑ 시너지 ↓ 약 (시장·사명 행)

그림 2-3 사업·시장 매트릭스

시장 \ 사업		현 사 업		신 사 업
	고객 \ 제품(기술)	현제품	신제품	
현시장	현고객	고객침투	제품개발	사 업 개 발
	신고객	고객개발	제품·고객개발	
신시장		시장개발		다각화

(현제품과 신제품 사이 중앙에 "시장침투" 표시)

후루타 겐지(古田健二)는 신규기술을 사용하는 사업과 신규시장을 대상으로 하는 사업 및 신시장과 신기술의 결합을 신규사업으로 규정하고 있다(**그림 2-4** 참조).

로버츠와 베리(F.B. Roberts & C.A. Berry)는 **그림 2-5**에서 보는 바와 같이 기술과 시장의 '친숙도 매트릭스'를 가지고 신규사업의 특징을 규정하고 있으며, 이들을 3개의 그룹으로 나누어 설명하고 있다.

따라서 **그림 2-4**와 **그림 2-5**의 개념을 응용하면 신규사업은 **그림 2-6**과 같은 형태의 그룹으로 구분할 수도 있다.

나. 신규사업의 실무적 개념

신규사업에 대한 일반적인 구분 기준들은 이론적으로는 개념 구분이 가능하지만 경영 현장에서 그대로 적용하기에는 상당한 무리가 따른다. 따라서 실무적인 입장에서는 새로이 추진하고자 하는 사업의 성격을 기존 사업의 확장으로 볼 것인지 신규사업으로 볼 것인지를 구분할 수 있는 어떤 기준을 설정할 필요가 있다('안소프'의 성장벡터 재구성도: **그림 2-3** 참조).

사업을 전략적 의미로 정의한다면 신규사업의 정의 역시 전략적 측면에서 파악되어야 할 것이다.

경영전략의 계층성에서 보면 사업전략은 보다 상위의 전략인 기업전략 달성의 수단적 의미를 가지게 된다. 다시 말하면 경영이념과 기업 비전 및 목표를 미래 장기적인 관점에서 달성하기 위한 수단이 바로 사업전략이 되는 것이다.

그림 2-4 사업 전개의 방향과 신규사업

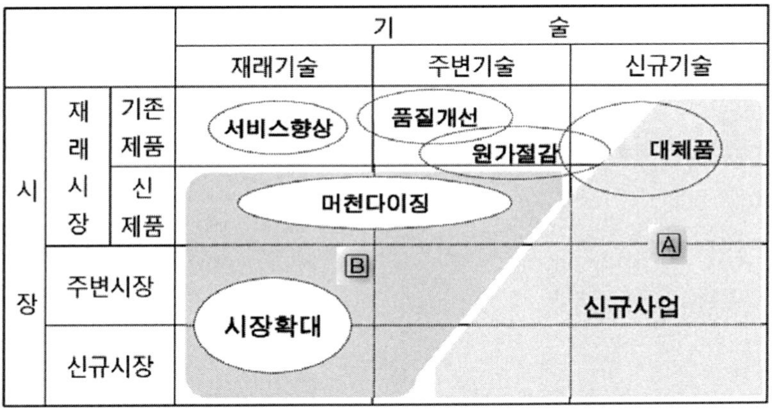

			기	술	
			재래기술	주변기술	신규기술
시 장	재래시장	기존제품	서비스향상	품질개선 원가절감	대체품
		신제품	머천다이징		A
	주변시장		B		신규사업
	신규시장		시장확대		

그림 2-5 기술 및 시장과 친숙도에 따른 신규사업의 구분

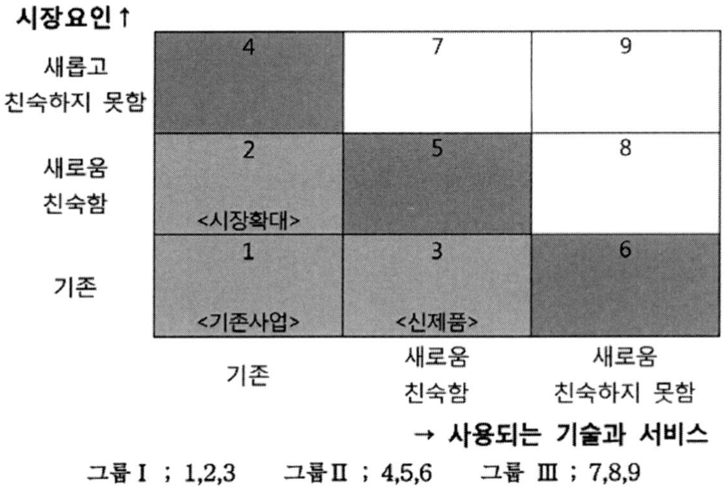

시장요인↑

	기존	새로움 친숙함	새로움 친숙하지 못함
새롭고 친숙하지 못함	4	7	9
새로움 친숙함	2 <시장확대>	5	8
기존	1 <기존사업>	3 <신제품>	6

→ **사용되는 기술과 서비스**

그룹 I ; 1,2,3   그룹 II ; 4,5,6   그룹 III ; 7,8,9

그림 2-6 신규사업 구분 그룹

		기 술 (제품)		
		현재	개량	신규
시	현재	Ⅰ		
장	개량		Ⅱ	
(고객)	신규			Ⅲ

그룹 Ⅰ : 현기술(제품)의 개량을 기반으로 하는 시장개발, 제품개발 위주의
신규사업
그룹 Ⅱ : 제품과 시장의 확대를 기반으로 하는 신규사업
그룹 Ⅲ : 새로운 기술과 새로운 시장을 겨냥한 신규사업

실무에서는 특정 기업이 어떤 사업 영역(Business Scope Domain) 내지는 사업 단위(Business Unit)에 얼마만큼의 경영자원과 노력을 투자하느냐에 따라 기업전략과 사업전략의 내용과 비중이 구분된다.

따라서 실무적인 관점에서 신규사업의 성격을 규정하는 제1차적 기준은 미래의 장기적 사업 비전에 따라 결정되어야 할 것이다. 즉 기업 경영 일선에서 새롭게 추진하고자 하는 사업에 대해 미래전략사업 단위(Future SBU)로서의 위상을 부여한다면 그것은 현재 사업 또는 기존 사업의 확장이 아니라 신규사업으로 구분되어야 한다는 것이다.

두 번째 기준은 추진하고자 하는 사업 단위에 투자되는 경영자원 및 노력의 정도에 따라 구분될 수 있다. 미래의 중요사업전략으로 전략적 위치가 부여되면 당연히 경영자원과 노력의 투자 비중이 증대될 것은 분명하다. 그러나 성장백터 중 사업 개발, 시장 개발, 다각화의 범주(신규사업 범위라고 할 수

있음)에 해당되지 않고, 현재 보유하고 있는 자체기술로서 개발 가능한 제품 개발이라 하더라도 투하자원과 노력의 비중이 크다면 신규사업전략으로 채택하여 중점·추진되어야 한다는 것이 두 번째 기준설정의 취지이다.

결론적으로 요약하자면 기업과 사업이 다르듯이 사업과 제품의 개념 역시 차별화되어야 한다. 상품은 사업의 필요조건이지만 그 자체만으로 충분조건이 될 수 없기 때문이다. 따라서 신사업 아이템 개발과 신제품 개발은 다른 개념이 된다. 신규사업 아이템을 탐색·선정·개발한 다음에 특정의 상품 또는 제품이 개발되는 것이다. "제품은 사업의 내용이고 사업은 제품의 형식이다."

02 | 창업전략과 신규사업 개발전략

💎 2-1. 창업전략

가. 핵심요소와 요건

1) 창업의 핵심요소

기업의 창업은 제품 또는 서비스를 생산, 판매하기 위한 기업 시스템을 만드는 것이라고 규정하였다.

기업 창업의 핵심적 요소는 시스템 원재료, 설비, 노동 등의 투입요소를 구성하는 데 필요한 '창업 자금(사업 자금)'과 투입의 결과로 나타나는 산출요소인 '창업 아이템(사업 아이템)' 및 투입요소와 산출요소를 주체적으로 통합, 주관하는 '창업자(기업가)'로 대별할 수 있다.

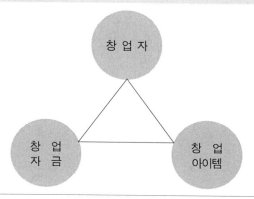

가) 창업자

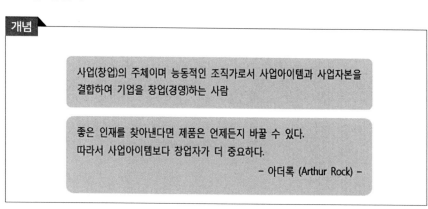

사업자의 자질 -예시-

1. 목표설정 및 달성능력	10. 불확실성에 대한 수용 능력
2. 인간관계능력	11. 사고능력
3. 커뮤니케이션 능력	12. 외부자원 및 인사의 활용
4. 자기목표와의 경쟁	13. 기술적 지식
5. 실패처리 능력	14. 계수감각
6. 자신감 및 자기결정에 대한 신념	15. 자금(돈) 감각
7. 위험부담 및 처리능력	16. 연령
8. 능동성 및 책임감	17. 가족환경
9. 추진력 및 정력수준	18. 지역과 배경
	19. 과거근무경력 등

나) 창업자금

개념

사업자(창업자)가 의도하는 기업경영에 필요한 인력, 설비, 기술, 원자재 등 기업의 투입요소를 동원하는데 이용되는 원천적 자원

"전가통신(錢可通神), 전이제갈량(錢而諸葛亮), 유전가사귀(有錢可使鬼)"

— 옛 속담 —

자금의 조달과 운용능력
-예시-

1. 자금의 조달(원천) 방법
   - 자기자본(자본구조)
   - 타인자본(차입구조)
2. 자금의 운용(투자) 방법
   - 시설자금(장기고정자금)
   - 운전자금(단기변동자금)
3. 종합적 재무활동(최적자본 구성)
   - 유동성(현금흐름과 지급능력)
   - 수익성(이익과 채산성)
   - 균형성(조달과 운용의 균형) 등

다) 창업아이템

개념

기업시스템의 산출요소를 규정하는 제품 또는 서비스, 즉 고객의 욕구를 바탕으로 하는 실체적 제품, 서비스 및 그 효용

"모든 사업은 창신성(創新性)을 요구한다. 사업의 착상은 창조성을, 사업의 선택은 혁신성을, 사업의 추진은 헌신성을 토대로 한다."
- JM. i. SEO -

개발 및 기술능력
-예시-

1. 아이템의 개발 가능성 및 기술능력
   - 핵심기술 내용 및 특성
   - 사업화 가능성 및 전망
   - R&D 과정 및 개발일정
2. 아이템의 특성 및 경쟁력
   - 기술의 우위성
   - 가격경쟁력
   - 대체기술 출현 가능성
   - 기술특허 현황
   - 기술도입의 가능성
   - 기술의 변화

3. 생산능력
   - 생산인력 보유정도
   - 시설확보 능력 및 정도
   - 설계.개발 능력
   - 원, 부자재 조달능력
4. 원가추정
   - 원단위 산출
   - 원가의 변동정도
   - 설비 구입 및 Layout
5. 생산형태
   - 양산 가능성
   - 생산규모 등

2) 창업의 핵심요건

창업자가 창업자금을 투자하여 창업 아이템을 생산·판매하는 시스템의 요소를 구축하고 나면 이제는 기업 시스템이 활동할 수 있는 구체적인 조건(Condition)을 구비하여야 한다.

즉 기업을 실정법상 어떠한 인격의 조직체(형태)로 구성하며 어떤 장소에서(입지) 어느 정도의 크기(규모)로 경영(생산, 판매) 활동을 전개할 것인지를 결정하여야 한다는 것이다. 이를 창업의 핵심적인 요건이라고 할 수 있다.

창업의 기본적이고 핵심적인 요소가 성공적으로 구축되었다고 하더라도 이와 같은 핵심요건이 준비(결정)되지 못하면 '기업'이라고 하는 실체가 제구실을 할 수 없다. 기업이 본연의 권리, 의무를 행사할 수 있는 여건이 조성되지 못한다면 성공적인 창업을 하였다고 볼 수 없기 때문이다.

그림 2-8 창업의 핵심요건

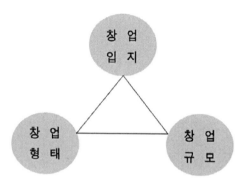

가) 창업(기업) 입지

일반적 검토내용

경영외적(타의적) 선정요인

1. 역사적 요인
2. 입지 정책적 요인
3. 사회경제적 요인

경영내적(자의적) 선정요인

1. 생산 지향적 요인
2. 판매 지향적 요인
3. 노동 지향적 요인
4. 수송 지향적 요인
5. 기타 지향적 요인

기업입지 요인
-예시-

1. 이해관계자(정책, 지역주민)의 태도, 노동조건, 유틸리티
2. 지역자본 여부 및 이용 가능성
3. 적정용지 및 수송 서비스
4. 지역사회의 환경
5. 공급자 및 시장과의 접근도
6. 관리인력과 숙련노동의 이용 가능성
7. 세율(국세, 지방세)
8. 기타 정책적인 배려 등

나) 창업(기업) 형태

경제적 분류에 의한 기업 형태

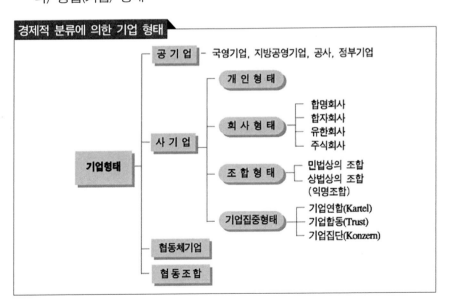

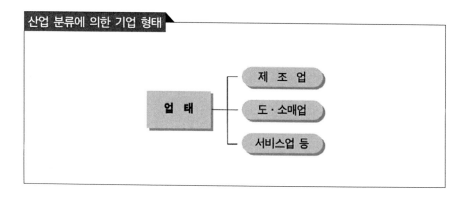

산업 분류에 의한 기업 형태

업 태
- 제 조 업
- 도 · 소매업
- 서비스업 등

다) 창업(기업) 규모

기업 규모의 분류

중 소 규 모	대 규 모
대규모에 따른 "합리적경영"과의 경쟁에서 불리	대규모에 따른 위험도 증가 (경영압박, 비유연성, 불황 등)

"작은 것이 아름답다"
          - 슈마허 -
	"대규모는 성공을 낳고 그 성공은 더 큰 성공을 낳는다"
	          - 샤무엘슨 -

적정규모(Optimum Size Of Business)

- 투자수익률이 극대화되는 최적규모
- 일반적으로 장기비용곡선상 최저 평균비용을 가져오게 하는 생산량
  을 산출하는 규모
  - 제품단위당 평균비용 최소
  - 근로자 1인당 수익 최대

- 절대적 최적규모
  - 시장조건의 고려없이 그때의 기술 수준에 따라 최저 평균비용을 실
    현시키는 규모
- 상대적 최적규모
  - 시장조건을 고려하여 총수입을 극대화시키는 최고 유리한 규모

※ 유의사항
  - 규모의 문제는 쉽게 변경할 수 없는 장기적 개념이므로(생산기 술,
    경쟁력, 경영의지 등) 단순히 비용만으로 결정해서는 안됨
  - 경제의 발전, 산업 및 업종의 특성 등을 고려 "최적점"이 아닌 "최적
    범위"로 판단

나. 기본전략과 절차

1) 창업의 기본전략

기업은 사업을 영위하는 조직체이고 창업은 사업을 하기 위한 기업을 처음으로 만드는 것이므로 오래도록 살아남는 기업을 창업하는 것이야말로 모든 창업자의 염원일 것이다.

창업하고자 한다면 우선 사업에 대한 관심이 있어야 한다. 그리고 제1장(사업과 기업)에서 논의한 바처럼 전략적 접근이 필요하다.

창업의 기본적인 전략은 급변하는 환경변화 속에서 사업의 기회를 발견하고, 수많은 종류의 사업 아이템 중에서 적정한 사업 아이템을 개발·선정하는

것에서부터 출발한다.

사업 구상(아이디어)이 실제로 사업화(창업)될 수 있느냐 없느냐의 문제는 창업자의 사업 아이템 개발능력, 사업 기회 포착능력(외적 환경분석) 및 핵심요소와 요건의 준비성(내적 경영능력)에 따라 좌우된다고 할 수 있다. '창업의 기본전략 수립체계'를 요약하면 다음과 같다.

그림 2-9 창업의 기본전략 수립체계

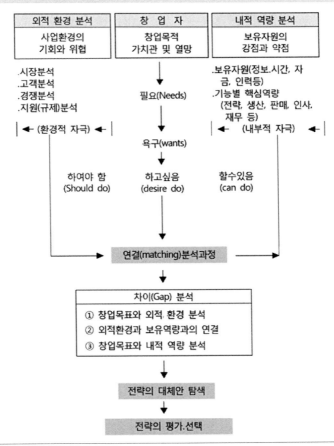

2) 창업의 기본절차

창업이라고 하는 목표(또는 이상)를 달성하기 위해서는 이를 추구하고자 하는 현재의 상황(또는 현실)과 어느 정도 어떠한 차이(Gap)가 있는가를 구체적으로 인식, 자각하여야 한다.

분명하게 자각된 현실과 앞으로 달성하고자 하는 창업목표와의 차이를 극복해 나가는 과정, 즉 목표달성의 과정(Process)에는 순서와 절차가 있다. 이러한 순서와 절차가 무시되면 목표(또는 목적)가 가진 계층성의 원리에 따라 수단과 목표의 연쇄관계(Means-Ends Chain)에 차질이 생겨 심각한 문제가 발생하게 되는 것이다.

따라서 합리적인 순서와 절차에 따라 업무를 실행해 나가는 성실한 노력이 요구되는 것은 동서고금에 있어 주지의 사실이다.

物有本末 事有終始 知所先後 則近道矣
물유본말 사유시종 지소선후 즉근도의

모든 존재에는 근본(뿌리)과 끝(가지)이 있고, 모든 일에는 시작과 마침이 있는바, 먼저 할 것과 나중에 할 것을 안다면 곧 도에 가까운 것이다.

— 대학, 본론 대학지도

실무적 측면에서 창업의 절차를 업무 흐름별로 보면 다음과 같이 네 가지로 대별될 수 있다. 이 구분에 따라 업종별 창업 절차를 정리해보면 다음과 같이 요약된다.

표 2-1 창업의 기본절차

절 차	주 요 업 무 내 용

창업예비절차	• 사업구상의 체계화와 골격을 세우는 단계
	  – 사업구상
	  – 창업핵심요소와 요건의 준비
	  – 사업 타당성 검토 및 사업계획서 작성 등

기업설립절차	• 사업 주체의 구체화 단계
	  – 관련 개별법에 의한 인·허가(해당 업종의 경우)
	  – 상법 등 개별법에 의한 설립등기, 신고
	  – 관련세법에 사업자등록 등

입지선정 및
공장(사업장)
설치절차
	• 기반구축 단계
	  – 사업장 입지선정
	  – 관련 개별법에 의한 인·허가신고, 등기 등

개업준비절차	• 창업의 마무리 단계
	  – 경영조직화 및 운영시스템 구축
	  – 인력 및 조직구성
	  – 관련 개별법에 의한 신고 등

2-2. 신규사업 개발전략

가. 신규사업 개발의 중요성

신규사업은 기본적으로 장래의 기업 비전과 사업 비전의 달성을 위하여 추진한다. 기업을 인적·물적 요소로 이루어진 환경적응적 개방시스템으로 파악할 때 급격하게 변화하는 내·외부 경영환경 변화로부터 자유스러울 수 있는 기업은 존재할 수가 없다.

오늘날 기업은 끊임없는 환경변화에 대응하여 새로운 가치경쟁에서 경쟁적 우위를 확보할 수 있는 유망한 신규사업을 개발하여 전사적으로 효율적인 사업 구조(균형 포트폴리오)를 형성하지 못하면 비전의 달성은 물론이거니와 유지·존속마저 위태로워질 수도 있다.

그림 2-10에서 보는 바와 같이 소규모의 단일사업 기업으로 창업된 기업은

점차 여러 가지 전략사업 단위(SBU)를 가진 복수사업 기업의 단계를 지나 고도로 다각화된 기업으로 성장·발전하게 된다.

그러한 성장의 배경에는 신규사업에 대한 위협을 감수하고 경영자원과 노력을 투자한 기업가의 전략적 의사결정이 포함되어 있는 것이다. 따라서 신규사업 개발은 전략적인 관점에서 전사적으로 조직적이고도 체계적으로 추진되어야 한다.

신규사업은 기존 사업에 비해 상대적으로 더 많은 경영자원과 노력에 대한 투자배분을 필요로 하는 반면 여러 가지 이유로 성공에 대한 불확실성(위험)은 더욱 증가하게 된다.

또한 기업의 유지·존속과 성장·발전을 위하여 새로운 시장 개발, 새로운 사업 개발 및 다각화 등 넓고 다양한 범위를 대상으로 전략을 기획하고 전략계획을 수립·시행해야 하기 때문에 더욱 그러하다.

그림 2-10 기업의 다각화와 계획화

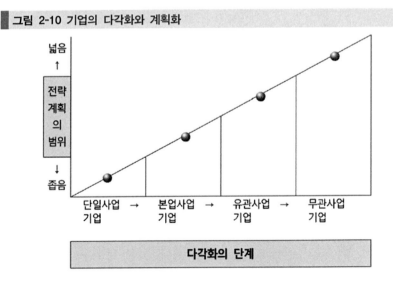

나. 신규사업 개발전략의 체계

신규사업 개발을 위한 기본전략의 체계는 창업전략 체계와 유사하다. 다른 점이 있다면 형식적 의미의 창업에서 논의된 기업 실체(창업추진 주체)와 경영의 기본적 요소가 어느 정도 준비되어 있다는 점이다.

즉 단일사업 기업의 경우를 가정하고 수행해야 할 업무 범위를 중심으로 살펴보면 신규사업 전략은 창업사업 전략에 비해 그 범위가 좁다고 할 수 있다.

신규사업 개발의 기본전략을 설정하기 위한 전제조건은 기업이념과 경영방침을 포함하는 미래 기업 비전의 설정이 선행되어야 한다는 것이다.

신규사업 개발의 기본전략은 기업이념과 경영방침을 구현하기 위하여 설정된 사업 영역(도메인)과 기업 외부의 환경분석 및 기업 내부의 역량분석 등을 통하여 수립·시행된다.

그리고 이러한 기본전략을 바탕으로 설정된 신규사업의 목적(장기목표) 및 이 목표를 달성하기 위해 중장기(3~5년)적으로 경영자원과 노력을 집중 투입할 특정 사업 단위 또는 사업 아이템을 평가·선별하는 내용으로 구성된다.

이를 요약하면 **그림 2-11**과 같다.

그림 2-11 신규사업 개발전략의 체계

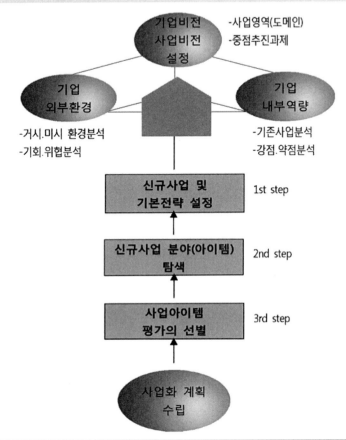

PART 2

사업 타당성 분석의 대상 : 사업 아이템

CHAPTER

III 사업 아이템의 개념과 탐색

01 | 사업 아이템의 개념

사업 아이템의 의의 및 범위는 전략적 의미의 사업 개념을 바탕으로 하여 파악하는 것이 바람직하다. 왜냐하면 사업은 '경영·경제적 활동'이라고 하는 무형의 동태적 개념이기 때문이다.

사업 아이템의 의미 또한 유형적인 제품 또는 서비스라고 하는 정태적 차원이 아니라 기업을 포함하는 모든 경제주체(광의의 생산, 운영 시스템)의 활동영역을 규정하는 동태적 개념으로 이해되어야 할 것이다.

사업 아이템은 그 형식과 내용의 두 가지 측면에서 규정될 수 있다. 형식적 측면에서는 기업의 목적달성을 위한 경제적 교환대상으로서의 최종 목적물인 상품 또는 서비스를 의미하는 것이며, 내용적 측면에서는 제품과 시장 및 기술의 최적결합에 의해 결정되는 특정의 구체적 사업 아이디어 및 사업 컨셉(사업의 효용)을 의미하는 것이라고 할 수 있다.

💎 1-1. 상품 측면의 사업 아이템

상품 측면의 사업 아이템은 고객의 욕구와 교환 또는 거래되는 재화를 중심으로 아이템을 파악하는 개념이다.

사업 아이템으로서의 상품은 물리적, 실체적 제품·서비스뿐만 아니라 그 것이 가지고 있는 효용(기능)에 그 가치를 둔다. 즉 고객이 중요하게 생각하는 것은 바로 그 상품 또는 서비스로부터 얻는 만족이라는 것이다.

따라서 사업 아이템은 현대적 의미의 다차원적 상품개념, 즉 확장된 상품 개념과 그에 따른 고객의 욕구(Needs, Wants)를 고려하여 규정되어야 한다. 고 객의 욕구가 없으면 사업도 없다.

그러나 고객의 욕구는 눈에 보이지 않는 무형적인 요소이고 상품은 구체 적인 유형적 요소이므로 일반적으로 사업 아이템이라고 하면 유형의 제품 또 는 상품을 의미하는 경우가 많다. 최종적으로 고객에게 교환 또는 전달되는 것은 바로 특정 상품이나 서비스이기 때문이다.

그러므로 고객욕구 및 교환재화를 중심으로 하는 상품 측면에서의 사업 아이템 탐색을 위해서는 고객 욕구와 행동 및 상품과 관련되는 부분에 대한 정보, 지식, 경험이 요구된다.

상품은 인간 생활의 욕구를 충족시켜 주는 재화이다. 따라서 본 장에서는 욕 구충족체로서의 상품에 대한 몇 가지 기본 개념을 요약·정리해 보고자 한다.

가. 상품의 개념

상품의 개념을 전통적인 관점에서 가장 넓은 의미로 정의하면 상거래의 목적물, 즉 경제재로서 상거래의 목적물이 되는 모든 재화를 의미한다.

또한 상품은 경제순환 단계 내지는 광의의 거래 단계에 따라 가장 단순한 물적 가치를 나타내는 자연(소재) 품질에서부터 궁극적 고객인 인간의 생활가치 실현을 위한 생활(사회) 품질에 이르기까지 인간 생활의 양적·질적 수준 향상을 위한 품질 집합체로서의 개념을 가지는 것이다.

경제순환 단계별 품질구현체로서의 상품개념을 정리하면 **표 3-1**과 같다. 한편 인간 생활영역의 발전 단계(① 소유 ② 행위 ③ 존재 ④ 성장)와 생활투자의 성장 단계(① 합리화 ② 개성화 ③ 자기확대 ④ 생활개발)를 두 가지 축으로 한 개념 적 삶의 발달 단계를 요약하면 **표 3-2**와 같다.

▌표 3-1 상품개념과 품질

경제순환단계	경				제	
	생 산(광의)				소비	재순환 또는 폐기
	생 산(협의)		유 통		구매·사용	
	채취(재배·채굴·양식 등)	가공·제조	도매	소매		
상품명	상			품(광의)		
	산품(천연산품)(채취산품)	산업용품(산업재)		소비용품(소비재)	생활용품	재생품폐기품
	임 산 품수 산 품농 산 품광 산 품	공산품		상품(협의)-편의품-선매품-전문품		
		원료품재료품	가공원료품부품			
품질형태	소재품질	원재료품질	제조품질가공품질	유통품질시장품질판매품질	사용품질생활품질소비품질	재생품질폐기품질생태적품질

표 3-2 삶의 발달 단계(개념적 매트릭스)

생활 투자 \ 생활 영역	① 소유 (Having)	② 행위 (Doing)	③ 존재 (Being)	④ 성장 (Growing)
① 생활 합리화	생활기반의 확립 (합리적인 삶)	생활기능의 활용 (편리한 삶)	주체성의 확립 (자유로운 삶)	생활의 시스템화 (쾌적한 삶)
② 생활 개성화	사회적 평가의 확립 (평가되는 삶)	선택에 의한 개성 (선택할 수 있는 삶)	표현에 의한 개성화 (개성적인 삶)	성장에 의한 개성화 (창조하는 삶)
③ 자기 확대	사회적 평가의 향상 (존경받는 삶)	행동범위의 확대 (즐거운 삶)	지식의 확대 (배우는 삶)	가능성의 확대 (폭넓은 삶)
④ 생활 개발	미래에의 보증의 확보 (안심할 수 있는 삶)	풍족함의 발견과 자산의 확대 (풍족한 삶)	가능성의 발견 (지적인 삶)	정신적 풍요함의 창조 (꿈이 있는 삶)

나. 상품의 구성

상품을 구성하는 요소는 눈에 보이는 실체적인 유형적 요소(tangible dimensions: 모양, 크기, 구조, 색상 등)와 비실체적인 무형적 요소(intangible dimentions: 효용, 이미지, 품질, 긍지 등)로 대별된다.

코틀러(Kotler)는 상품의 비실체적 요소는 실체적인 요소와의 결합에 의해 총체적인 상품으로 형성된다는 의미에서 **그림 3-1**과 같이 상품을 세 가지 수준으로 나누어 파악하고 있다.

한편 레빗(Theodore Levitt)은 **그림 3-2**와 같은 완전제품의 개념을 제시하고 있다. 고객에 대한 약속, 즉 가치제안과 실제제품 간에 존재하는 차이를 극복하기 위해서는 네 가지의 개념을 갖춘 완전제품을 지향해야 한다는 것이다.

즉 시장이 성숙하고 '주류시장'에 들어갈수록 제품의 개념도 바깥쪽으로 중심이 이동되기 때문에 완전제품을 만들어가는 기업만이 시장에서 살아남고 시장을 지배하게 된다는 주장이다.

그림 3-1 세 가지 수준의 제품 개념

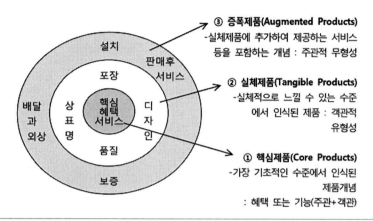

※ **총체제품(Total Products)**

③ **증폭제품(Augmented Products)**
-실체제품에 추가하여 제공하는 서비스
등을 포함하는 개념 : 주관적 무형성

② **실체제품(Tangible Products)**
-실체적으로 느낄 수 있는 수준
에서 인식된 제품 : 객관적
유형성

① **핵심제품(Core Products)**
-가장 기초적인 수준에서 인식된
제품개념
: 혜택 또는 기능(주관+객관)

그림 3-2 완전제품의 개념

① 통상제품(Generic Product): 실제로 시장에 공급되는 제품으로 단순히 구매 계약 조건을 만족시켜 주는 제품.(예: PC)
② 기대제품(Expected Product): 구매자가 통상제품을 살때에 자기가 산다고 생각하는 제품. 구매 목적을 달성시키는데 필요한 최소한의 제품과 서비스로 구성되어 있음.(예: PC 모니터)
③ 보강제품(Agumented Prodct): 구매목적을 최대로 만족시켜주기 위한 제품.(예: PC의 각종 S/W, 프린터, 사용법 교육 등)
④ 잠재제품(Potential Product): 시장에 보조제품들이 많이 나오고 고객 스스로가 시스템을 확장할 경우에 대비하여 미리 마련해두는 제품의 여유 공간과 같은 것을 의미.

다. 상품의 가치와 특성

상품은 인간의 욕구를 충족시켜주는 제품과 서비스로서 시장경제체제에서 생산, 유통, 소비, 재순환 또는 폐기되는 과정에서 여러 가지의 다양한 가치 체계를 형성하고 있다.

우선 상품은 개별 재화 자체의 물리적 가치 내지는 기능적 가치(성능, 품질, 조작성, 안전성 등)를 가지고 있다. 그다음으로 일정한 기능과 품질을 가지는 상품은 시장에서 형성되는 가격에 의해 교환 또는 유통되는 교환가치(수익성, 가격)를 가지게 된다. 유통 및 교환된 상품이 제공하는 효용은 상품의 사용에 따르는 만족가치 내지는 사용 소비가치(즐거움, 쾌적성, 편리성, 안정성 등)를 제공한다. 마지막으로 상품은 사용(소비) 또는 재순환(폐기)과 관련된 환경적 가치(환경성) 또는 사회적 가치(공공성, 문화성, 성숙의식, 권위 등)를 가진다.

일반적으로 이와 같은 상품의 가치를 형성하게 되는 여러 가지의 속성을 상품성(상품다움의 수준)이라 하며, 상품성은 도구성, 조형성, 의미성 등의 다양한 속성을 동시에 보유하게 된다. 여러 가지 상품성 중에서 채택되는 몇 가지 항목이 바로 특정상품의 요소가 된다.

전통적으로 욕구대응형 시장구조하에서 상품은 물리적 가치에 의해 규정되는 일차적 상품요소인 성능(性能: Hardware)과 기능(機能: Software)을 중심으로 가치체계를 형성해 왔다.

그러나 마케팅 환경이 욕구대응형 시장구조에서 욕구창출형 시장환경으로 변화함에 따라 2차적 상품요소로서의 사용기능(Useware)과 감각·감성기능(Feelware)을 중심으로 이동하게 되었고, 궁극적으로는 3차적 상품요소인 상징적 기능을 포함하는 사회문화적 기능(Cultureware)을 중시하게 되는 상품가치 개념의 확장이 이루어지게 된다.

이상에서 논의된 상품요소의 구성 특성을 요약하면 **그림 3-3**과 같다.

그림 3-3 상품요소의 구성 특성

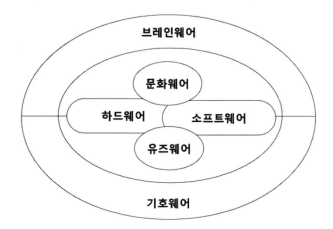

① 하드웨어(Hardware): 상품의 실체적 구성부분을 형성하는 요소. 기술성이 핵심기능임.
② 소프트웨어(Software): 상품하드웨어에 부가되는 것으로서 시장성을 획득하기 위한 요소임. 하드웨어에 부가되는 이용기술 뿐만아니라 광고, 판촉 등을 포함함.
③ 유즈웨어(Use ware): 상품이 사용자(User)의 생활속으로 들어가게 하기 위한 노하우 요소임. 기업측의 서비스 및 정보제공도 포함되나 본질적으로는 소비자가 창출하는 것이며, 이것이 확립되지 않으면 제품은 제대로의 기능을 수행하지 못하게 됨.
④ 문화웨어(Culture ware): 사회적, 문화적인 범용가치를 가지도록 하기 위해 부가되는 상품 특성임. 여러 사람의 마음을 사로잡아 문화적 가치를 공유하도록 유도할 수 있을 때 확립됨.
⑤ 브레인웨어(Brain ware): 상품에 부여되는 특정 의미의 상품 컨셉임. 이는 상품에 부가된 의식가치임.
⑥ 기호웨어(Taste ware): 상품의 기술성과 시장성 및 컨셉을 표현하고 전달하는 행위요소임. 이는 감성, 기호(嗜好) 등의 창조적 아이디어에 의해 부가되는 상품가치임.

1-2. 시장 측면의 사업 아이템

시장 측면에서의 사업 아이템은 종래의 상품 중심의 개념에서 시장 지향적인 관점으로 사업 아이템에 대한 개념 정의가 이동되어야 한다. 참여하는 시장, 즉 교환의 장소와 지역 또는 추구하는 고객의 유형에 따른 사업 아이템 분류의 개념이다. 이러한 지역 및 고객의 유형은 동일성에 의해 계층화되는 경향이 있으며, 동일성을 분류하는 공통적 차원으로는 일반적으로 지역, 인구통계, 사회경제적 계층, 수명주기, 개인적 심리 특성(소비재의 경우) 사용자 및 업계 규모(산업재의 경우) 등이 고려대상이 된다.

시장 측면의 사업 아이템의 개념은 시장을 정의하는 방식이나 시장을 분류하는 관점에 따라 다양한 형태로 표현될 수 있다. 왜냐하면 '시장(Market)'이란 용어는 여러 가지 형태로 사용되는 매우 다양한 개념이기 때문이다.

이하에서는 시장에 대한 몇 가지 개념을 요약·정리함으로써 시장 측면의 사업 아이템에 대한 이해를 돕고자 한다.

가. 시장의 개념과 분류

자본주의경제 제도는 시장경제체제를 기본으로 한다. 시장에 대한 고려가 없이 사업이 존재할 수는 없는 것이다. 따라서 시장에 대한 명확한 개념 (Concept) 정립이 필요하다.

시장(市場, Market)은 재화 내지 용역의 거래와 관련된 모든 요소를 포괄하는 매개 시스템이다. 역사적으로 시장경제체제가 발달하지 못하였던 과거에는 특정 장소에 모여서 매매 또는 교환이 이루어졌기 때문에 시장이라고 하면 우선 장소적 의미가 강한 개념이 되고 있다. 그러나 현대에는 장소적 요소를 포함하여 교환 또는 거래 관계를 구성하는 모든 요소와 관련하여 매우 다양하고 함축적인 의미로 사용되고 있다.

수요와 공급, 즉 거래를 구성하고 있는 요소는 거래주체, 대상, 장소 및 범위, 시기, 형태 및 방법, 욕구 등의 다양한 차원에서 이루어질 수 있으므로 시장의 개념도 이에 따라 파악할 수 있다.

교환 또는 거래 관계는 우선 거래 주체 측면, 즉 일련의 공급자(기업 등의 판매자)와 수요자(고객 등 구매자) 간의 지속적인 교류 관계로 파악될 수 있다.

두 번째로는 거래대상 측면, 즉 교환을 통하여 가격이 결정되는 특정의 재화 및 서비스의 집합개념으로 거래 관계를 구분할 수 있다.

세 번째는 전통적으로 파악되고 있는 특정 거래가 이루어지는 장소적·시간적 개념이며 중앙시장, 주변시장 등과 같은 경제중심지로부터의 거리적 개념을 포함한다.

네 번째는 교환의 시간적 개념을 들 수 있다. 과거, 현재, 미래라는 개념뿐만이 아니라 현물 및 선물시장, 정기적 및 비정기적 시장의 구분이 그것이다.

다섯 번째, 거래 형태 및 방법에 의한 개념 구분이다. 수요자와 공급자의 수 또는 그 거래형태에 따라 완전경쟁시장, 독점시장, 과점시장 등으로 나눌 수 있다.

여섯 번째는 구매욕구 차원에서 파악되는 시장개념이다. 일반적으로 틈새시장(잠재욕구시장), 평균시장, 스피드시장 등과 같이 고객의 특정한 심리적 요인과 연결시켜 파악하고 있다.

표 3-3 시장의 개념

요소적 환경	개념 구분	내용 및 사례	주요변수
거래주체 측면	생산자(산업)시장 소비자(소비)시장	고객군으로서의 시장개념 (여성시장, 노인시장 등)	인구통계적 변수
거래대상 측면	제품시장 용역시장	제품군으로서의 시장개념 (자동차시장, IT시장 등)	상품변수
거래장소 측면	현상(지역)시장 가상(사이버)시장	지리적 범위 및 장소적 시장개념 (세계시장, 국내시장 등)	장소, 거리 변수
거래시간 측면	현재시장 미래시장	시간적 차원의 시장(현재, 장단기시장, 정기시장, 비정기시장 등)	시점과 기간 변수
거래형태 측면	경쟁시장 독점시장	수요공급자의 수 및 거래방법 (완전경쟁, 독점, 과점시장 등)	상황변수
거래욕구 측면	지각시장 감성시장	구매욕구, 동기 및 목적개념 (틈새시장, 시장, 스피드시장 등)	정신, 심리적 변수

나. 시장 분류의 관점과 추진 방법

1) 시장 분류의 관점

시장에 가면 필요한 것을 구경할 수 있고 또 그것은 사고팔 수도 있다. 따라서 사업에 꼭 필요한 사업 아이템을 탐색 또는 개발하려고 하면 시장을 찾아야 할 것이다.

그러나 앞에서 언급한 바와 같이 시장이라는 것이 워낙 함축적인 용어이기 때문에 눈에 잘 보이지가 않고 쉽게 찾아지는 것이 아니라는 데에 문제가 있다. 이때 활용할 수 있는 것이 바로 시장 분류의 개념에 입각한 목표시장 또는 시장 세분화의 개념이다.

시장 분류란 시장을 구성하고 있는 여러 가지 거래 관계 요소별로 시장을 구분하고 재구조화하려는 것이다. 시장은 이미 존재하고 있는 것일 수도 있고 창의적인 창업자나 기업가에 의해 만들어질 수도 있는 개념이다. 따라서 현존하는 시장이건 잠재적인 시장이건 간에 유망한 사업의 기회가 있을 수 있는 목표시장(주력시장)을 선정하고 집중적인 사업전략을 추진해 나가는 것이 필요하다.

전략은 '고객'과 '경쟁'을 전제로 하여 전개해야 한다. 따라서 시장세분화를 통한 목표시장의 선정과 경쟁 분석을 통한 차별화된 포지셔닝의 관점에서 시장이 분류되어야 한다. 고객 측면에서는 고객의 니즈와 조건의 현황, 고객의 특성 등을, 경쟁 측면에서는 경쟁 타사의 전략, 강약점 등을 고려하여야 한다. 이를 요약하면 **그림 3-4**와 같다.

그림 3-4 시장 분류의 관점

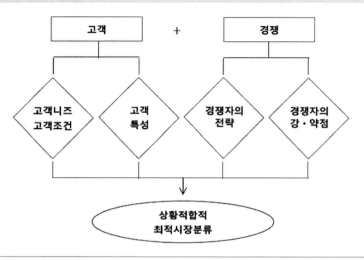

2) 시장 분류 방법

사람들은 사물을 하나의 덩어리로 생각하는 경향이 강하다. 그러나 인간은 덩어리 그대로는 과제를 해결할 수 있는 능력이 부족하거나 아예 없을 수도 있다.

시장은 본질적으로 다양한 특성과 구매 니즈를 가진 고객들로 구성되어 있다. 십인십색으로 저마다 요구나 욕구가 다르고 또한 독특한 고객들을 모두 하나의 시장(완전 세분시장)으로 분류하여 전략을 전개한다는 것은 현실적으로 문제가 있을 수 있다. 과도하게 세분화한 시장 분류보다는 현실적·상황적 관점에 맞는 분류기준을 설정하고 그에 따라 목표시장을 선정하는 것이 전략적 시너지가 높다.

적절한 시장세분화를 통하여 고객에게 보다 가까이 접근하고 집중적인 전략수행을 통하여 고객에게 높은 만족감을 줄 수 있는 시장지향적 사업 아이템을 개발해야 할 것이다.

코틀러(P. Kotler)는 **표 3-4** 및 **표 3-5**와 같은 시장세분화의 전제조건 및 시장세분화의 기준을 제시한 바 있다.

▌표 3-4 시장 세분류의 전제조건

1. 측정가능성(Measurability): 시장매력도 측정의 가능성
   → 구매력을 포함하는 시장매력도의 측정이 가능해야 함.
2. 실질성(Substantiality): 적정 크기와 규모의 보장
   → 실질적인 수익이 획득 가능한 충분한 규모를 가질 것.
3. 접근가능성(Accessibility): 위치 및 밀착접근의 가능성
   → 고객에게 다가가서 그 욕구를 충족시켜줄 수 있을 것.
4. 실행가능성(Actionability): 시너지 효과 창출
   → 독자적인 마케팅 계획을 효과적으로 형성, 적용 가능해야 함.

▌표 3-5 시장 분류(세분화)의 기준

소비재 시장			산업재 시장	
변수	분류 기준	사례	변수	분류 기준
I 지리적 변수	1. 국가별 2. 지역별 3. 시·도·군별 4. 도시규모별 5. 인구밀도별 6. 기후별	국내, 해외 등 수도권, 지방 등 인구수별 도시, 교외, 시골	I 인구동태적 변수	1. 산업(업종) 2. 회사 규모 3. 입지
			II 업무변수	1. 기술 2. 사용자, 비사용자지위 3. 고객능력: 고객의 소요 서비스의 정도
II 인구 통계적 변수	1. 연령별 2. 성별 3. 가족규모별 4. 소득별 5. 직업별 6. 교육수준별 7. 생활주기별 8. 종교별 9. 사회계층별	남, 여 1~2명, 3~4명 기혼, 미혼, 기혼 청년 등 하층, 중층, 상층	III 구매방식 변수	1. 구매기능조직: 집권적, 분권적 2. 권(한)구조: 기술지배적,재무지배적 등 3. 기존 관계의 성격 4. 전반구매방침: 임차,서비스계약, 시스템구매, 경쟁입찰 5. 구매기준: 품질, 서비스, 가격

■ 표 3-5 시장 분류(세분화)의 기준

소비재 시장			산업재 시장	
변수	분류 기준	사례	변수	분류 기준
			IV 상황요인 변수	1. 긴급성 2. 특수 용도성 3. 주문규모
III 심리적 변수	1. 생활스타일별 2. 개성별 3. 주요혜택별 4. 수요자 지위별 5. 상표충실성별 6. 인지 단계별 7. 태도감응별 8. 사용률별	자연회귀, 지위고집형 등 사교성, 보수성 등 경제성, 편의성 등 비, 잠재, 기, 신규수요자 무, 중간, 강, 절대 등 비, 인지, 관심, 갈망 등 무관심, 부정, 긍정 등 경, 중, 중(重)사용자	V 개인적 특성 변수	1. 구매자, 판매자 유사성 2. 위험에 대한 태도 3. 충실성

■ 표 3-6 사업 아이템의 개념(예)

상품 측면의 정의	시장 측면의 정의
화장품	희망
철도	종합운송
카피장비	사무생산성
휘발유	에너지
영화	오락
백과사전	정보
컴퓨터	정보처리

🧊 1-3. 기술 측면의 사업 아이템

고객의 욕구를 충족시키는 방법적 측면에서 사업 아이템의 개념을 규정할 때 고려하는 사항이다. 특정 또는 목표 고객집단의 욕구를 충족시키는 방법이라는 것은 사업 수행에 활용되는 광의의 기술개념(자연과학기술+사회과학기술)을 말한다.

즉 경쟁전략에 바탕을 두면서 궁극적으로 고객의 욕구를 어떻게 만족시킬 것인지, 고객 만족을 위해 어느 정도의 전문화 및 통합화를 도모할 것인지에 대한 사업 추진 주체의 독특한 능력을 고려의 대상으로 하는 개념이다.

여기서의 독특한 능력은 창조적 파괴의 사고에 의한 확장된 범위(Scope)의 지식(기술+α)에 기반을 둔 핵심역량을 의미한다고 볼 수 있다.

가. 기술의 개념

전통적으로 경제학에서는 ① 경제 의지 및 경제 제도 ② 자본축적 ③ 인적 자원 ④ 기술진보의 네 가지를 경제성장 및 발전의 주된 요인으로 간주하여 왔다.

많은 학자들은 그중에서도 기술(Technology) 및 기술 진보가 자본주의 경제 발전의 중요한 원동력이 된다고 역설하였다. 또한 실제적으로도 인간 생활의 거의 모든 측면에 큰 영향을 미치는 동시에 인간 생활의 변화와 상호 밀접한 연관성을 가지고 있는 것이 바로 기술의 변화이다. 따라서 자연과학은 물론 이고 사회과학, 인문과학 분야에서도 기술은 연구분석의 중요한 대상이 되어 왔다.

특히 최근 과학기술의 발전이 펼쳐놓은 21세기 정보화 사회에 있어서 모든 변화의 핵심 주도자는 바로 기술 그 자체이다. 또한 생산경제의 주체인 기업의 기본적 활동은 기술에 그 기반을 두고 있으므로 이에 영향을 미치는 가장 중요한 요인이 바로 급격한 기술환경의 변화와 기술 자체의 급변이라는 데에는 이론의 여지가 없다.

18세기 산업혁명 시대 이후 활발하게 전개되어온 기술의 개념 규정에 대한 논의는 크게 '의식적용설(意識適用說)'과 '수단체계설(手段體系說)'의 두 가지 유형으로 나타나고 있다. 의식적용설은 인간의 생산적 행위에 의식적으로 객관적 법칙을 적용하는 것으로서 기술은 과학의 응용이라는 주장이며, 수단체계설은 인간 생활에 있어서 인간에 의해 창조되는 노동수단의 총체가 기술의 개념이라는 것이다.

여하튼 가장 넓은 의미로 해석하면 기술은 인간의 욕구나 욕망에 적합하도록 주어진 대상을 변화시키는 모든 '인간적 행위'를 의미한다. 주어진 대상을 변화시키는 인간의 모든 행위는 바로 실제적인 기법(Practical Arts)을 의미하고 그것은 농수산업, 광업은 물론이고 제조, 건설, 교통, 통신, 의료 및 서비스 기술 등을 모두 포함하는 개념이 된다.

이러한 관점에서 본다면 로버트 메릴(Roberts, Merrill)의 견해처럼 "기술이란 유용한 것을 만들고, 사용하며, 행하기 위한 기능(技能), 지식(知識) 및 절차(節次)의 집합(Technologies are bodies of skills, knowledge and procedures for making, using and doing useful things)"이라고 볼 수 있다.

나. 기술과 지식 및 핵심역량

사업 아이템의 개념을 기술 측면에서 파악하고자 할 때 기술의 개념은 제조기술 또는 생산기술과 같은 좁은 의미의 기술이 아니라 궁극적으로 고객의 욕구를 만족시킬 수 있는 차별화되고 독특한 능력이나 역량을 의미한다. 창업사업이나 신규사업 아이템을 탐색, 개발하기 위한 기반은 바로 경험과 지식을 바탕으로 하여 축적된 넓은 의미의 기술과 핵심역량을 활용하여 이를 실제적으로 사업화(事業化)시키는 데 있는 것이다.

1) 기술과 지식의 관계

기술의 개념을 자연과학적 원리(原理)를 인간의 복지에 기여하게끔 활용하는 것이라는 좁은 의미로만 파악하게 되면 기술의 혁신이나 활용을 통한 기업발전 또는 경제성장이 제대로 이루어질 수가 없다.

사회과학에서 이룩된 인간 생활 관계의 형성(생산, 유통, 소비, 폐기) 및 운영에 대한 폭넓은 지식을 기업 활동 방향의 모색, 실천 방법의 개발 및 실행 시기의 포착에 활용함으로써 새로운 사회적 수요와 높은 고객가치를 창조할 수 있는 기술이 되어야 한다. 따라서 기술의 개념을 보다 넓은 의미로 파악할 필요가 있으며, 이때의 기술은 바로 '과학' 또는 '지식'의 개념으로 그 범위가 확대될 수 있는 것이다.

과학(Science)은 원래 '진리' 또는 '지식'이라는 뜻이다. 일반적으로 정태적 과학관에서는 "경험을 통해 특정의 대상에 관해 얻은 법칙이나 원리를 객관화한 것으로서 합리성과 실증성을 갖춘 지식(이론)체계"로, 동태적 과학관에서는 "논리적이고 구체적인 지식(이론)을 도출하는 과정"으로 정의되고 있다.

여기서 '이론(Theory)'이란 지식의 원리적 인식체계를 말한다. 즉 현상 또는 사실을 설명, 예측, 제어(통제)할 수 있도록 해주는 것으로써 검증된 원리나 원칙을 말한다. 따라서 과학 또는 지식이란 '특정의 연구 대상에 대한 이론체계'라고 볼 수 있는 것이다.

이와 같은 입장에서 보면 일상생활에 있어서 흔히 얘기되는 "그것은 이론 상으로는 맞을지 몰라도 실제적으로는 성립되지 않는다"라든가, 어떤 논리에 대해 "그것은 이론일 뿐이지 사실이 아니다"라는 주장은 상당한 문제가 있는 것이다. 왜냐하면 이론이 수행하는 역할 내지 목적은 현상(사실)을 보다 잘 설명하여 주고 미래에 발생할 현상을 예측할 수 있는 체계를 제시해주는 데 있기 때문이다.

이와 같이 이론은 이론 자체가 가지는 개념의 다양성 때문에 현실적으로 여러 가지 의미로 활용되고 있으며, 이론의 분류 또한 범위나 수준 방향, 접근 방법 등에 따라 다양하게 이루어지고 있다.

일반적으로 이론은 대상의 포괄성에 따라 일반이론과 특수이론으로 분류되고 있으며, 기초이론과 응용이론으로 나누어지기도 한다. 기초이론은 일반이론의 형성, 즉 대상의 설명, 예측, 이해를 목적으로 하는 지식(Knowledge)체계를 말하며, 실증이론, 설명이론(과학적 이론 또는 이론과학), 응용이론은 대상에 대한 실천적 문제해결 방안을 제시하고자 하는 행동적 지식(KnowHow)체계를 말하며, 실천이론, 전략이론, 기술적 이론 또는 실천과학이라고도 한다.

우리나라의 경우 IMF 사태 이후 그 중요성이 급격히 증대된 지식혁명 또는 지식경영에 있어서 논의되는 지식의 개념과 이론의 체계를 요약하면 **그림 3-5**와 같고, 지식과 정보의 관계를 정리하면 **그림 3-6**과 같다.

그림 3-5 지식과 이론(기술)의 구성

지식구성도	이론(기술)의 구성	사례	역량
학문적 지식 K1	이론과학(기초기술) Knowledge 중심 -실증이론, 설명이론 -이론지식	자연과학이론 사회과학이론	이해 및 통찰력 -현상 설명 -미래예측
실용적 지식 K2	공유화(公有化) 현재화(顯在化)	기술특허 데이타베이스	사회화 집적화
현장경험 지식 K3	실천과학(응용기술) Knowledge 중심 -실천이론, 전략이론 -행동지식	현장경험 일선노하우	행동 및 통제력 -실천 추진 -제어

자료: 매일경제신문사, 지식혁명보고서, 1998

그림 3-6 지식과 정보

구성도	지식과 정보의 차이	
	정보	지식
지혜 지식 Knowlwdge 정보 Information 데이타 Data	단편적 사고 : 원인 또는 결과 수동적 : 외부에서 수용 플로우(Flow) : 지식창조의 매개, 자료 정태적 : 가치판단 및 정보 체계	종합적 사고 : 원인과 결과 능동적 : 주체적으로 생각,가공 판단 스톡(Stock) : 사고와 경험을 통해 정보체계화 동태적 : 의사결정 및 행동을 통한 가치창출

자료: 매일경제신문사, 지식혁명보고서, 1998

2) 지식과 핵심역량

현대 경영에 있어서 지식경영과 관련하여 빼놓을 수 없는 개념이 핵심역량 경영이다. 앞에서 고객의 욕구를 만족시킬 수 있는 창업자 또는 기업의 독특한 능력이 바로 '핵심역량'이 된다는 것을 언급하였다. **그림 3-5**에서 보는 바와 같이 지식과 기술을 보유하고 학습하게 되면 힘(Power), 즉 역량을 가질 수 있게 된다는 것을 알 수 있다. 이론 지식을 통한 이해력 및 통찰력(현상의 설명과 예측력의 획득), 행동지식을 통한 행동력 및 통제력(실천추진 및 컨트롤)의 보유 및 축적이 그것이다.

일반적으로 핵심역량(Core Competence)이란 '기업(창업자) 내부에 공유되고 있는 특유의 총체적인 능력, 기술, 지식'을 의미한다. 핵심역량이란 단절되어 있는 능력, 기술, 지식이 아니라 과거에 그 기업을 이끌어 왔거나 전환 또는 추가역량의 축적을 통하여 미래 성장의 견인차 역할을 할 수 있는 통합된 능력이나 기술이라는 것이다. 핵심역량이 다른 능력과 구별되는 요인이 바로 여러 가지 활동을 연결시키는 통합성에 있다고 역설하고 있다.

따라서 핵심역량은 상품이나 업종 중심의 개념이 아니라 지식, 기술 중심의 개념으로서 기업의 근저에 흐르는 근본(根本) 개념으로 파악되고 있으며, 그 특징을 요약하면 다음과 같다.

- 공통된 경쟁기반(현재 수행하는 사업들의 바탕이 되는 능력, 자산, 기술 등)
- 우월적 내부역량(경쟁자 대비 차별성 및 독특성 보유)
- 고객의 가치증대에 기여
- 여러 분야에 동시 활용 가능(핵심역량의 본질은 지식, 정보임)
- 확대 발전 가능(지속적 축적으로 더 큰 역량 발휘)
- 다각화 기회 제공(사업 구조 재조정 및 신규사업 영역 창조)
- 지속적으로 축적 가능(역동적 활동으로 전략적 의지를 실현)

이와 같은 입장에서 본다면 특유의 핵심역량을 확보할 수 있는 대상 부문은 기술력, 제조능력, 유통능력, 마케팅능력 등과 같은 경영기능(Function) 측면 뿐만 아니라 **그림 3-7**에서 보는 바와 같은 일곱 가지 측면(7S)의 모든 원천에서 핵심역량의 개발 및 축적이 가능하다고 할 수 있다.

그림 3-7 핵심역량 개발(축적) 대상 부문

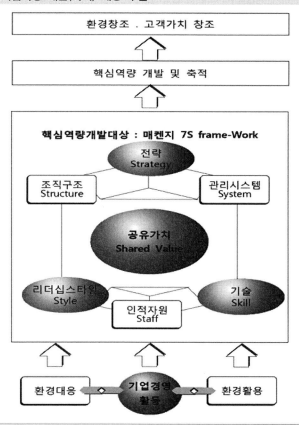

02 │ 사업 아이템 탐색의 중요성

🔲 2-1. 사업 컨셉과 사업 아이디어

전통적으로 사업 아이템은 경제적 교환대상으로서의 최종목적물인 상품 및 서비스를 의미하는 것으로 정의되어 왔다. 그러나 내용적 의미에서는 상품, 시장, 기술의 최적결합에 의해 결정되는 특정의 구체적 사업 컨셉 및 아이디어를 포함하는 동태적 개념으로 파악된다. 따라서 사업 컨셉과 사업 아이디어의 개념은 사업 아이템의 탐색과 개발에 있어서 가장 본질적이고 핵심적인 요소가 되고 있다.

사실상 기업의 사업 아이템은 시장의 요구 측면, 즉 고객 니즈(Needs)에 의한 신 마케팅 기회와 기업의 보유자원 측면, 즉 기술 시즈(Seeds)에 의한 신상품 제공능력 또는 니즈와 시즈의 결합에 의해 창출된다. 이는 결국 사업에 대한 새로운 컨셉(Concept)과 아이디어(Idea)의 통합 속에서 사업 기회가 형성됨을 의미한다.

사업 컨셉은 기업의 이념이나 사상, 즉 기업 정체성(Corporate Identity)이 구체적 의미로 응축되어 사업 속에 나타나는 것으로서 해당 사업의 핵심 가치의식을 말한다. 즉 무엇 때문에 이 사업을 하는 것인가에 대한 사업 추진주체의 기업관, 사업관으로서 간단한 표현으로 해당 사업의 독특한 사업의 지향점을 강조하는 것이다.

사업 컨셉을 개발하고 설정하기 위해서는 그 배경이 되는 사업 주체의 이념과 사상은 물론 사업 아이템 탐색 및 개발에 참여하는 사람들의 가치관, 사상 등을 포함하여 해당 사업이 가지고 있는 사회성, 문화성의 확립이 전제되어야 한다.

사업 컨셉을 고객의 입장에서 살펴본다면 고객이 해당 사업에 대해 부여하는 의미와 가치를 말하며, 특정의 주관적인 사업 아이디어라고 할 수 있다. 그러나 사업 컨셉만으로 사업 아이템이 탐색되고 개발되는 것은 아니다.

사업 아이디어는 사업 아이템 탐색은 물론 새로운 사업 기회를 인식, 포착하는 데 있어 가장 중요한 기반이 된다. 창의적 사업 아이디어는 사업의 방향과 영역(Direction & Scope), 즉 제반 상황의 변화로 인하여 발생하는 시장의 불균형 상태를 발견하고 적절한 시기(Timing)에 그것을 인식할 수 있는 단서를 제공하는 것이다.

넓은 의미에서 사업 아이디어는 후보사업 아이템을 탐색하고 사업화하기 위한 발상, 감상, 직관 등을 말한다. 그것은 고객 잠재욕구의 현재화(顯在化)를 본질로 삼는다.

사업 컨셉이 사업의 핵심을 형성하는 이념과 사상에 기반한 사업의 '가치의식'을 나타낸다면 사업 아이디어는 그와 같은 사업 컨셉이 특정 사업에 의미 있게 구현될 수 있도록 만드는 '표현감각'을 의미한다. 즉 사업 아이디어는 특정 사업을 매력적으로 만들기 위하여 사업 아이템 탐색 및 개발에 관여하는 사람들의 발상, 구상, 생활감각, 정보능력 등을 특정의 사업 속에 표현하는 방법이 된다. 그러나 사업 아이디어만으로 가치 있는 사업 아이템이 개발되는 것은 아니다.

사업 컨셉과 사업 아이디어는 아이템 탐색과 개발에 있어서 상호 보완관계를 형성한다. 즉 사업 컨셉만을 지나치게 주장하게 되면 현실감각이 전혀 없는 추상적인 사업 구상이 되고 사업 아이디어에 너무 편중하다 보면 기업 이념이나 사업 영역에 맞지 않고 내용이 없는 가벼운 발상에 그치고 마는 결과를 초래한다.

비유컨대 컨셉이 없는 사업은 지성과 감성, 즉 영혼이 없는 육체를 만드는 것과 같으며, 아이디어만 강조하는 것은 멍청하고 못생긴 사람에게 화려한 옷과 짙은 화장을 시키는 것과 같다고 할 수 있다.

드러커(P.F. Drucker)는 『CEO의 조건』에서 "인간이 무엇을 하고자 하는 데 있어서는 어떤 일을 찾는 데서 출발하는 것이 아니라 어떤 견해에서 출발한다"고 말한 바 있다. 이것은 사람들이 사업을 시작하고자 할 때 제일 먼저 하는 일은 사업 아이템을 찾는 것이 아니라 해당 사업이나 사업 아이템에 대한 자기 자신의 의견이나 해석, 즉 고유한 관점이라고 하는 사업 컨셉의 확립에서부터 출발한다는 사실을 잘 나타내주는 말이다.

사업 컨셉을 근간으로 하여 기업의 시즈와 고객의 니즈 측면 각각에 대한 창의적 아이디어가 다양하게 창출될 때 사업 가치가 높은 훌륭한 사업 아이템이 탐색·개발될 수 있는 것이다.

🔖 2-2. 아이템 탐색과 개발의 중요성

기업은 사업의 주체이고 사업은 기업의 내용이다. 사회적 기관으로서의 기업은 사업을 통하여 종합적 가치를 창조하기 위한 역할을 수행한다. 기업은 이와 같은 존재 이유(기업 고유의 이념과 사상)를 기업 정체성(CI: Corporate Identity)이라고 하는 가치의식으로 체계화하고 그것을 사회적 가치의식으로 높여 가기 위하여 사업을 추진한다.

사업 아이템은 신규사업 또는 창업사업의 본질적 내용이며, 사업 아이템의 탐색과 개발은 기업의 근간을 이루는 중요한 활동이 된다. 이와 같은 노력이 없다면 기업은 급격한 경영환경의 변화와 치열한 경쟁 속에서 살아남을 수가 없다. 오늘날 사업 아이템 탐색과 개발이 기업의 생존경쟁에 직결되어 있고 기업 현장에서 가장 큰 비중을 차지하고 있는 것은 지식, 정보화 사회로 전환되고 있는 새로운 시대적 흐름과 그 맥을 같이하고 있기 때문이다.

산업(자본)사회에서 지식(정보)사회로의 이전은 고객의 소비구조 또한 '물질의 풍부'에서 '마음의 풍부'를 지향하는 형태로 변화시켰으며, 사업에 있어서도 유형의 제품 또는 물질적 가치중심의 사고에서 기업의 이념과 사상을 구체적으로 응축하여 해당 사업에 의미(컨셉: Concept)를 부여하고 그것을 사회적 가치 창조로 연결하는 메커니즘을 형성시키고 있다.

현실적으로 신규사업 또는 창업사업을 추진하는 데 있어서는 그 절차적 의미에서 사업 아이템의 탐색과 개발에 대한 개념을 엄격하게 구분하여 생각할 필요가 있다.

사업 아이템의 탐색과 개발을 기계적으로 분리한다는 것은 매우 어려운 일이다. 그러나 본서에서는 사업 아이템 탐색모델에서 보는 바와 같이 전략 추진 단계에 따라 구별되는 개념으로 정리하고자 한다.

사업 아이템의 탐색은 혁신적 사업 컨셉과 창의적 사업 아이디어를 바탕으로 하여 사업 영역, 시장요구 및 보유자원의 세 가지 측면에서 형성 가능한 후보 사업 아이템의 전체적 풀(Pool)을 설정, 식별하는 과정을 의미한다.

사업 아이템의 개발은 아이템 탐색 단계를 거친 후, 후보 아이템의 식별과 해당 아이템별 사업 타당성 검토 및 분석을 거쳐서 확정된다. 즉 고객의 핵심욕구와 편익(Core Benefit)을 충족시킬 수 있도록 실천적 사업 컨셉과 아이디어를 부가하고 시장 니즈와 기업 니즈를 통합한 사업 원형(Proto-type)을 구체화하는 활동을 '사업 아이템의 개발'로 규정하는 것이다. 이상과 같은 관점에서 창업사업이나 신규사업이 성공하지 못하는 원인을 유추해볼 수 있는데 그 내용은 다음과 같이 요약된다.

① 새로운 사업 아이템을 탐색하지 않거나 탐색 방법을 모르는 경우
② 후보 사업 아이템은 탐색하였으나, 실천적 사업 아이템을 개발하지 않는 경우
③ 사업 아이템 개발을 시도하였으나, 여러 가지 이유로 개발에 성공하지 못하는 경우

④ 사업 아이템을 개발하고 사업화를 추진하였으나, 가치창출에 성공하
지 못하는 경우

03 | 사업 아이템 탐색 체계와 모델

🔷 3-1. 사업 아이템 탐색 체계(기본 방향)

많은 사람들이 새로운 사업의 기회나 유망 아이템을 순간적인 상상이나
영감 또는 전문가 그룹 등의 인맥을 통해 얻는다고 생각한다.

매력적이고 유망한 사업 아이템을 별다른 노력이나 고민 없이 외부 또는
타인의 도움으로 선정할 수 있다면 그것은 엄청난 행운이 아닐 수 없다. 그
러나 전술한 바와 같이 '사업'은 상품과 시장과 기술의 세 가지 핵심요인이
유기적으로 연결(matching)되어야 하는 동태적인 개념이기 때문에 사업의 기
회, 즉 사업 아이템의 탐색과 선정이 저절로 이루어진다는 것은 매우 드문
일이며, 적극적인 탐색활동이 필요하다고 할 수 있다.

그리고 실증적인 많은 연구 결과들을 살펴보면 성공적인 사업 아이템의
탐색은 남들로부터 또는 순간적으로 얻어지는 것이 아니라 자신의 전문지식
과 실제적인 경험을 바탕으로 각고의 노력을 통해 이루어졌다는 사실을 알
수 있다.

사업 추진의 주체인 기업은 종합적 가치창조(기업가정신창조, 환경창조, 자원창
조)를 본연의 사명으로 하고 있다. 따라서 사업 아이템 탐색에 있어서 제일
먼저 고려해야 할 것은 창업사업이나 신규사업을 발굴하기 위한 아이템 탐색
활동이 기업가치 창출을 위한 기업전략에 부응하느냐 아니냐를 살펴보는 일
이다.

사업 아이템의 선정은 기업이 환경변화 속에서 사업의 기회를 발견하고 새로운 사업을 전개하기 위한 기반을 구축하는 것이다. 기업전략의 핵심은 기업이 참여할 사업 영역의 확정에 있으므로, 사업 아이템의 선정은, 즉 기업전략의 책정이 되고 사업 아이템의 탐색은 곧 기업전략의 수립을 위한 출발점이 되는 것이다.

따라서 사업 아이템의 탐색활동도 본서 제2장 사업의 기본전략 수립체계에서 살펴본 바와 같이 전략방향에 따라 체계적인 방식으로 이루어지는 것이 바람직하다.

먼저 하고 싶은(desire do) 사업을 중심으로 하여 아이템을 탐색해 나가는 방향이다. 이는 사업 추진주체의 가치관 및 목적과 관련된다. 두 번째는 외부환경의 변화와 관련하여 해도 좋은(might do) 아이템을 찾아 나가는 것이고 세 번째는 보유자원의 활용을 통하여 할 수 있는(can do) 아이템을 탐색해 나가는 일이다. 마지막으로 위의 세 가지 방향에서 각자 개별적으로 탐색된 내용을 종합적으로 고려하여 반드시 하여야 할(should do) 아이템으로 통합하는 방향이다.

이와 같은 문제의식을 바탕으로 사업 아이템 탐색의 기본 방향을 제시하면 **그림 3-8**과 같다.

그림 3-8 사업 아이템 탐색의 기본 방향

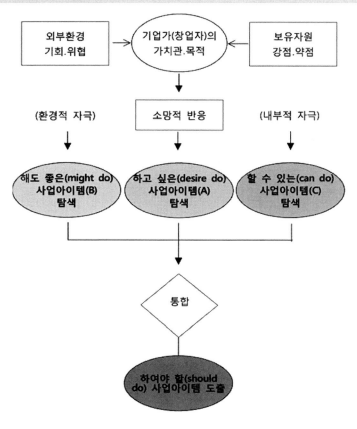

🎲 3-2. 사업 아이템 탐색 모델(기본영역)

지금까지 살펴본 바와 같이 유망 사업 아이템을 발견하고 선정하기 위한 탐색활동은 전략적 개념의 기본 방향과 체계적인 틀을 가지고 적극적으로 추진해야만 성공할 수 있는 전략과제이다.

사업 아이템 탐색의 기본 방향을 고려하지 않고 무분별하게 많은 수의 사업 아이템만을 찾고자 하는 것은 비효율적일 뿐만 아니라 무의미하다. 물론 숫자가 많아지면 선택의 폭이 넓어져서 유망한 아이템을 찾을 수 있는 확률이 높아질 수는 있을 것이다. 그러나 투입한 시간과 노력에 대한 효과와 보상에 대해서도 생각해 보아야 한다.

또한 개별 사업 아이템 측면에서는 유망성이 있다 하더라도 기업 전체적인 측면에서 전략적 시너지(전체 최적화) 효과가 있는지에 대해서도 고려해 보아야 할 것이다.

이와 같은 입장에서 요구되는 것이 바로 체계적인 사업 아이템 탐색모델이다. 지금까지 논의된 사업과 기업에 대한 본질적 개념, 기본 전략의 수립체계 및 사업 아이템 탐색의 기본 방향 등을 통하여 **그림 3-9**와 같은 개념적 틀을 도출할 수 있다.

첫째, 하고 싶은(desire do) 사업 아이템은 창조(創造, creation)와 혁신(革新, innovation)을 바탕으로 하는 기업가(창업자) 정신에 의해 탐색될 수 있는 사업 영역(domain) 측면의 접근 방향이다.

그림 3-9 사업 아이템 탐색모델의 개념적 틀

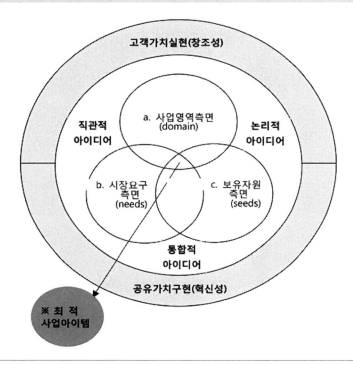

무엇인가 하고 싶다거나 소망한다(desire)는 것은 외부의 환경적 자극이나 기업 내부 보유자원의 자극에 대하여 소망적으로 작용하는 심리 반응이다. 현실적인 상태 또는 목표를 뛰어넘어 보다 이상적인 꿈과 희망을 지향하고 성취하고자 하는 의지(will)의 발현이 곧 기업가 정신이다.

기업가 정신은 타당성(validity)보다는 소망성(desirability)이 그 바탕이 된다. 따라서 전략적 의지를 기본으로 하고 사업에 대한 높은 관심을 기축으로 하여 사업 아이템을 탐색해 나가는 노력이 제일 먼저 요구되는 것이다.

둘째, 해도 좋은(might do) 사업 아이템을 탐색한다는 것은 국내외 거시환경 내지는 산업환경의 변화와 연관된 개념이다. 이 접근 방법은 정치, 경제, 사회, 기술 등 국내외의 거시적 환경과 사업, 경쟁, 시장, 고객 등 제반 미시적 환경에 대한 분석을 통하여 이루어진다. 즉 환경 변화가 가져오는 사업의 기회와 위험을 식별·인식하는 과정에서 가능성이 있고, 유망한 사업 아이템을 발견하는 시장요구(needs) 측면의 영역이다.

셋째는 사업 추진주체가 보유하고 있는 각종 자원을 바탕으로 하여 새롭게 할 수 있는(can do) 사업 아이템을 탐색하는 절차이다. 이것은 추진 주체가 가지고 있는 핵심자원 또는 핵심역량의 강점을 활용하고 약점을 극복할 수 있는 전략을 탐색하는 과정, 즉 보유자원(seeds) 측면의 영역에서 이루어진다.

두 번째와 세 번째의 탐색방향은 전통적으로 경영전략에서 다루어지고 있는 산업분석(SWOT분석) 방법으로서 사업 아이템 탐색과 타당성 분석 분야에서 그대로 적용될 수 있는 기법들이다. 한편 이와 같은 아이템 탐색활동의 전체 과정 중에서 창의적 아이디어의 발상 및 활용이 누락된다는 것은 있을 수 없는 일이다. 사업 아이템 탐색모델은 **그림 3-10**과 같다.

그림 3-10 사업 아이템 탐색모델

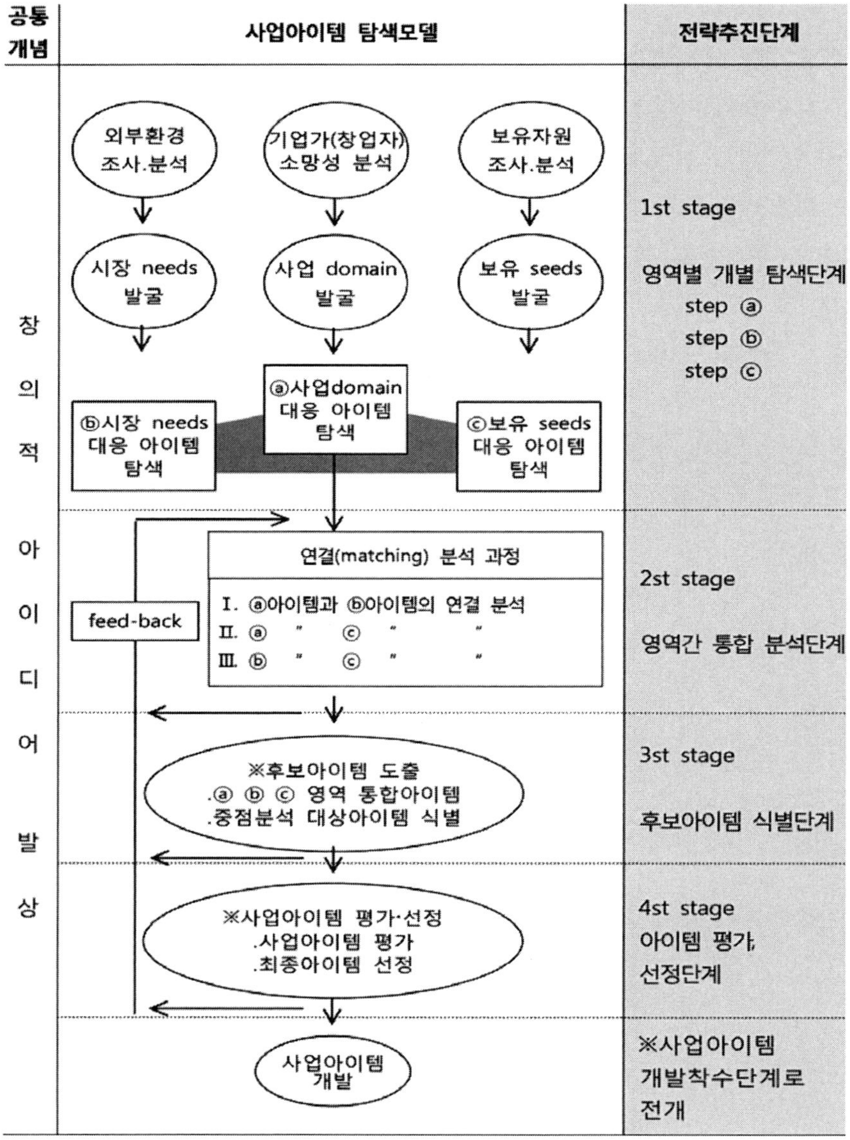

공통 개념	사업아이템 탐색모델	전략추진단계

공통개념: 창의적 아이디어 발상

외부환경 조사.분석 → **시장 needs 발굴** → **ⓑ시장 needs 대응 아이템 탐색**

기업가(창업자) 소망성 분석 → **사업 domain 발굴** → **ⓐ사업domain 대응 아이템 탐색**

보유자원 조사.분석 → **보유 seeds 발굴** → **ⓒ보유 seeds 대응 아이템 탐색**

1st stage
영역별 개별 탐색단계
step ⓐ
step ⓑ
step ⓒ

연결(matching) 분석 과정
Ⅰ. ⓐ아이템과 ⓑ아이템의 연결 분석
Ⅱ. ⓐ 〃 ⓒ 〃
Ⅲ. ⓑ 〃 ⓒ 〃

feed-back

2st stage
영역간 통합 분석단계

※후보아이템 도출
.ⓐ ⓑ ⓒ 영역 통합아이템
.중점분석 대상아이템 식별

3st stage
후보아이템 식별단계

※사업아이템 평가·선정
.사업아이템 평가
.최종아이템 선정

4st stage
아이템 평가,
선정단계

사업아이템 개발

※사업아이템
개발착수단계로
전개

사업 아이템 선정의
배경분석

Ⅳ 사업 영역 이념에 의한 아이템 선정

01 | 사업 영역 이념의 개요

1-1. 사업 영역 이념(Domain Identity)의 의의

도메인 아이덴티티를 글자 그대로 해석하면 기업이 성장·발전해 나가기 위해 선택하는 '생존영역'의 의미를 갖는다. 따라서 생존영역은 '사업 영역'이라는 의미보다 좀 더 고차원적인 개념으로서 **그림 4-1**에서 보는 바와 같이 복수의 사업 영역을 의미한다.

그러나 가장 기본적인 개념은 '사업 영역'의 의미로서 기업이 지속 가능 경영이라는 장기 비전을 달성하기 위하여 반드시 참여하고자 하는 사업 영역의 의미로 이해되고 있다.

기업의 이상적인 미래전략 모델이라고 할 수 있는 장기 비전의 구조는 **그림 4-2**와 같이 요약될 수 있다. 기업이념은 기업의 '존재의 의미' 또는 '존재의 가치'를 나타낸 것으로서 창업이념, 경영철학, 행동이념 등으로 이루어진다. 기업의 비전은 기업이념 달성을 위한 미래의 희망과 모습을 현재화한 개념으로 파악된다.

따라서 기업의 장기 비전은 기업이념을 바탕으로 하여 기업이 10년 이상의 미래에도 계속 생존하고 성장·발전해 나가기 위해 선택하는 장기기본전략과 실현 가능한 미래의 모습인 장기 개별 비전에 관한 내용을 포함하게 된다.

그림 4-1 광의의 사업 영역 이념(생존영역)

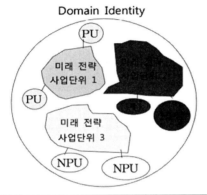

Domain Identity

* 미래 전략사업단위=
  Future Strategic
  Business Unit
* PU=product unit
  현 상품단위
* NPU=new product
  unit
  신 상품단위

그림 4-2 장기 비전의 구조

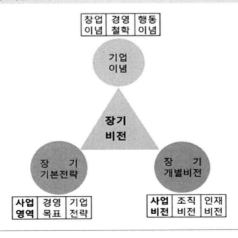

장기 기본전략은 사업 영역과 경영목표 및 기업전략을 기본 내용으로 하고 장기 개별 비전은 경영부문별 사업 비전과 조직 비전 및 인재 비전을 그 기본 내용으로 한다.

🔷 1-2. 사업 영역 이념의 중요성

앞에서 살펴본 바와 같이 사업 영역 이념은 사업 추진주체의 창업이념과 사명은 무엇이며 어떤 사업을 통하여 그것을 달성할 것인가 하는 문제를 기업이 참여하고자 하는 사업군(Business Group)의 개념을 빌어 표현한 핵심 단어(개념)이다. 이를 좀 더 쉽고 구체적으로 말하자면 제품과 시장 및 기술을 종합적으로 고려한 전략적 측면의 사업정의가 바로 사업 영역 이념이 되는 것이다.

따라서 사업 영역 이념이 설정되면 이에 입각하여 시간과 노력의 낭비가 없이 사업 아이템을 탐색할 수 있는 효율성이 보장된다. 또한 어떤 사업 아이디어가 생각났을 때 그 아이템이 사업 영역 이념에 비추어 사업적 타당성이 있는지를 판별할 수 있게 해준다. 그 뿐만 아니라 새로운 사업 아이템을 탐색하고자 할 경우 중장기적 생존영역의 관점에서 볼 때 현재의 사업 아이템 중 부족한 것은 무엇인가를 파악하여 구체적인 탐색 방향과 가이드라인을 제시해 주는 것이다.

현실적으로 사업 영역 이념의 설정이 결코 쉬운 일은 아니다. 그러나 사업 아이템의 효율적인 탐색을 위해서는 전략적 관점에서 간결하지만 핵심적인 내용으로 사업 영역 이념을 설정해 둘 필요가 있다.

02 | 사업 영역 이념의 유형

🔹 2-1. 장기 비전에 의한 사업 영역 이념

사업 영역 이념은 기업의 장기 비전과 불가분의 관계를 맺고 있다. 비전은 미래에 도달하고자 하는 모습 또는 목표이며, 비전의 달성 여부는 사업 추진 주체인 기업의 능력과 태도에 따라 달라지게 된다. 따라서 사업 영역 이념은 사업 비전과 기업능력 및 기업태도 세 가지 요소의 최적 결합에 의해 형성되는 개념이기도 하다.

다시 말하자면 무슨 사업을 할 것인가 하는 '사업 영역 이념'은 앞으로 우리는 어디로 갈 것인가 하는 장기 비전을 어떻게 결정하고 우리의 사업에 필요한 핵심역량(기업능력)을 어떻게 개발하며 어떠한 의지와 자세(기업태도)를 가지고 이를 실행해 나갈 것인가에 따라 결정된다는 것이다. 이를 요약하면 **그림 4-3**과 같다.

그림 4-3에서 제시하고 있는 사업 영역의 유형은 반드시 지금 현재의 보유 능력(할 수 있는 것)만을 가지고 설정해야 할 필요는 없으며, 보다 능동적인 소 망성(하고 싶은 것)의 입장에서 설정할 수도 있다. 이와 같은 개념을 경제발전 론에서는 균형성장이론과 불균형성장이론으로 설명하고 있다.

한편 사업 영역 이념을 넓은 의미에서 보면 생존영역의 개념이 되므로 하나의 전략사업단위(SBU)뿐만 아니라 **그림 4-4**에서 보는 바와 같이 사업시너지를 극대화하기 위한 복수의 주력 핵심 사업단위의 개념으로 사업도메인을 설정할 수도 있다.

■ 그림 4-3 장기 비전에 의한 사업 영역

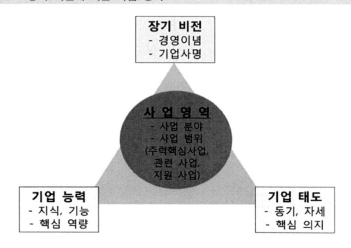

■ 그림 4-4 사업 영역 구성의 내용(핵심사업, 관련사업, 주변사업)

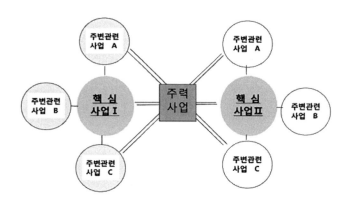

💎 2-2. 성장백터에 의한 사업 영역 이념

안소프(H. I. Ansoff)가 제시한 성장백터(Growth Vector)의 개념은 경영의 시너지효과(Synergy Effect)와 더불어 기업의 성장전략과 밀접하게 연관되어 있다. 주지하다시피 성장백터에는 기본적으로 시장침투, 시장개발, 사업개발, 다각화의 네 가지가 있으며, 성장백터는 기업의 성장을 위한 사업(제품과 시장) 방향과 크기를 의미하는 개념이다.

경영전략의 선택 및 수행과 관련하여 안소프는 다음과 같은 다섯 가지의 기준을 제시하고 있다.

- 제품과 시장의 영역(Product-Market Scope)
- 성장백터(Growth Vector)
- 경쟁우위(Competitive Adventage)
- 시너지(Synergy)
- 내적, 외적 다각화(Internal or External Diversification)

이와 같은 기준들은 서로 배타적인 것들이 아니라 서로 보완적인 성질의 구성요소들이며, 성장백터는 향후 핵심적으로 주력하고자 하는 사업 영역이 현재의 사업과 어떤 시너지 효과가 있는지를 찾아내고자 하는 것이다.

따라서 성장백터는 결국 '크기와 방향을 가진 양(量)'의 개념으로써 시너지 효과를 기대할 수 있는 사업 영역을 발견하고자 하는 기업 전략의 하나이며, 사업 및 시장환경의 변화와 관련하여 기업이 새로운 사업 영역을 결정하기 위한 경영기법이라고 할 수 있는 것이다. 성장백터에 의한 사업 영역의 개념을 요약하면 **그림 4-5**와 같다.

그림 4-5 성장벡터에 의한 사업 영역

사업 / 시장		현재 사업		신규 사업
	제품(기술) / 고객	현 제품	신 제품	사업개발형 사업 영역
현 시장	현 고객	고객침투	제품개발	- 사업 다변화
	신 고객	고객개발	제품 · 고객개발	- 신사업 개발
신 시장	시장개발형 사업 영역	- 시장 다변화, - 신시장 개척 - 글로벌화		다각화 형 사업영역

(시장침투형 사업 영역)

2-3. 전략전개 컨셉에 의한 사업 영역 이념

사업 영역 이념은 기본적으로 기업의 장기 비전과 전략적 성장벡터에 의해 설정되는 것이 바람직하다. 그러나 미래 생존영역으로서의 사업 영역 이념을 설정하기 위한 전략전개 컨셉에 따라 개별기업이 사업 아이템을 탐색하고 개발하는 방식이 크게 달라지는 경우가 많다.

기업을 경영하는 데 있어서 가장 중요한 문제는 어떠한 전략을 선택하고 그 전략을 전개해 나갈 것인가를 결정하는 것이다. 일반적으로 기업 수준 '기본전략'의 유형은 확장전략, 안정전략, 축소전략, 복합전략의 네 가지 유형으로 대별되고 있다.

사업 영역 이념을 기업 수준의 네 가지 기본전략 유형과 연결시켜 검토하여 보면 '확장전략'의 개념이 가장 관련성이 높다는 것을 알 수 있다. 왜냐하면 새로운 사업 영역 이념을 설정하는 근본적인 목적은 새로운 기업의 창업이나 기존 기업의 성장과 발전을 도모하는 데 있기 때문이다.

따라서 기업의 '확장전략'의 유형에 관한 많은 연구결과들을 고려하여 전략전개 컨셉을 요약하면 **그림 4-6**과 같다.

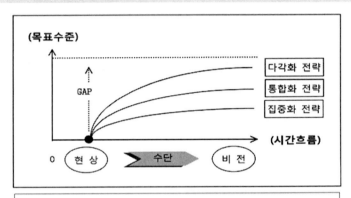

그림 4-6 전략전개 컨셉에 의한 사업 영역

집중화전략에 의한 사업영역; 동종 산업 제품.시장에 초점
통합화전략에 의한 사업영역; 가치사슬관계에 있는 산업영역
다각화전략에 의한 사업영역; 유사 또는 다른 산업으로 진출

한편 가미야 마키오(神谷蒔生)는 현재의 본업 관련성과 본업의 성장성을 두축으로 하는 신규사업 개발컨셉 모델을 제시하고 있다. 그의 모델을 사업 영역 이념과 연계하여 살펴보면 기업 수준 기본전략 중 다각화 전략 및 통합화 전략과 상당한 유사성이 있다. 이 모델은 새로운 사업 아이템 탐색을 전제로할 때 기존 기업은 '본업'의 개념이 되고, 창업자 개인의 입장에서 보면 '전공'의 개념이 되므로 이를 재구성하여 사업 영역 이념을 설정하여 보면 **그림 4-7**과 같다.

그림 4-7 개발컨셉 모델에 의한 사업 영역

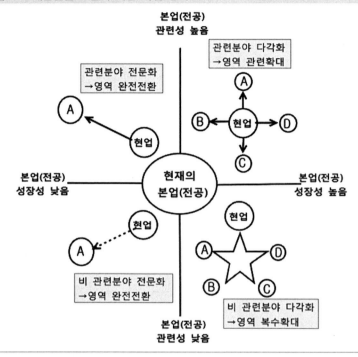

03 | 사업 영역 이념에 의한 아이템 선정

사업 영역 이념 중에서도 전략전개 컨셉에 바탕을 두고 사업 아이템을 탐색·개발하는 방법이 가장 현실적이라고 할 수 있다. 그 이유는 기업 수준의 네 가지 기본전략 중 '확장전략'에 속하는 하위전략들의 세부내용을 구체적으로 살펴봄으로써 사업 아이템 탐색 전략의 기본유형을 도출할 수 있기 때문이다.

전략전개 컨셉에 의한 사업 영역 이념에 기초한 사업 아이템 탐색유형을 제시하면 **그림 4-8**과 같이 정리된다.

그림 4-8 사업 영역 이념과 아이템 탐색 유형

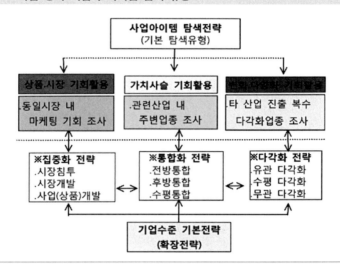

🧊 3-1. 집중화 전략에 의한 사업 아이템 선정

동일시장 내의 마케팅 기회를 활용하는 것은 집중화 전략이라고도 하며 사업 아이템 탐색에 있어서 가장 먼저 채택하는 전략 유형이다. 현재의 단일 또는 유사시장에서 유관 제품계열에 경영자원과 역량을 집중하여 저원가 전략, 차별화 전략, 초점 전략을 중점적으로 전개함으로써 기업 가치를 극대화하여 시장점유율을 증대시킨다는 것이 핵심 논리이다.

집중화 전략은 경영환경이 안정적인 경우에는 위험도가 낮고 집중화를 통한 경쟁력 강화의 장점이 있을 수 있다. 그러나 산업 환경이 불안정하면 하나의 사업 계열에 집중하는 데 따르는 위험을 피할 수 없고 타 부문으로 다각화를 하지 않은 데 따른 이윤획득의 기회를 상실할 수도 있다.

장점이 있으면 단점도 있을 수 있다는 것, 그것은 인위적 이론이나 과학을 초월하는 자연법칙의 원리이다. 따라서 사업 아이템을 탐색하기 위한 전략의 전개에 있어서도 경영환경의 변화나 당면하고 있는 특정상황에 대한 정확한 분석과 합리적 판단이 전제되어야 하는 것이다.

집중화 전략에 의한 사업 아이템 탐색의 전개유형은 **그림 4-5**에서 보는 바와 같이 시장침투, 시장개발, 상품·사업개발의 세 가지 전략 유형으로 대별되고 있다. 이 경우 시장의 의미는 고객과 장소라고 하는 두 요소의 복합적인 개념으로 이해하고 사업은 제품과 기술의 결합적 개념으로 이해하는 것이 현실적으로 도움이 된다. 시장침투 전략은 다시 현 고객과 신 고객을 세분하여 접근할 경우 **그림 4-5**에서와 같이 고객침투, 고객개발, 제품개발, 제품 및 고객개발의 형태로 나타나고 있어 상황에 따라 다양한 접근 방법으로 사업 아이템을 탐색할 수 있음을 시사해주고 있다.

가. 시장침투형 사업 아이템

현재의 시장에서 거래되고 있는 여러 가지 제품 및 서비스 중에서 다양한 마케팅 전략과 활동을 통하여 시장점유율을 극대화시킬 수 있는 아이템을 탐색하여 고객에게 다가서는 유형이라고 할 수 있다.

이 유형은 고객침투형, 고객개발형, 제품개발형, 제품·고객개발형 등으로 나누어진다.

나. 시장개발형 사업 아이템

시장개발형은 국내는 물론 해외시장, 사이버시장 등 새로운 시장영역에 효과적으로 진출 또는 진입할 수 있는 사업 아이템을 탐색하여 발굴하는 유형을 말한다.

현재 유통되고 있는 상품 및 서비스를 본래 이외의 목적으로 새로운 시장에 소개·판매하는 것이 초점이 되며, 지금까지와는 다른 '공통의 구매 니즈'를 가지고 있는 고객집단을 주 대상으로 하여 개발할 수 있는 아이템을 탐색하는 유형이다.

다. 제품·사업개발형 사업 아이템

제품개발형은 현재의 시장이나 현재의 고객을 대상으로 하여 현재의 상품(제품과 서비스)을 개량하거나 수정하여 제시함으로써 매출을 증대시킬 수 있는 아이템을 탐색하는 제품개발 중심의 접근 방법, 즉 현재의 사업범위 내에서 신제품 또는 개량제품을 개발하는 것을 의미한다.

현재의 시장에서 기존 사업과는 전혀 다른 새로운 사업개념을 창안·개발하는 것은 사업개발형의 범주에 포함된다. 예컨대 병맥주를 구매하는 고객에게 캔맥주를 개발하여 제공하는 것은 제품개발형에, 맥주가 아닌 소주나 위스키를 개발하여 제공하는 것은 사업개발형에 속한다고 할 수 있다.

사업개발유형은 현재의 시장을 대상으로 사업 전개에 필요한 경영노하우를 개발하여 새로운 사업을 전개하는 유형이므로 현재 시장의 니즈변화를 정확히 파악·예측하는 능력 발휘가 요구되는 유형이다.

예를 들면, 비디오 대여점 체인 본사가 가맹점들의 고객을 대상으로 해외여행 알선업을 시작하고자 한다면 고객들의 비디오 시청을 통한 해외여행에 대한 욕구증대를 잘 포착한 사례가 될 것이다.

🎲 3-2. 통합화 전략에 의한 사업 아이템 선정

관련 산업 내 주변 업종을 조사하는 것이 통합화 전략이다. 통합화 전략은 수평적인 것과 수직적인 것으로 대별되고, 수직적 통합은 다시 투입물의 공급자 또는 공급시스템(Supply System)을 통합하는 후방(Backward)통합과 산출물의 분배자 또는 분배시스템(Distribution System)을 통합하는 전방(Forward)통합으로 구분된다.

통합화 전략의 기본구상은 가치사슬의 기회를 활용하고자 하는 점에 있다. 즉 원재료로부터 최종소비자에 이르는 생산경제의 각종 변환 단계(부품생산 → 부분품 조립 → 완제품 조립 → 유통 등)별로 부가할 수 있는 부가가치가 각각 다르기 때문에 이 기회를 최대한으로 활용하려는 전략적 목적이 존재하기 때문이다.

따라서 공급기업 또는 고객기업의 인수·합병하는 전략뿐 아니라 산출물의 시장점유율 확대를 통한 규모의 경제효과 증대, 시장 및 유통채널의 결합을 통한 경영자원 활용 시너지 등을 얻기 위하여 경쟁기업을 인수·합병하는 전략을 구사할 수도 있다.

이와 같이 통합화 전략에 의한 사업 아이템 탐색유형은 전방통합, 후방통합 및 수평통합의 세 가지 유형으로 구분될 수 있다. 이 경우 통합(Integration)의 의미는 반드시 기업을 인수(Merger) 또는 합병(Acquisition)하는 소유적 개념만을 의미하는 것이 아니라 영향력의 행사, 즉 '통제력(Control Power)의 증대'를 포함한다.

따라서 통합화 전략 자체가 합리적이고 적절한 수단이 될 수 있는 일정한 상황이 있음을 확실히 인식하고 사업 아이템 탐색 및 선정에 활용해야 할 것이다.

가. 후방통합형 사업 아이템

특정기업 또는 특정상품의 후방에 위치하는 경제활동 단계 중에서 부가가치 창출력이 가장 높은 단계의 산출물(Output) 또는 공급시스템(Supply System)

을 대상으로 하여 사업 아이템을 탐색·선정하는 유형을 후방통합형(Backward Integration) 사업 아이템이라고 한다.

나. 전방통합형 사업 아이템

전방통합에 의한 아이템 탐색 유형은 특정 기업 또는 특정 산출물의 전방에 위치하여 배분 또는 배분시스템(Distribution System) 기능을 담당하는 활동단계 중에서 높은 부가가치 창출력이 기대되는 단계를 탐색하여 사업 아이템을 획득, 선정하는 전략을 의미한다.

다. 수평통합형 사업 아이템

수평통합은 일반적으로 동일 또는 유사한 경제활동 단계(Value Chain Stage)에 있는 경쟁기업을 인수하거나 통제하는 형태로 나타난다. 통제의 의미는 인수나 합병이 없는 장기적인 계약관계 같은 개념을 포함하고 있다.

따라서 수평적 통합에 의한 사업 아이템 탐색은 아이템 자체의 탐색이라기보다는 특정 아이템을 사업을 기반으로 하고 있는 사업의 주체를 대상으로 하여 전개되는 유형이라고 할 수 있다.

🧊 3-3. 다각화 전략에 의한 사업 아이템 선정

다각화 전략은 타 산업에 다각적으로 진출하는 것을 초점으로 하여 사업 아이템을 탐색하는 전략 유형으로, 새로운 상품을 가지고 새로운 시장에 진입하는 것을 주된 내용으로 하는 전략이다. 즉 여러 가지 원인으로 인하여 기존의 사업 또는 관련 산업의 성장 전망이 좋지 않거나 다른 업종이나 산업의 성장가능성이 높다고 판단되는 경우에 활용할 수 있는 전략 유형이다.

다각화 전략의 목적과 관련하여 전자를 소극적 다각화 전략, 후자를 적극적 다각화 전략이라고 한다. 사업 아이템 탐색의 측면에서는 기존 사업의 위험을 분산, 축소하거나 성장성이 높은 사업 영역으로 진출한다는 적극적인 성장의지에서 접근할 필요가 있다.

다각화 전략은 유관(집중적) 다각화, 수평적 다각화, 무관(컨글로머리트) 다각화의 세 가지로 대별되고 있다.

가. 유관 다각화형 사업 아이템

유관 다각화형은 집중적 다각화의 개념으로서 사업 추진주체와 관련이 있는 핵심역량(Core Competence)을 기반으로 하여 사업 아이템을 탐색하는 것이다.

사업 추진주체와 관련이 있는 핵심역량이란 새로운 영역으로 다각화할 수 있는 공통성(Commonality)을 가진 상품, 시장, 고객, 기술, 유통채널 또는 차별적 경영능력을 말한다. 따라서 유관다각화형 아이템 탐색은 사업 주체가 가지고 있는 차별적 핵심 경영능력을 적극적으로 활용하여 시너지 효과를 극대화할 수 있는 아이템을 탐색 및 선정하는 유형을 의미한다.

나. 수평 다각화형 사업 아이템

수평적 다각화형은 현재의 사업 추진주체나 유관한 핵심역량을 중심으로 아이템을 탐색하는 것이 아니라 현재의 상품개발, 기술적 역량 등과 관련성은 없으나 현재의 고객층에게 어필할 수 있는 사업 아이템을 탐색 및 선정하는 유형을 말한다.

다. 무관 다각화형 사업 아이템

무관 다각화형은 컨그로머리트 다각화, 집성적 다각화 또는 복합적 다각화라고도 불리는 전략 유형으로 관련성의 측면에서 집중적 다각화에 대립되는 개념이다. 즉 관련성이 없는 상품, 시장, 고객 또는 사업으로 진출하는 것이므로 사업 주체의 현재 상황과 공통성을 가지고 있지 않은 무관 다각화와 같은 유형을 의미한다.

무관 다각화형 아이템 탐색은 사업 추진주체가 현재 사업과 관련된 핵심 역량을 전혀 다른 새로운 분야에 적용하여 높은 이윤을 확보하는 것이 주된 목적이므로 본질적으로 비약적 발전의 가능성과 높은 위험을 동반하게 된다.

V 외부환경 분석에 의한 아이템 선정

01 | 기업환경 분석의 개념

1-1. 기업환경의 의의

　환경이라는 단어의 뜻을 사전에서 찾아보면 "생활체를 둘러싸고 있는 일체의 사물 또는 유기체에 직·간접으로 영향을 주는 모든 것(Environment)"이라는 의미와 '주위의 상황(Circumstances)'이라는 의미를 동시에 가지고 있다.

　따라서 기업환경(Business Environment)은 기업이라고 하는 조직체의 경영활동에 영향을 미치는 모든 물리적·사회적 요소를 의미하는 개념이 된다. 브라운 등(W.B. Brown and D.J. Moberg)은 기업환경을 "기업이 사용하는 투입의 원천과 산출물의 수혜자들을 포함하여 특정 조직을 둘러싸고 있는 객체, 사람 및 다른 조직"이라고 정의하고 있다.

　오늘날의 기업조직은 진공 속에서 활동하는 것이 아니라, 환경과의 상호의존과 상호작용을 통하여 투입→변환→산출의 과정을 계속하는 하나의 개방시스템으로 파악되고 있다. 이는 모든 기업들이 경영활동에 필요한 자원을 그와 관련된 환경집단, 즉 기업환경을 형성하는 유·무형의 이해관계자 집단과의 거래를 통하여 유지·존속하고 성장·발전해 나가야 한다는 것을 자각하게 되었음을 의미한다. 환경은 기업활동을 제약하는 위협요인이 됨과 동시에 성장 발전을 위한 기회를 제공해주는 요인이 된다.

이와 같이 기업과 환경의 관계는 환경요인이 기업의 생존여부에 큰 영향을 미친다는 '조직생태이론'이나 기업조직이 경영자원을 얻기 위해 환경을 활용해야 한다는 '자원의존이론'을 포괄하는 환경적응론적 개방시스템의 관점에서 다루고 있다. 그러나 대부분의 경우 기업이 환경에 영향을 미치는 것보다는 환경이 기업에 미치는 영향이 더 크기 때문에 환경이 조직의 유지와 발전을 좌우한다는 환경결정론적 관점이 강조되고 있다.

이상의 제 관점을 종합하면 환경은 그것이 기업에 영향을 미치거나 기업에 의해서 영향을 받는 단순한 정태적인 존재가 아니라 그 자체로서 목적과 기능과 구조를 가지는 주체적인 존재이므로 기업의 경영자는 환경집단과 상호 조화로운 관계를 형성해야 할 필요가 있다는 것이다.

또한 기업환경을 이미 주어진 것, 통제 불가능한 것으로 보고 기업을 환경에 적응시켜야 한다는 전통적인 관점에서 볼 때도 경영자는 기존 사업의 경영성과를 높이기 위해 중요한 환경요인들의 변화를 잘 파악하여야 함은 물론 급격한 환경변화에 적절히 대응할 수 있는 새로운 사업 아이템 개발전략을 포함하는 장기비전과 장기기본전략을 수립, 시행하여야 한다.

💎 1-2. 기업환경의 유형과 특성

가. 기업환경 유형

기업환경에 대한 의의 및 관점과 더불어 경영자는 기업환경이 어떠한 요소들로 구성되어 있는가를 살펴볼 필요가 있다. 이 이유는 어떠한 환경요인들이 경영성과 향상을 위한 기업전략의 적절성 여부를 잘 설명해 주는지를 알아야 하기 때문이다. 환경 유형에 대한 대표적인 분류 방법으로 구성요소별 분류법이 있다. 구성요소별 환경유형의 분류는 중요한 환경의 특성을 있는 그대로 반영하기 때문에 보다 직접적인 분류 방법으로서 전통적으로 지지되고 있다.

기업환경을 범위적 측면에서 분류하면 자연적 환경(실체적 환경: 물질, 생명, 지역 등)과 인위적 환경(사회적 환경: 문화, 제도, 업게 등)으로 나누어진다.

한편 기업환경을 지역적 측면에서 분류하면 국내환경과 국제환경으로 대별될 수도 있다. 국내환경은 기업의 외부상황의 변화는 물론 기업 내부 상황의 변화로 인하여 발생하기 때문에 외부환경과 내부환경의 두 가지 유형으로 나누어지고, 외부환경은 개별기업 고유의 업무활동과 직접적으로 관련을 가지는 산업환경과 간접적 영향을 미치는 거시환경으로 분류된다.

거시환경은 그것을 구성하고 있는 주된 요소에 따라 경제적 환경, 사회·문화적 환경, 기술적 환경, 정치·법률적 환경으로 분류되고 있다. 산업환경은 다시 기업의 경영활동과 관련하여 직접적으로 거래 및 상호작용을 하는 과업환경과 그러한 활동을 규제 또는 지원하는 제약환경으로 구분된다.

이상의 내용을 정리하면 **표 5-1**과 같다.

표 5-1 기업환경의 유형

기업환경	=	자연적 환경
		인위적 환경

기업환경 =	국내환경 / 국제환경	=	외부환경 / 내부환경	=	산업환경 / 거시환경	=	과업환경 / 제약환경

나. 기업환경 특성

환경적응적 개방시스템으로서의 기업은 환경과의 상호작용을 통하여 정보와 자원을 거래하는 유기체와 같다는 가정하에 환경을 인식한다. 따라서 변화하는 환경에 적응하지 못하는 기업은 성장과 발전은 물론 생존조차 보장받을 수 없게 된다.

이러한 관점에서 경영자는 다양한 환경요소들의 특성을 종합적으로 파악하는 동시에 변화의 방향과 속성을 몇 가지 차원으로 구분하여 인식하고 개념화할 필요가 있다. 그러나 우리가 직면하고 있는 오늘날의 환경은 '불확실성의 시대'라는 말처럼 모든 것이 불확실한 것으로 요약되고 있다.

기업의 경영자는 이와 같은 환경의 불확실성을 최소화하기 위하여 체계적이고 과학적인 분석을 통해 기업환경의 특성을 파악해야 한다. 다시 말하자면 어떠한 환경 특성들이 불확실성을 증가시키고 있는가를 파악함으로써 경영활동에 장애가 되는 중대한 위협요인을 제거해야 하는 것이다.

많은 학자들이 환경의 불확실성을 증가시키는 환경 특성으로 환경의 동태성(Dynamism)과 복잡성(Complexity) 및 풍부성(Richness)이라는 세 가지 요인을 들고 있다. 환경의 동태성이라는 요인은 변화의 속도 및 정도를 나타내는 개념이다. 이 개념은 환경이 시간의 흐름에 따라 변화하는 변화의 비율 및 예측가능성과 깊은 관계가 있다. 예를 들면 환경이 예측 가능한 형태로 기업경영에 영향을 미친다면 환경은 안정적인 상태가 된다. 그러나 환경이 불안정하고 동태적이라면 시간의 흐름에 따라 변화하게 될 영향을 예측할 수 없게 될 것이다.

환경의 복잡성이라는 것은 동질성의 정도, 환경요소의 수, 요소 간의 상호연관성을 나타내는 개념이다. 예를 들면, 기업 내외의 환경요소의 수가 많으면 많을수록 요소 간에 이질성이 창출되어 차이점이 더욱 많아진다. 환경이 복잡할수록 그것을 예측하거나 통제하기가 더 어렵게 될 것이다. 또한 그들이 서로 연계되어 상호작용을 하게 되면 변화의 방향과 특성을 전혀 예측할 수 없기 때문에 기업이 직면할 불확실성은 더욱 커지게 된다. 변화의 원인을 알기 어려운 다양성과 변화가 영향을 미치는 범위가 넓은 다원성이 환경복잡성의 특징적 현상이다.

환경의 풍부성이라는 요인은 이용 가능한 자원의 양, 환경요소의 크기 및 자원을 제공해 줄 수 있는 지속성의 정도 등을 나타낸다. 예를 들면 자원이 풍부하여 경쟁을 하지 않아도 되는 기업과 빈약한 환경에서 희소한 자원을 확보하기 위하여 치열한 경쟁을 해야 하는 기업의 환경 불확실성은 확연히 대비가 될 것이다. 환경이 빈약해지면 빈약해질수록 자원확보와 위기관리에 대한 기업의 문제는 더욱 어려워지게 되며, 여기에 다시 불안정하고 복잡한 여러 가지 환경요소가 추가된다면 예측의 불확실성은 증대되는 반면에 환경의 풍부성은 더더욱 낮아지게 된다.

1-3. 기업환경 분석

가. 환경분석의 목적과 기능

전사적인 경영전략은 물론 신규사업 아이템 개발전략과 관련하여 기업환경을 어떻게 인식하고, 어떻게 대응해 나갈 것인가에 따라 기업의 성패가 좌우된다. 그러므로 기업의 경영자는 체계적이고 과학적인 분석 방법을 총 동원하여 실제적이고 객관적으로 불확실한 기업환경을 파악할 수 있도록 노력하여야 한다.

그러나 기업의 경영자들은 기업환경을 있는 그대로 객관적으로 인식한다기보다는 각자의 주관적인 지각에 의해 환경을 이해하려는 경향이 매우 강하다. 즉 동일한 하나의 환경요인에 대해서도 보는 관점에 따라 각각 다르게 지각하고 인식하게 되며, 그에 따라 아주 상이한 형태의 경영의사 결정을 하게 되는 것이다.

따라서 환경의 불확실성을 제거하고 환경에 적합한 경영활동을 하기 위해서는 가능한 한 객관적으로 환경을 인식하고 그 변화를 예측할 수 있어야한다. 급변하는 기업환경에 전략적으로 대응함으로써 기업환경과 의사결정의 적합성을 기함은 물론 신규사업 아이템 개발의 기회를 포착해야 한다. 여기에 기업환경에 대한 분석과 관리의 필요성이 있는 것이다.

환경분석의 목적은 경영목적을 달성하기 위한 전략을 수립하는 과정에서이에 영향을 미칠 수 있는 기업 외부 및 내부의 제반 환경요소를 분석하고평가하여 기회 및 위협요인을 파악하는 데 있다. 여기에서 제반 환경요소란조직 내부 및 외부의 인적·비인적 원천으로부터 수집하는 정보를 의미한다.이와 관련하여 경영자가 필요로 하는 정보의 원천과 종류를 예시하면 **표 5-2**와 같다.

한편 정보를 분석하고 평가하기 위한 과정은 일반적으로 특정 환경의 상황과 이슈를 명확히 하고 그 변화의 동향 또는 추세(Trend)를 추적하는 과정과 특정 환경의 추세가 함축(Implication)하고 있는 내용과 의미를 이해하는 과정 및 그러한 변화가 가져오게 될 미래의 모습이 언제 어떻게 나타나게 될것인가를 예측(Prediction)하는 과정을 포함한다.

환경분석의 기능은 환경이 기업에 미치는 영향을 예견하고 이에 창조적으로 대응하는 데 있으며 적극적 기능과 소극적 기능으로 나누어진다. 환경분석의 목적과 기능을 요약하면 **표 5-3**과 같다.

표 5-2 경영자가 필요로 하는 정보 -예시-

• 경영자의 정보원천〈예시〉

구 분	인 적 원 천	비 인 적 원 천
외부원천	고객, 공급자, 은행, 친구, 협회, 사회적 지인	전문간행물, 신문, 박람회, 전문가협회, 경험
내부원천	부하, 동료, 상급자	회의, 정기 보고서, 경험

• 신규사업 아이템탐색에 요구되는 정보〈예시〉

시장동향 정 보	·시장의 크기·주요 세크멘트의 크기·시장성장률·가격동향 ·부가가치생산성·주요 유저·구매동기·국제성·시장의 안정성, 다양성, 특수성, 계절성·자사의 마켓 세어·시장의 라이프사이클 등
경쟁기업 분석정보	·경합의 형태·경합기업의 수와 종류·신규참여 상황 ·경합점과 경합순위·유력경합기업의 동향.전략.우위점.취약점 등
기술동향 정 보	·기술의 성숙도·기술 혁신의 가능성·기술의 고도화, 다양화, 복합화의 방향·기술의 임팩트의 크기, 파급범위·기술의 경쟁력 ·제품기술, 시스템기술, 재료기술의 특징 ·생산기술, 개발기술, 관리기술의 특징·대체기술, 보완기술, 경합기술의 가능성 등
사회·경제·정치동향 정 보	·사회,경제,정치의 전반적 동향·자원, 에너지 등의 상호의존성 ·사회의 성숙화와 가치관의 변화·법 규제 ·재정투자·정책·국제관계의 변화(선진국 개발도상국) 등
자사능력 자원분석 정 보	·우위점, 취약점·특징점·독창점·신규사업 참여장벽(능력, 자원) ·쇠퇴사업 철수장벽(과거의 실족, 경영풍토) ·경영자산의 상황(기술력, 생산력, 판매력, 정보력, 재무력, 인력)·업태의 특징·기업조직과 체질의 특징·계열기업의 상황 등

• 신규사업 아이템탐색에 필요한 정보의 원천〈예시〉

일반공개 자 료	·일반잡지·경영경제지·전문기술지·일반신문·업계신문·정부간행물, 백서·통계자료 조사보고서·단행본·편람 디렉토리·인명록·연감·사보 등
한정공개 자 료	·학회협회지·기관지(은행, 증권)·조사보고서(민간연구기관)·정부간행물·제품카탈로그·뉴스레터·특허공보·논문집·회의록·사양서, 도면·영업보고서, 기업홍보지·지역신문·지역간행물 등
기업내부 자 료	·연구보고서·조사보고서·영업보고서·시장조사보고서·해외출장보고서·제품보고서·품질관리보고서·각종 계획서·클레임처리보고·사보 등
외부인사	·정부 각 부처, 위원회·시험연구기관·지방자치단체·공공기관·자재납품업자·유통업자·관련기업·교수, 컨설턴트·업계타사 등
기타자료	·전시회·기업견학·세미나, 강연회·비디오, 카세트 등

▌표 5-3 환경분석의 목적과 기능

• 환경분석의 목적

전략의 수립 과정에서 기회와 위협(위험)을 식별하기 위한 과정이며 기업 내외의 인적,
비인적 제 원천에서 얻은 정보(情報)를 체계적으로 평가하는 과정임.

- 변화에 대응할 수 있는 전략 개발 → 환경창조
- 새로운 기회 및 위협 요인 파악 → 신규사업 아이템 개발
- 기업체질 개선 →환경대응
- 자사역량 평가기준 설정 →경쟁 분석과 벤치마킹

• 환경분석의 기능

적극적 기능	소극적 기능
활용 가능한 특정기회(機會)를 찾아내고 결정하는 것	장래 위협(威脅)이 될지도 모르는 요인을 찾아내고 사전에 경고하는 것

- 기회: 전략적 목표달성에 유리하고 유익한 환경
- 위협: 전략적 목표달성에 불리하고 유해한 환경

나. 환경분석 방법

기업환경을 분석하는 데 있어서 유일한 최상의 방법은 있을 수 없다. 이
말은 모든 환경요소들을 빠짐없이 분석해야 한다는 것이 아니라 신규사업 아
이템 탐색전략 또는 여타 경영전략 수립에 꼭 필요한 핵심 환경요소를 가려
서 분석해야 한다는 것과 일맥 상통한다.

환경분석의 방법으로는 ① 구두탐색(verbal search) ② 문서탐색(document
search) ③ 공식적 예측과 연구(formal forecast and study) ④ 경영정보시스템 활
용(MIS) 등이 있으며, 실무에 있어서는 ① 구두탐색에서 시작하여 ④ 경영정
보시스템 활용까지 점차적이고 체계적인 방향으로 진행하는 것이 바람직하
다. 경영전략 수립 및 신규사업 아이템탐색과 관련하여 활용할 수 있는 환경
분석 관련 참고자료를 제시하면 **표 5-4**와 같다.

표 5-4 환경분석의 절차 -사례-

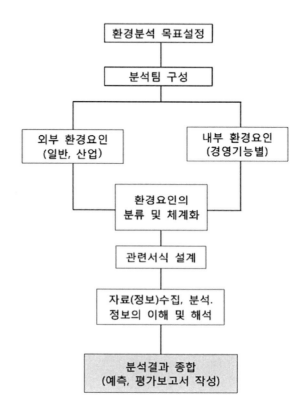

2-1. 거시환경

가. 거시환경의 유형

　장기에 걸쳐 간접적으로 기업에 영향을 미치는 거시환경은 범위적 측면에서는 인위적 환경과 자연적 환경의 두 가지 유형으로 나누어지고 구성요소적 측면에서는 경제적 환경, 정치·법률적 환경, 사회·문화적 환경, 기술적 환경의 네 가지 유형으로 대별되고 있다. 이를 요약하면 **그림 5-1**과 같다.

그림 5-1 일반(거시)환경의 유형

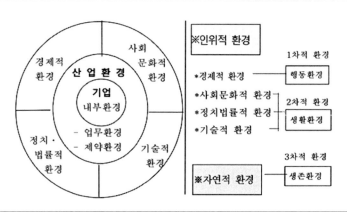

나. 거시환경의 구성요소

1) 경제적 환경

경제적 환경은 경제주체인 기업에 있어서 가장 중요한 환경요소라고 할 수 있다. 기업의 활동은 경제적 이해관계로 이루어지므로 거래의 대상이 되는 이해관계자 집단에 대한 환경변화가 우선적으로 고려되어야 한다. 또한 범위적 측면에서 국내는 물론 국제경제환경의 변화와 경제체제 및 경쟁환경에 대한 변화요인들이 모두 고려되어야 한다.

2) 사회·문화적 환경

사회·문화적 환경은 인구, 연령, 성별 등의 인구통계학 요소, 다양한 욕구 단계와 관련된 개인 및 사회적 욕구, 가치관, 태도, 습관 등의 사회·문화적 요인 등으로 구성된다. 특히 오늘날과 같은 글로벌 시대에 있어서 사회·문화적 환경은 신규사업 아이템 탐색은 물론 기업경영에 중대한 영향을 미친다.

3) 기술적 환경

사업 아이템의 개념에서 언급한 바와 같이 기술적 환경요소는 제품과 사업의 컨셉을 구성하는 매우 직접적인 환경요인이 된다. 특히 자본주의 경제체제에 있어서 기술진보는 경제발전의 원동력이 된다. 오늘날 과학과 기술의 혁신은 특정 산업에 급격한 영향을 미치며, 과학기술의 이전은 국제사회 전체에 엄청난 변화를 미친다. 국가 간의 국부, 기업 간의 경쟁력 차이가 기술력에 의해 좌우되는 만큼 기술적 환경요소의 중요성은 재론할 필요가 없다.

4) 정치·법률적 환경

정치법률적 환경은 기업활동에 지원 또는 규제의 양 방향으로 크게 영향을 미친다. 정치체제, 정부의 안정성, 각종 지원과 규제 법률 등은 국내는 물론 국제적인 측면에서 신규사업 아이템의 탐색과 개발에 매우 중요한 환경요소가 된다.

이상과 같은 거시환경을 구성하는 주요한 요인들을 요약하면 **표 5-5**와 같다.

▌표 5-5 주요 거시환경 요소 -예시-

경제적 환경		기술적 환경	
- 경기변동	- 재정, 금융	- 기술혁신 방향	- 에너지
- 무역, 투자	- 산업동향	- 연구개발 동향	- 원자재
- 노동	- 부동산	- 기술무역동향	- 지적소유권
- 사회간접자본 등		- 신상품개발현황 등	
정치·법률적 환경		사회·문화적 환경	
- 국내정치	- 국내 각종 정책	- 생활양식	- 가족 제도
- 국제정치	- 국내 각종 법규	- 사회계층	- 도시화
- 세법	- 정부의 안정성	- 인구구성	- 문화예술
- 외국기업에 대한 태도 등		- 교육 제도	- 소비자 운동 등

◈ 2-2. 산업환경

가. 산업환경의 유형

산업환경은 거시환경과 더불어 기업의 외적환경을 구성하는 요인이며 거시환경보다 더 직접적으로 기업경영에 중요한 영향을 미친다.

이때의 산업(Industry)은 일반적으로 산업분류(특정 기업이 주로 생산하는 제품의 유형이나 수행활동) 또는 경쟁구조에 의해 정의되는 개념으로써 "동일, 유사 또는 대체적인 종류의 경제활동(생산, 판매)에 주로 종사하는 경쟁관계에 있는 모든 생산단위들의 집합"을 의미한다. 따라서 산업환경을 분석하고자 할 경우에는 산업분류의 기준 또는 체계 등을 염두에 두어야 하며, 경쟁구조 또는 산업 간의 연관관계에 대한 사항들을 고려해야 한다. 우리나라의 경우 정부기관인 통계청에서 고시하고 있는 '한국표준산업분류' 체계를 참조하면 된다.

산업환경은 일반적으로 업무환경(Task Environment)과 제약환경(Constraint Environment)의 두 가지 유형으로 대별된다. 업무환경은 특정기업과 자원의 거래활동을 수행하는 모든 이해관계자 집단(Stake Holders)을 말하며, 사업 영역(Business Domain)의 개념과 깊은 관련성을 가진다. 업무환경은 기업의 목적을 달성하기 위하여 수행하는 사업활동과 직접적인 관련성을 가지며 공급업자와 취급업자 및 수요자로 구성되는 외부환경 요소이다. 제약환경은 기업이 수행하는 경영활동에 대하여 규제적인 영향을 미치는 외부환경 요소로서 경쟁업자, 공중 및 정부 등의 요인으로 구성된다. 이상의 내용을 요약·정리하면 **그림 5-2**와 같다.

그림 5-2 산업환경의 유형

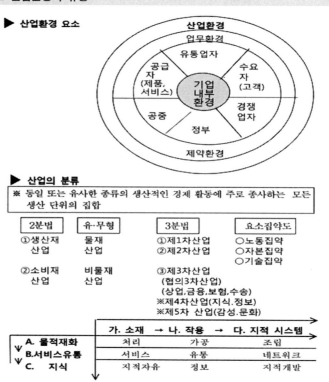

나. 산업(미시)환경의 구성요소

1) 업무환경

업무환경의 구성요인은 첫째, 원재료 납품업자, 주주, 채권자, 노동자 등의 공급자 요소 둘째, 중간상·도매업자 등의 유통업자 요소 셋째, 고객·소비자 등의 수요자 요소로 대별된다.

이를 경제구조적 측면에서 살펴보면 공급자요소는 경제의 생산구조를 나타내고 유통업자요소는 경제의 유통구조로서 광의로는 수입과 수출구조를 포함하는 개념이다. 수요자요소는 구매동기, 구매행동 등의 고객요인과 고객욕구를 기반으로 하는 소비재, 산업재 등의 제품요인으로 이루어진다.

이상을 요약하면 **표 5-6**과 같다.

표 5-6 업무환경의 구성요소 -예시-

	환경구분	구성요소		
1	공급자요소	① 원재료 납품업자 ② 주주 ③ 채권자 ④ 노동자(노동조합) 등		
2	유통업자요소	① 중간상	② 도소매업자	③ 물류회사 등
3	수요자요소	① 고객요인	② 제품요인 등	

2) 제약환경

제약환경의 구성요인은 첫째, 동종업계 경쟁기업, 타 산업 경쟁자 등의 경쟁자요소 둘째, 각종 이해관계자 집단 등의 공중요소 셋째, 중앙 또는 지방의 정부요소로 대별된다.

경쟁자요소는 경쟁유형(독점, 과점, 다점경쟁 등)과 경쟁자유형(제품시장수준 및 산업수준 경쟁자 등)에 따라 매우 다양한 요소로 세분된다. 공중요소는 고객의 구매행동 또는 가치체계에 간접적인 영향을 미치는 각종 이해관계자 집단으로서 여론의 형태로 경영활동에 영향을 미친다. 정부요소는 각종 법규를 통하여 직접적으로 규제와 지원이라는 형식으로 영향을 미치게 된다.

이상을 요약하면 **표 5-7**과 같다.

■ 표 5-7 제약환경의 구성요소 -예시-

	환경구분	구성요소	
1	경쟁자요소	① 경쟁유형	② 경쟁자 등
2	공중요소	① 각종 이해관계자 집단	② 여론 등
3	정부요소	① 중앙정부	② 지방정부 등

03 │ 외부환경 분석에 의한 아이템 선정

■ 3-1. 거시환경의 분석

가. 거시환경 분석의 틀

거시환경의 변화에 대한 분석을 정교하고 세밀하게 하는 작업은 학자나 전문가들에게도 결코 쉬운 일이 아니다. 그러므로 기업의 경영자나 실무자들이 거시환경의 변화를 철저하게 세부적으로 분석해야 한다는 것은 무리한 요구사항이 아닐 수 없다. 왜냐하면 일반 거시환경은 산업환경처럼 그 자체가 기업활동에 직접적인 영향을 미치는 것이 아니기 때문이다.

따라서 거시환경의 분석은 지나치게 정교한 분석을 필요로 하는 것이 아니라 환경변화의 특성이나 변화의 방향을 파악하는 수준이면 된다고 할 수 있다. 즉 거시환경의 구성요소별 주요요인의 변화와 그 변화가 산업과 시장 및 기업에 미치는 영향을 예측함으로써 앞으로의 사업기회와 전략과제를 도출하는 것이 분석의 주된 목적이 되는 것이다. 이를 사업 아이템 탐색과 관련하여 좀 더 구체적으로 말하자면 거시환경 분석은 관심을 기울이는 사업 아이디어가 향후 성장 가능한 유망분야인지 또는 사업추진의 가치가 있는 아이템인지를 전망하기 위하여 실시하는 것이라고 할 수 있다. 이와 같은 거시환경의 변화를 분석하기 위한 기초적인 틀(Frame)을 제시하면 **그림 5-3**과 같다.

■ 그림 5-3 거시환경 분석의 틀 -예시-

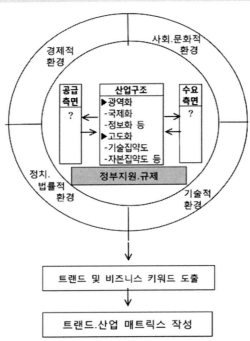

환경트렌드＼산업구분	전반적 내용 (키워드 중심)	세분 관심산업 도출				
		1차산업	2차산업	3차산업	4차산업	5차산업
글로벌화 진전 기술혁신 고령화 사회 등						

나. 거시환경의 변화요인 분석

전술한 바와 같이 거시환경의 구성요소는 경제적 환경, 기술적 환경, 사회·문화적 환경, 정치·법률적 환경으로 대별되고 있다. 거시환경 변화의 원인이 되는 세부요인의 사례를 환경유형별, 구성요소별로 개관하여 보면 **표 5-8**과 같다.

표 5-8 거시환경의 세부 변화요인 -예시-

환경 요인	세부항목 분류				비 고
	대(大)	중(中)	소(小)	세(細)	
정치적 환경	1. 국내정치	가. 정치경제 나. 정부&민간 다. 지방자치 라. 남북관계 마. ……	①②③…	①②③④…	
	2. 국내정책	가. 경제개발 계획 나. 재정정책 다. 금융정책 라. 산업정책 마. 무역정책 바. 노동,복지 사. ……			
	3. 국제정치	가. 동서관계 나. 남북관계 다. 주요국관계 라. 기타국관계 마. 지역분쟁 및 정세 사. ……			

표 5-8 거시환경의 세부 변화요인 -예시-

환경 요인	세부항목 분류				비 고
	대(大)	중(中)	소(小)	세(細)	
경제적 환경	1. 경기변동	가. 경제성장 나. 업종별 경기 다. 총수요, 공급 라. 물가 마. 고용 바. ……	①②③…	①②③④…	
	2. 재정금융	가. 금융시장 나. 자본시장 다. 정부재정 (세입, 세출) 라. ……			
	3. 무역 및 투자	가. 지역별수출입 나. 상품별수출입 다. 지역별투자 라. 사업별투자 마. ……			
	4. 산업동향	가. 산업별 구조 나. 산업별 특성 다. 산업동향 라. 산업집중도			
	5. 노동	가. 노동시장 나. 노동운동 다. 단체교섭 동향 라. 임금교섭 동향			
	6. SOC	가. 도로, 항만 나. 관련 계획 다. 수송,물류시설			
	7. 부동산	가. 경기 나. 관련 제도 다. 규제 현황 라. ……			
	8. 국제경제	가. 세계경기 나. 원자재 다. 국제금융 라. 국제무역 마. ……			

표 5-8 거시환경의 세부 변화요인 -예시-

환경 요인	세부항목 분류				비 고
	대(大)	중(中)	소(小)	세(細)	
사회 문화적 환경	1. 사회계층	가. 계층구성 나. 계층별소비 다. ……	①②③…	①②③④…	
	2. 가족 제도 변화	가. ……			
	3. 도시화	가. 도시생활권 나. 농어촌의 　　도시화 다. 생활의 변화 라. ……			
	4. 생활양식 　 변화	가. 세대별 　　가치관 나. 세대별 소비 다. ……			
	5. 교육 제도 　 및 활동	가. 입시 제도 나. 학교교육 다. 교육내용 　　변화 라. 사회교육 마. ……			
	6. 문화예술	가. ……			
	7. 인구구성	가. 성별. 연령별 나. 지역별 다. 세대별 라. 인구이동 마. ……			
	8. 소비자구성 　 및 기호변화	가. 성별, 연령별 나. 계층별, 　　직업별 다. 소비, 　　지축성향 라. 계층별, 　　집단별 　　기호변화 마. ……			
	9. 국제사회, 　 문화적 환경	가. ……			

3-2. 산업환경의 분석

가. 산업환경 분석의 틀

산업환경의 변화는 새로운 사업 아이템의 탐색과 직접적인 관련성을 가지기 때문에 이에 대한 분석은 거시환경의 분석에 비해 보다 더 정교한 작업을 필요로 한다. 거시환경 분석의 특성이 성장 유망한 미래산업의 포착에 비중이 있다고 한다면 산업환경 분석의 특성은 매력적인 미래 시장을 탐색하는 데 그 목적이 있다.

매력적인 세분시장의 확인과 그 시장의 진정한 니즈(needs)를 정확하게 포착하는 것은 사업 아이템을 탐색하기 위한 첩경이 된다. 따라서 일반환경 분석에서 도출된 특정 관심산업에 속한 개별시장의 특성 및 성장추세, 주요고객 및 고객니즈, 경쟁상황, 지원 및 규제의 정도 등에 대한 구체적인 분석을 실시할 필요가 있다.

다양한 분석기법을 활용한 이와 같은 작업을 통하여 산업에 대한 이해력이 높아지게 되면 최상의 매력적인 사업 아이템이 자연스럽게 드러나게 될 것이다. 이와 같은 산업분석의 기법을 대별하면 산업동향 분석과 산업구조 분석으로 나누어진다.

산업동향 분석은 산업의 본질적 특성을 이해하고 산업의 현황을 시계열적 관점(통상 5-10년)에서 분석하여 변화의 추이를 파악하는 과정으로 정의될 수 있다. 산업동향 분석은 특정 관심산업을 선정하는 과정으로 산업분석의 기본 단계라고 할 수 있으며, 특정 관심산업은 산업별 비교를 통하여 선정된다. 산업동향 분석의 핵심내용을 요약하면 다음과 같다.

- 성장성 분석: 산업별 성장률 추이(매출액, 총자산 등)
- 수익성 분석: 산업별 매출 및 수익유형(산업PPM 등)

- 수명주기 분석: 산업별 수명주기 단계(산업PLC 등)
- 경쟁성 분석: 산업별 경쟁수준(마케팅Mix 요소 등)
- 발전방향 분석: 산업별 향후 발전방향(기술, 수요, 대체재 및 보완재 등)

산업구조분석은 선정된 특정 관심산업의 매력을 결정하는 주요한 구조적 경쟁요인들을 파악하기 위한 것으로서 포터(M. E. Porter)가 제시한 '5-Force 모형'이 대표적인 분석모델이다. 산업구조 분석은 다섯 가지 구조적 경쟁요인에 대한 분석 및 전망을 통해 경쟁의 원천, 형태, 영향 등을 파악하고 핵심 경쟁요소 및 경쟁우위 확보방안 등의 전략적 시사점을 도출하는 과정이라고 할 수 있다. 이에 대한 구체적인 내용은 변화요인 분석 중 구조적 경쟁요인 분석 부분에서 다루어보기로 한다. 참고로 산업환경 분석의 틀을 제시하면 **그림 5-4**와 같다.

나. 산업환경의 변화요인 분석

앞에서 살펴본 바와 같이 산업환경은 업무환경과 제약환경으로 구성되어 있으며 산업환경 분석의 유형은 산업동향 분석과 산업구조 분석으로 대별되고 있다. 산업환경은 여러 가지 환경요인들의 상호작용과 동향에 따라 매우 다양한 형태로 변화하게 되며 이와 같은 세부 변화요인을 살펴보면 **표 5-9**와 같다.

그림 5-4 산업환경 분석의 틀 -예시-

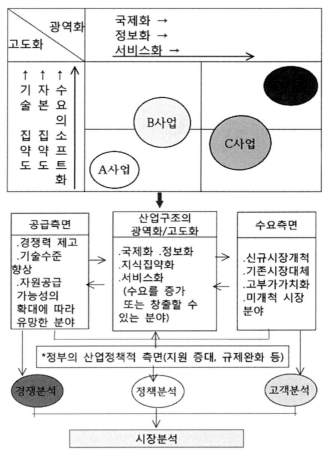

시장구분 환경요인	전반적 내용	매력적 세분시장 및 아이템 도출			
		시장 A 아이템1	시장 B 아이템2	시장 C 아이템3	
규모 및 성장률 매출&수익 유형 경쟁강도 유통구조 등					

표 5-9 산업환경의 세부 변화요인 -예시-

환경 요인	세부항목 분류				비고
	대(大)	중(中)	소(小)	세(細)	
관련 업계	1. 산업 현황	가. 업계 장기전략 나. 업계 경영기능 별 전략 다. 업계 구조 라. 업계 인력정책 마. 업계 임금수준 바. 해외업계 동향 사. ……	①②③…	①②③④…	
	2. 공급업자	가. 생산 및 판매 동향 나. 경영성과 다. 재무 및 인력 구조 라. 기술수준, 동향 마. 외국 수요업계 동향 바. 유통채널 동향 사. 잠재적 수요업 계동향 아. ……			
	3. 유통업자	(위 공급업자와 동일)			
시장 환경	1. 시장현황	가. 시장 구분 나. 시장 구조 다. 시장 성장률 라. 시장 점유율 마. ……			
	2. 수요 제품, 서비스)	가. 수요 결정요인 나. 수요 증감 다. 생활 주기 라. ……			
	3.고객 (소비자)	가. 소비자 구분 나. 소비자 기호변화 다. 소비 결정요인 라. ……			

표 5-9 산업환경의 세부 변화요인 -예시-

환경요인	세부항목 분류				비고
	대(大)	중(中)	소(小)	세(細)	
제약환경	1. 경쟁상황 (제품별, 기업별)	가. 경쟁기업(제품) 현황 및 경쟁형태 나. 경쟁자 수 다. 경쟁우위 요소 라. 국내입지 마. 소비자 평가 바. ……	①②③…	①②③④…	
	2. 잠재적 경쟁자	가. 신규진입 가능자 나. 기타경쟁자 다. ……			
	3. 경쟁전략	가. 마케팅전략 나. 신제품전략 다. 유통채널전략 라. 판촉,광고전략 마. ………			

이하에서는 여러 가지 환경요소 중에서도 사업 아이템 탐색 및 개발과 관련성이 높은 경쟁 및 연관요인과 고객 및 제품요인에 대하여 자세히 살펴보고자 한다.

1) 경쟁구조 및 연관요인 분석

산업의 경쟁구조 및 연관분석을 하는 궁극적인 목적은 가치영역 탐색(Value Search)을 통해 매력적인 사업 아이템을 탐색하고 개발하는 데 있다. 경쟁력이 높은 사업 아이템은 표적시장 고객들의 욕구(Needs)를 보다 잘 만족시켜 줄 수 있는 경쟁우위의 특성을 가져야 한다. 이와 같은 비교우위의 차별화된 인식을 고객들에게 각인시켜줄 수 있는 기획활동을 마케팅 측면에서는 포지셔닝(Positioning)이라고 하는데, 포지셔닝의 선행요건으로서 구조적 경쟁요인 분석과 산업연관 분석 등을 통한 특정 관심산업에 대한 이해력 제고가 반드시 필요하다.

가) 구조적 경쟁요인 분석

포터(M. E. Porter)는 산업과 경쟁을 미시적으로만 분석해 오던 과거의 관점에서 벗어나 보다 넓은 관점에서 산업의 구조적 경쟁요인을 분석할 수 있는 5요인(Five Forces)모형을 **그림 5-5**와 같이 제시하였다. 그는 ① 산업 내 기존기업 간의 경쟁강도 ② 잠재적 진출기업에 대한 진입장벽 ③ 대체품의 위협 ④ 공급자의 교섭력 ⑤ 구매자의 교섭력 등의 다섯 가지 요인에 의해서 특정산업의 매력도가 결정된다고 주장하였다.

이들 다섯 가지 요인의 세부항목에 대하여 종합적으로 검토·분석을 하게 되면 특정 관심산업 또는 참여희망 산업에서 지속적인 투자수익을 얻을 수 있는 사업 아이템이 어떤 것인지를 파악할 수 있다. 이를 정리하면 **표 5-10**과 같다.

그림 5-5 구조적 경쟁요인 분석(Five Forces) 모형

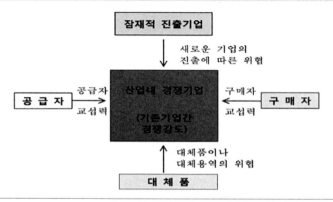

표 5-10 산업의 경쟁강도 결정요인 -예시-

새로운 진출기업의 위협	
검 토 항 목	검 토 내 용

1. 규모의 경제
  (Economies of scale)
2. 제품차별화
  (Product Differentiation)
3. 소요자본
4. 교체비용(Switching Cost)
  ·신규진출을 위한 전환비용
5. 판매망
  ·기존 판매망에의 참여 가능성
  ·유통경로 개척 비용
  ·상표 이미지
6. 절대적 원가우위
  ·독점적 생산기술
  ·원자재 확보
  ·입지조건
  ·정부보조
7. 정부의 정책
  ·신규참여의 규제 및 제한
  ·제품검사기준
8. 예상되는 보복 등
9. 다른 사업과의 연관성
	※ 자사와의 관련성 및 시사점 도출
	
	- 자사의 진출가능 분야
	
	- 기업전략 측면
	
	- 핵심역량 / 자원측면 등

기존 기업 간의 경쟁	
검 토 항 목	검 토 내 용

1. 경쟁기업의 수
2. 산업의 성장률
3. 고정비의 크기
  ·고정비용(재고비용)
4. 대규모 시설 문제
  ·유휴설비(과잉설비)
5. 제품차별화의 정도
6. 경쟁업체의 다양성
7. 철수장애
  (Exit Barriers)
	※ 자사와의 관련성 및 시사점 도출
	
	- 자사의 진출가능 분야
	
	- 기업전략 측면
	
	- 핵심역량/ 자원 측면 등

■ 표 5-10 산업의 경쟁강도 결정요인 -예시-

대체품의 위협	
검 토 항 목	**검 토 내 용**
1. 대체품에 대한 구매자의 성향	※ 자사와의 관련성 및 시사점 도출
2. 대체품으로의 교체비용	- 자사의 진출가능 분야
	- 기업전략 측면
3. 대체품의 상대적 가격 및 품질	- 핵심역량/ 자원 측면 등

수요자의 교섭력	
검 토 항 목	**검 토 내 용**
1. 구매 비중	※ 자사와의 관련성 및 시사점 도출
2. 구매 물량	
3. 제품의 차별화 정도	
4. 교체 비용	- 자사의 진출가능 분야
5. 구매자의 후방통합능력	
6. 구매제품이 품질에 미치는 영향	- 기업전략 측면
7. 구매자가 가진 정보	
8. 구매자의 가격민감도	- 핵심역량 / 자원 측면 등

공급자의 교섭력	
검 토 항 목	**검 토 내 용**
1. 공급물량의 비중	※ 자사와의 관련성 및 시사점 도출
2. 원료(부품)의 차별화 정도	
3. 교체비용	- 자사의 진출가능 분야
4. 대체원료(부품)의 존재 여부	
5. 공급제품의 중요성 정도	- 기업전략 측면
6. 공급자의 전방 통합능력	
	- 핵심역량 / 자원 측면 등

나) 산업연관 분석

산업연관 분석은 일정 기간(통상 1년) 동안 산업부문 간에 재화와 서비스의 거래내역을 기록한 '산업연관표'로부터 투입계수를 산출하고, 이를 기초로 도출되는 각종 분석계수(생산, 부가가치, 수입유발계수 등)를 활용하는 경제분석 방법이다.

산업연관표는 각 산업부문 간에 거래된 재화와 서비스의 흐름 내용, 각 산업부문에 있어서 생산요소(노동 자본 등) 투입 내용, 각 산업부문 생산물의 최종수요(소비,투자, 수출 등)에 따른 판매 내용 등을 일목요연하게 기록한 한 나라 국민경제의 종합적인 기록표이다.

산업연관표는 산업부문별 각종 거래 관계를 밝히는 측면과 그 연관관계를 다양하게 활용하는 측면의 두 가지 특성을 가진다고 볼 수 있다. 따라서 산업연관표를 통하여 산업부문별 경제구조를 파악할 수 있으며, 기준 연도와 비교 연도 두 가지 이상의 시계열 자료를 활용하면 장래의 경제구조를 예측할 수도 있다.

이와 같은 산업연관분석은 실증경제학의 경제구조 분석 범위를 넘어 정부 차원의 경제예측 및 계획수립뿐만 아니라 최근에는 개별기업의 수요예측 등에도 널리 활용되고 있다.

이하에서는 사업 아이템의 탐색 및 개발의 관점에서 산업부문별 성장요인 분석에 초점을 둔 산업연관 분석에 대하여 개략적으로 살펴보고자 한다.

(1) 경제순환과 산업연관 분석

국민경제에 있어서 재화와 서비스가 생산되고, 그 생산과정에서 발생한 소득이 분배되고 처분되는 반복적 국민경제활동을 경제순환이라고 한다. **그림 5-6**에서 보는 바와 같이 모든 기업이 생산하는 재화와 서비스를 판매의 측면에서 보면 소비자에게 판매되는 부분(소비제), 새로운 투자활동이나 재투자를 위하여 기업에 판매되는 부분(투자제), 다른 생산활동의 원재료로 사용하기 위하여 기업에 판매되는 부분(중간제)으로 구성되며, 이를 비용의 측면에서 보면 임금, 지대·이자, 감가상각비, 원료비, 이윤 등으로 구성된다.

여기에서 생산활동 결과 분배된 임금, 지대·이자 및 이윤은 국민소득이 되며, 국민소득은 감가상각비와 함께 소비재의 구입과 투자재의 구입을 통하여 다음의 생산과정으로 다시 흘러들어 가는데, 이와 같은 소득의 발생과 처분으로 이루어지는 흐름을 소득순환이라고 한다.

소득순환 이외에 기업 상호 간에 이루어지는 중간재의 매매거래인 산업 간 순환이 있는데, 이는 국민소득을 정의할 때에는 이중계산을 피하기 위하여 상쇄시키므로 필요 없는 항목이지만, 산업구조나 기술구조를 파악할 때는 매우 중요한 항목이 된다.

경제순환과정에서 소득순환만을 대상으로 소득이 어떻게 발생하고 소비재나 투자재 등 구입으로 어떻게 처분되는지를 분석하는 것이 국민소득계정인데 대하여, 산업 간 순환을 주축으로 하여 소득순환까지 포함하여 분석하는 것이 산업연관 분석이 된다. 즉 산업연관 분석은 국민경제를 산업별로 세분하여 산업 간 재화와 서비스의 거래로 이루어지는 상호의존관계를 파악함으로써 소비 투자 수출 등 최종지출이 각 산업의 생산활동에 미치는 파급효과를 분석하려는 것이다.

그림 5-6 국민경제의 순환

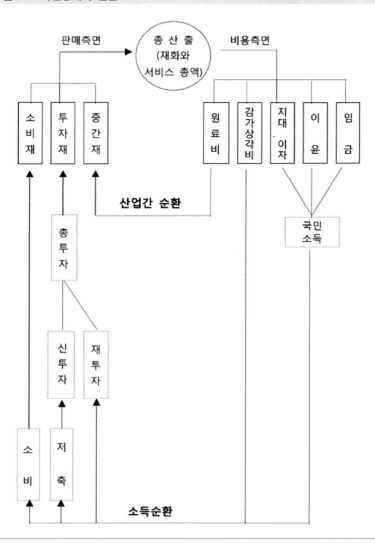

(2) 산업연관표의 기본구조

산업연관표의 기본구조는 **그림 5-7**과 같다.

그림의 가로방향(행: column)은 각 산업부문의 생산물의 판매, 즉 배분구조를 나타내는 것으로 중간재로 판매되는 중간수요와 소비재·자본재·수출상품 등으로 판매되는 최종수요의 두 부분으로 나뉜다. 그리고 중간수요와 최종수요를 합한 것을 총수요액이라 하고 여기서 수입을 뺀 것을 총산출액이라 한다. 그림에서 세로방향(열: row)은 각 산업부문의 비용 구성, 즉 투입구조를 나타내는데, 이는 원재료투입을 나타내는 중간투입과 노동이나 자본투입을 나타내는 부가가치의 두 부분으로 나누어지며 그 합계를 총투입액이라고 한다.

이때 각 산업부문의 총산출액과 이에 대응되는 총투입액은 항상 일치한다.

그림 5-7 산업연관표의 기본구조

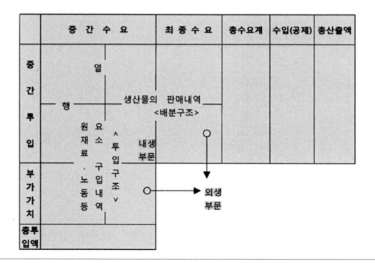

한편 내생부문은 재화와 서비스의 산업부문 상호 간의 거래인 중간수요와 중간투입을 기록하는 부분을 말하고, 외생부문은 최종수요와 부가가치를 기록하는 부분을 말한다. 따라서 산업연관표는 내생부문과 외생부문으로 구성된다고 볼 수 있다. 내생부문이란 외생부문의 수치가 모형 밖에서 주어지면 이에 따라 수동적으로 모형 내에서 그 값이 결정되는 부분이란 의미로, 산업연관표의 분석이나 이용에 있어서 가장 중요한 부분이다. 외생부문이란 내생부문과는 관계없이 모형 밖에서 값이 결정되는 부분이란 의미로 이 부문의 값의 변동이 국민경제에 어떠한 파급효과를 미치는가를 알아보려는 것이 산업연관표 작성의 목적이라고 할 수 있다.

외생부문 중 최종수요부문은 민간소비지출, 정부소비지출, 민간고정자본형성, 정부고정자본형성, 재고증가 및 수출의 6개 항목으로 구성되고 공제항목으로 수입이 설정되어 있다. 부가가치는 피용자보수, 영업잉여, 고정자본소모 및 순간접세(간접세-보조금)로 구성된다.

(3) 산업연관표의 활용

(가) 경제구조 분석

산업연관표를 활용하면 산업부문별로 다음과 같은 여러 가지 경제구조분석이 가능하게 된다. 또한 과거 수년간에 걸친 산업연관표의 시계열분석을 통하여 장래의 경제구조를 예측하거나 외국 산업연관표와의 비교를 통해 경제구조의 국제적 비교도 가능하다.

- 공급과 수요구조
- 산업구조
- 중간투입과 부가가치
- 중간수요와 최종수요

- 수입구조 등

(나) 최종수요의 각종 유발효과 분석

산업연관표를 분석하게 되면 한 나라 경제의 최종수요와 산출, 부가가치, 수입 등과의 기능적인 관계를 계량적으로 파악할 수 있게 된다. 최종수요의 생산, 부가가치 및 수입 등의 유발효과 파악은 산업연관표를 행으로 보는 수급균형식을 이용한 물량적인 파급효과 분석이다. 물량파급효과 분석은 최종수요를 독립변수로 하여 그것이 생산이나 수입, 즉 공급을 유발하는 파급효과를 계측(計測)하고, 분석하려는 것이다.

- 최종수요와 생산유발효과
- 최종수요와 부가가치유발효과
- 최종수요와 수입유발효과 등

(다) 물가파급효과의 분석

산업연관표를 열로 본 각 산업부문의 투입구성은 곧 각 산업부문의 생산활동에 대한 비용구조를 나타내는 것이므로 이를 이용하면 가격의 파급효과도 분석할 수 있게 된다. 가격효과분석은 임금 등 부가가치항목이나 투입된 원재료의 가격변동을 독립변수로 하여 그것이 각 산업부문의 생산물가격에 미치는 영향을 파악하려는 것이다.

- 임금인상 등의 물가파급효과
- 공공요금인상 등의 물가파급효과
- 수입상품 가격변동의 물가파급효과
- 환율변동의 물가파급효과 등

(라) 건설활동, 정부서비스 생산활동 등의 파급효과 분석

산업연관표를 활용하여 일정액의 건설활동이나 정부서비스 생산활동 등이 국내 각 산업부문의 산출, 부가가치, 수입 및 고용 등에 미치는 직간접 파급효과를 파악할 수 있다.

- 건설활동의 파급효과
- 정부서비스 생산활동의 국민경제 파급효과 등

(마) 노동파급효과 분석

산업연관표를 활용하면 최종수요의 발생이 생산을 유발하고 생산은 다시 노동수요를 유발하는 파급메커니즘에 기초하여 최종수요와 노동유발을 연결시킴으로써 노동의 파급효과 분석은 물론 생산활동이 노동수요에 미치는 영향과 그 변동요인 등의 계측이 가능하며 산업부문별 노동생산성 등을 분석할 수 있다.

- 취업구조
- 산업별 취업유발효과
- 최종수요 항목별 취업유발효과 등

(바) 경제예측 및 개발계획 수립에의 이용

산업연관표를 이용한 경제예측은 주로 장래의 최종수요를 추정하여 그것을 충족시킬 수 있는 각 산업부문의 총산출액을 예측하려는 것이다. 또한 장래의 특정연도에 대한 공급과 수요를 산업별로 세분하여 예측함으로써 중장기 경제개발계획수립에 필요한 기초자료를 제공할 수 있다. 즉 계획기간 중 국내총생산과 최종수요항목 등에 대한 목표치(목표성장률 등)가 주어지면 산업연관표를 이용하여 각 산업의 필요매출액, 수입수요 등을 예측해 봄으로써 산업부문별 수요와 공급의 일치 여부를 검증할 수 있다.

(사) 산업부문별 성장요인의 분석

산업연관표를 이용한 산업부문별 성장요인의 계측은 1960년 체너리(H. B. Chenery)에 의하여 처음 시도되었고, 그 후 쉬르퀸(M. Syrquin) 등 여러 경제학자들에 의한 연구결과가 발표된 바 있다. 각 산업부문의 총산출액 변동은 국내최종수요와 수출의 변동, 수입대체의 정도 및 생산기술구조 변화 등 여러 가지 요인에 기인한다고 볼 수 있는데, 이러한 요인들의 변동이 산업부문별 성장에 미치는 영향을 산업연관표를 이용하여 계측하고 파악할 수 있다.

쉬르퀸에 의하면 산업연관표를 이용하여 산업부문별 성장요인을 분석하기 위해서는 기준 연도와 비교 연도 두 시점의 산업연관표가 있어야 한다. 각각의 산업연관표에서 얻은 생산유발관계식을 분해하여 비교해 봄으로써 산업부문별로 두 시점 간의 총산출액 변동을 일으키게 한 요인별 기여도를 계측할 수 있다는 것이다.

(4) 산업연관표 이용상의 유의점

산업연관분석은 생산의 기술구조가 투입계수행렬로 적절히 표시될 수 있고, 또 그것이 일정 기간 안정적이라는 가정하에서 장래의 주어진 최종 수요에 대응하는 균형생산액을 구할 수 있다는 원리로부터 출발한다. 따라서 산업연관표를 이용하는 경제분석에 있어서는 현실적으로 다음과 같은 사항을 유의하여야 한다.

- 산업연관표 작성시점과 사용시점 간에 가격구조나 생산의 기술구조가 크게 변화되었는지의 여부를 확인하는 것이 중요하다.
  - 만약 두 시점 간에 급격한 구조변동이 있었다면 최근의 기술구조를 반영할 수 있는 연장표 등을 작성 이용하는 것이 바람직하다.
- 산업연관분석의 기본 과정이라 할 수 있는 통계단위의 동질성(homogeneity)

이나 투입·산출의 비례성(proportionality)이 비현실적일 수 있다는 점을
염두에 두어야 한다.
- 각 산업부문의 생산활동은 주생산물 이외에 부차적 생산물도 함께
  생산하는 종합 생산의 경우가 있으며, 총산출 수준이 언제나 투입
  수준에 비례한다고 볼 수는 없다.

2) 고객 및 제품요인 분석

가) 고객분석

고객분석의 기본 목적은 사업의 대상이 되는 불특정 다수의 고객 또는 소
비자를 세분화하여 핵심고객을 발견하고 사업기회를 포착하는 데 있다. 마케
팅 측면에서는 이를 시장세분화라고도 하는데, 이때의 시장은 소비자 또는
고객의 집합체 개념이며 고객 니즈의 동질성에 의해 정의된다. 사업 아이템
탐색 및 개발을 위한 고객분석의 기본적인 틀(Frame)은 **그림 5-8**과 같이 정리
될 수 있다. 따라서 고객이 누구이며, 그들의 욕구와 동기 및 변화를 분석하
고, 잠재적인 고객욕구가 무엇인가를 파악하는 것은 향후 '거래할 시장(Sreved
Market)'을 선정하기 위한 최우선적인 핵심 과정이다. 거래할 시장은 표적시
장 개념과 동일하다.

기업의 목적은 사업 아이템을 통하여 고객을 창조하려는 데 있다. 그러기
위해서는 기업이 제공하는 사업 아이템의 효익(자극)에 대하여 고객이 긍정적
반응을 나타내는가를 살펴보아야 한다. 또한 고객의 이러한 반응이 구매행동
으로 연결될 수 있도록 직접적인 영향을 미치는 특성요인에는 어떤 것들이
있는지를 알아야 한다. 구매행동에 영향을 미치는 특성요인을 요약하면 **그림
5-9**와 같다.

그림 5-8 고객분석의 기본 틀

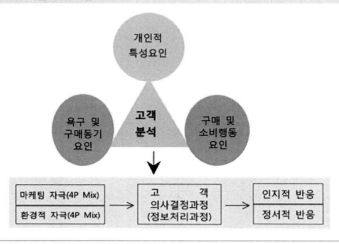

그림 5-9 구매행동에 영향을 미치는 특성요인

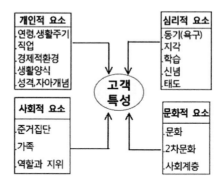

(1) 개인적 특성분석

사업은 고객이 필요로 하는 제품과 서비스를 제공하는 활동이다.

사업 아이템을 탐색하고 개발하기 위해서는 그 선행조건으로 사업의 대상이 되는 고객이 누구인가를 분명히 파악해야 한다. 개인적 특성은 일반적으로 인구통계학적인 요인들을 의미하며 **표 5-11**과 같은 항목들을 들 수 있다.

표 5-11 개인적 특성 분석 항목 -예시-

분석 항목	비 고	분석 항목	비 고
① 연령	유아, 청소년 등	⑦ 생애주기	기혼, 미혼 등
② 성별	남, 여 등	⑧ 가족규모	3-4명, 4-5명 등
③ 소득수준	…	⑨ 국가	…
④ 직업	…	⑩ 지역	…
⑤ 교육수준	…	⑪ 지역	…
⑥ 사회계층	…	⑫ 기타 등	…

(2) 욕구 및 구매동기 분석

사람들이 특정 제품 및 서비스를 구매하는 이유는 무엇인가? 그것은 그 상품이 소비자 또는 고객의 욕구 및 구매목적을 충족시켜 줄 수 있다고 믿기 때문이다.

인간의 욕구는 매우 다양하지만 궁극적으로는 어떤 특정 행동을 유발하는 동기가 되며, 근본적 욕구(fundamental needs)와 구체적 욕구(specific needs)로 대별된다. 근본적 욕구는 자연적(배고픔, 추위 등)인 욕구로서 목적 개념이며, 구체적 욕구는 근본적 욕구를 충족시켜주는 수단적(배고픔에 대한 설렁탕이나 피자, 추위에 대한 내복이나 오리털 파카 등) 개념이다.

이들 욕구를 사업 아이템(제품 및 서비스)과 관련시켜 보면 근본적 욕구는 제품위계(product hierarchy) 중 요구 및 제품군(product needs & family, 예: 희망, 화장

147

품류 등)의 개념에 속하고, 구체적 욕구는 제품계층 및 계열(product category & line, 예: 얼굴화장품, 립스틱 등)의 개념에 해당됨을 알 수 있다.

특정 구매행위는 제품의 유형 및 상표(product type & brand)를 포함하는 품목(item, 예: A사의 튜브형 분홍색 립스틱 등)과 관련이 되는 개념이다.

(가) 욕구의 분류

인간의 욕구를 설명하는 이론에는 여러 가지가 있다. 프로이드(S. Freud)는 사람들의 행동을 유발하는 참된 동기를 알 수 없는 무의식적인 것으로 설명하고 있다. 허츠버그(F. Herzberg)는 동기유발이론으로써 만족요인과 불만족요인으로 구별하는 '2요인 이론(two factor theory)'을 말하고 있다. 매슬로우(A. H. Maslow)는 **그림 5-10**에서 보는 바와 같은 '욕구 단계설'을 주장하였다. 한편 인간의 욕구를 자아유형별, 상황별로 살펴보면 **그림 5-11** 및 **그림 5-12**와 같이 정리될 수도 있다.

(나) 욕구의 변화

인간의 욕구는 다양하기 때문에 고객은 기업이 제공하는 제품 또는 서비스(사업 아이템)에 대해 매우 상이한 수준의 가치를 부여하게 된다. 사람의 욕구는 고정불변의 것이 아니라 시간과 공간, 시대상황 및 생리적 변화 등에 따라 변화하게 된다.

따라서 잠재욕구 또는 본원적 자아에 영향을 미치는 제반 요인과 욕구변화의 동향을 엄밀하게 분석하면 특정의 구매동기로 표출되는 사업 아이템을 발견할 수 있게 된다. 이와 같은 욕구변화의 방향과 변화 내용을 예시하면 **그림 5-13** 및 **표 5-12**와 같다.

그림 5-10 인간의 욕구: 매슬로우의 욕구 단계설

그림 5-11 인간의 욕구 ① 자아유형별

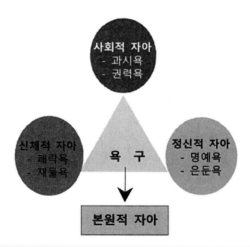

| 그림 5-12 인간의 욕구 ② 상황별

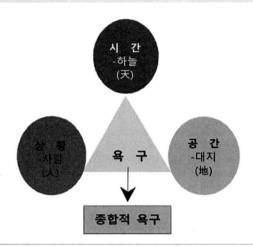

| 그림 5-13 욕구변화의 방향 -예시-

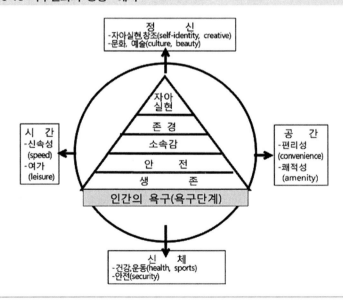

표 5-12 욕구변화의 내용 -예시 ①-

사회동향 (trend)	변화 내용	변화방향 (business key word)
글로벌화	세계적 역할의 중시 및 증대, 경제적 문화적 교류(FTA 등)의 증가	문화 커뮤니티 교류, 자유화정책 지향
도시화	인구증가, 경제 문화 생활수준의 향상으로 교통 정보 패션 범죄 등의 도시화문제발생	뉴패션 지향
정보화	하이테크의 정보전략계획 강화, 정보통신기술의 고도화에 따른 콘텐츠 혁명	뉴미디어 지향
성숙화	이성에서 감성, 양에서 질, 물건(物)에서 마음(心)으로 등 본질적 욕구변화	자아실현, 자기충실 지향
개성화	개성, 주의, 주장 등의 개인생활(personal life) 중시	개별화 지향
패션화	의, 식, 주, 업무, 여가 등의 모든 생활을 패션으로 생각	패션, 무드 지향
소프트화	하드웨어(자원, 물건 등)보다 지식, 서비스 등의 소프트웨어를 중시	지식집약화, 고부가가치화
창조화	자원의 풍요보다 창조적 가치의 풍요를 중시	창조 지향
지식화	고학력 사회로 새로운 정보에 대한 교육 증가, 지식기술혁명 발생	지식, 기술 및 지능화 (intellectual)
고질화	고기능성, 편리성, 감성화 등의 영향으로 생활의 고도화 추구	고품질, 고이미지 지향
컬처화	소득, 여가시간의 증대로 문화적, 정서적, 창조적 활동의 중시	정서, 지적욕구 충족 지향
쾌적화	고령화, 도시화의 진전으로 쾌적하고 안전한 생활환경과 건강추구	웰빙, 어메니티 추구
고령화	스트레스 해소, 심신의 건강, 노후준비, 고령자복지 등을 추구	실버산업, 생애교육 지향
여가 증대	근로시간 축소, 가사자동화로 스포츠, 레져, 건강 등의 관심 증가	건강, 정신충실, 지적 문화적 욕구만족
불안감	복합사회, 관리 지상주의, 산업화 및 도시화 등으로 인한 불안감 증대	안전, 안심, 평화 지향

■ 표 5-12 욕구변화의 내용 -예시 ②-

트랜드 항목	트랜드의 내용	아이템에의 영향		
※ 트랜드 컨셉 (trend concept)	※ 키워드에 관련되는 주요내용을 요약 정리	대 5점	중 3점	소 1점
① 국제화	해외진출, 무역, 정보교류 등			
② 정보화	인공지능, 컴퓨터 등			
③ 기술혁신	신소재, 바이오테크놀로지 등			
④ 도시화	부동산, 교통, 인구집중 등			
⑤ 복합화	네트워크, 이업종교류 등			
⑥ 자유화 정책	인허가 제도 완화, 자유무역 등			
⑦ 자원확보	에너지, 환경, 식량 등			
⑧ 생활수준향상	소비다양화, 고급화, 감성화 등			
⑨ 여가시간증대	레져, 스포츠, 문화적 욕구 등			
⑩ 고령화 사회	실버산업, 건강, 노후준비 등			
Ⅰ. 트랜드 평가	합계 점수 ÷ 기입 항목 수 = 종합 점수 (점) ÷ (항목) = (점)			
키워드 항목	**키워드의 내용**	**아이템과의 관련성**		
※ 유망 분야 (idea concept)	※ 키워드에 관련되는 주요내용을 요약정리	대 5점	중 3점	소 1점
① 건강	휘트니스, 의료, 건강식품 등			
② 미화	미용, 실내장식, 클리닝, 미술 등			
③ 편리	대행서비스, 외식, 배달, 등			
④ 패션	유행성, 캐릭터성, 차별성 등			
⑤ 자연	전원지향, 유기재배, 전통공예 등			
⑥ 여가	여행, 리조트, 쇼핑, 오락 등			
⑦ 네트워크	외부노하우, 제휴, 코디네이트 등			
⑧ 창조	교육, 컬처스쿨, 예술작품 등			
⑨ 자기실현	엘리트지향, 최고급의식 등			
⑩ 안전	안전상품, 환경보전, 보험 등			
Ⅱ. 키워드 평가	합계 점수 ÷ 기입 항목 수 = 종합 점수 (점) ÷ (항목) = (점)			

(다) 욕구변화와 사업 아이템 탐색

이상에서 살펴본 욕구변화의 방향과 내용을 토대로 하여 사업 아이템 탐색을 위한 기본적인 틀과 전략과제를 도출할 수 있다. 이를 요약하면 **표 5-13**과 같다.

표 5-13 고객니즈와 아이디어(상품) 매트릭스 -예시-

고객니즈 \ 아이디어		현 상 품	관련 상품	신 상 품	미래분야
생활의 질 향상	진짜·고질				
	고급·고가				
	고 기 능				
	호 화				
	편 리 성				
생활을 즐김	여 유				
	사 교				
	단 란				
	놀 이				
교육 · 문화	패 션				
	낭만, 정서				
	독 창 적				
	지성(intelligence)				
건강 · 쾌적	정 보				
	기 능				
	건강(healthy)				
	안전·안심				
효율성	아름다움(beauty)				
	성 력 화				
	공 간(space)				
	대행 서비스				

전략 과제	사업 아이디어	아이디어(상품) 컨셉	핵심 서비스	비고

(3) 구매 및 소비행동 분석

사업 아이템 개발을 위한 고객분석의 주요항목 중 세 번째 요소가 행동요인 분석이다. 소비자 행동요인은 크게 일반적인 심리적 요인과 제품 관련 행동적 요인으로 분류될 수 있다. 심리적 요인은 인구통계적 차원과는 다른 측면에서 라이프스타일의 유사성을 중심으로 고객을 세분화하는 것이며, 제품 관련 행동요인은 신념, 태도, 또는 실제행동의 측정결과의 유사성을 중심으로 고객을 세분화하는 것이다. 이를 요약하면 **표 5-14**와 같다.

표 5-14 고객행동요인 분석 항목 -예시-

분석 항목		예시
일반적 심리요인	행동(activities) 관심사(intents) 의견(opinions)	일, 취미, 휴가 등 건강, 가족, 직업, 지역사회 등 정치, 사회적 문제, 사업 등
제품관련 행동요인	태도(attitudinal) 사용(usage) 고객상황 (person-situation)	비슷한 신념, 태도, 제품선호 등 제품사용, 상표사용, 상표충성도 등 고객속성, 상황특성, 고객-상황속성 등 특정인의 상황에 따른 행동(욕구와 목적)

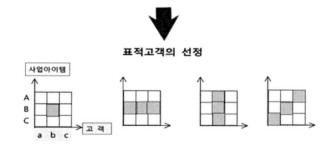

표적고객의 선정

나) 제품분석

제품은 사업의 내용으로써 기업과 고객 간 커뮤니케이션의 수단이 되기 때문에 제품분석은 사업 아이템의 탐색과 개발에 있어서 핵심과제가 된다. 따라서 제품분석을 통하여 특정제품이 고객의 요구(필요)에 부합하고 있는지, 차별화된 가치를 제공하고 있는지 또는 시장의 상황에 맞는지 등등의 핵심성공요인을 포착할 필요가 있는 것이다.

이와 같이 제품분석의 기본 목적은 시장력 확보를 위한 마케팅 전략을 개발하는 데 있다. 마케팅전략의 기본은 고객이 선호하는 제품을 계획하고, 이를 상품화시키는 것에서 출발한다. 제품계획이란 제품믹스(product mix: 특정기업이 생산하여 판매하는 모든 제품계열과 품목의 폭(width)과 길이(length))를 결정하는 것을 말한다. 기존 제품의 폐기 또는 개량, 신제품의 개발 등과 같은 제품계획에 활용할 수 있는 대표적인 분석기법으로 제품 수명주기(PLC: product life cycle) 분석과 제품 포트폴리오(PPM: product portfolio management) 분석이 있다.

(1) 제품 수명주기 분석

시장에 나와 있는 제품의 동향을 살펴보면, 모든 제품은 도입, 성장, 성숙, 소멸이라는 과정을 따르고 있음을 알 수 있다. 제품 수명주기 이론은 이 세상의 모든 유기체(생물)와 마찬가지로 제품도 이와 같은 수명주기 또는 발전단계를 가지게 된다는 이론이다.

그러나 사업 아이템 개발 측면에서는 이와 같은 수명주기의 원리가 '제품만의 수명주기'를 의미하는 좁은 개념이 아니라 시장에도 적용되고, 산업에도 적용되는 '제품-시장-산업의 수명주기'라는 넓은 개념으로 이해할 필요가 있다. 왜냐하면 모든 시장 또는 모든 산업이 수명주기상의 동일한 발전 단계에 있지 않다는 사실을 잘 파악하면 사업 아이템 개발에 필요한 핵심 컨셉을 얼을 수 있기 때문이다. 제품 수명주기는 일반적으로 시장에 처음 소개되는 도입기, 매출증가를 보이는 성장기, 성장률이 정체되는 성숙기, 진부화로 시장에서 사라지는 쇠퇴기의 네 가지 단계를 밟게 되며, 각 단계마다 그 특징이 다르게 나타나게 된다. 따라서 단계별 특징에 따라 핵심성공요인이 다르게 되고 이에 대응하기 위한 전략의 내용도 다르게 된다. 이를 요약하면 **그림 5-14**와 같다.

제품 수명주기 분석을 사업 아이템 개발에 활용하기 위해서는 무엇보다도 '분석단위'를 명확히 할 필요가 있다. 여기에서 분석단위란 제품위계(product hierarchy)상의 특정 수준(제품계층, 제품라인, 제품유형, 제품브랜드, 제품품목 등)을 말한다. 예를 들어, 수명주기의 분석 단위가 자동차, 화장품, 냉장고 등의 제품계층(category)이라면 수명주기에 큰 변화는 없다. 그러나 제품계층 내에 있는 특정 제품유형(product type)의 경우에는 명확한 수명주기를 발견할 수 있다(예 : 전자식 무인 자동차, 향수, 휴대용 냉장고 등).

특히 신규사업 연구개발과 관련된 인적·물적 자원이 취약한 중소기업이나 개인 창업자의 입장에서 제품계층을 대상으로 아이템 개발을 시도하기에는 상당한 어려움이 있다. 그러나 제품유형의 경우에는 상대적으로 위험부담이 적기 때문에 보다 현실적이고 구체적인 탐색단위로 제품유형(product type)을 설정할 수도 있다.

사업 아이템 개발 측면에서 제품 수명주기 분석을 하는 궁극적인 목적은 특정시장(지역별, 고객욕구별 등)에 있어서 '관심 상품'의 동향을 파악하여 제품개량, 제품대체, 제품의 고도화 및 고차화, 제품 수명주기의 연장 기회를 포착하는 데 있다. 참고로 수명주기의 연장을 위한 제품개량 방향을 예시하면 **표 5-15**와 같다.

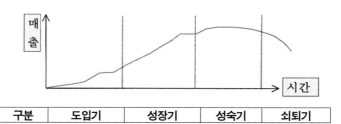

그림 5-14 제품 수명주기 이론 -예시-

구분	도입기	성장기	성숙기	쇠퇴기

※ 단계별 특징

매출액	낮음, 점차 증가	증가, 급속 성장	최대매출, 성장률정체	낮음, 감소
총원가	높음	완만 감소	낮음	점차 증가
이 익	- (적자)	+ (증대)	++ (높음)	감소(+, -)
고 객	혁신 수용자	조기 수용자	후기 수용자	지체 수용자
경 쟁	낮음	점차 증대	높음	감소

※ 핵심성공요인

핵심 성공요인	시장확산
	- 제품인지 및
	  시용의 증대
		시장침투
		- 시장점유율의
		  확대
			시장방어
			- 이익 극대화,
			  점유율 방어
				철 수
				- 원가절감 및
				  투자회수

※ 마케팅 전략

제 품	차별적 우위제공 기초제품 제공	제품라인 확충 서비스보증 제공	무형적 차별화 제품, 모델의 다양화	취약제품의 폐기
가 격	원가가산 가격 (저가 or 고가)	시장침투 가격전략	경쟁대응 가격전략	가격인하 전략
유 통	유통망 확보 (간접, 직접유통)	원활한 배급 (집약적 유통)	신경로 개발 (집약적 유통)	경로폐쇄 검토 (선택적 유통)
광 고	혁신수용층과 취급점들의 제품인지 형성	대중시장에의 제품 지명도와 관심의 형성	제품브랜드 차이와 핵심 혜택의 강조	충성고객의 유지에 필요한 수준으로 줄임
판 촉	존재 및 차별적 우위 홍보, 강력한 판촉전개	차별화 강조, 수요확대에 따른 판촉의 감소	중간상 활용, 상표전환을 위한 판촉증대	비용대비 효과 검증, 최저 수준 으로 감소

■ 표 5-15 제품개량의 방향 -예시-

구 분	내 용
용 도	용도확대, 용도 세분화(전용화, 범용화, 겸용화) 새로운 용도(타 부문) 등
기 능	다기능화, 복합화, 조작용이화, 안전화, 혁신화, 품질개선(고도화), 첨단화 등
소 재	신소재, 대체, 친환경 소재 등
구 조	경량화, 박형화, 단축화, 소형화, 변경(개선), 절약화(시간, 공간, 자원) 등
디자인	미려화, 내장품화, 인공화 등
성 능	간편화, 휴대화, 조립식화, 탈부착화, 가변화 등

(2) 제품 포트폴리오 분석

제품 포트폴리오 경영(PPM: product portfolio management)에서 '포트폴리오'라
는 용어는 원래 유가증권의 일람표를 의미했다. 그러나 경영전략 부문에서는
개인 또는 기업이 소유하고 있는 '제품, 사업, 기술, 자원 등 자산의 집합
(combination of assets)'이라는 뜻으로 사용되고 있다.

제품 포트폴리오 경영은 전사적인 차원에서 자원의 최적 배분을 위한 제
품계열의 균형된 집합을 모색하기 위하여 개발된 기법이었으나, 제품 수명주
기 개념에 따른 '성장률 변수'와 기업의 상대적인 경쟁지위의 개념에 입각한
'점유율 변수'를 함께 검토함으로써 제품 구조조정이나 제품계획 등의 지침
(guideline)으로도 활용되고 있다. 포트폴리오 분석은 성장성-점유율 매트릭스
(BCG 모델), 산업매력도-사업강점 매트릭스(Mckinsey 모델) 등 여러 가지 종류가
있다.

(가) BCG 모델

보스턴 컨설팅 그룹(Boston Consulting Group)에 의해서 개발된 제품포트폴리

오(PPM) 분석은 가장 간단하면서도 이해하기 쉬운 기법이다. 제품(시장)성장률과 시장점유율의 두 가지 차원으로 매트릭스를 구성하여 각 분면의 위치와 현금 흐름에 따라 어느 제품을 성장시키고 어느 제품을 포기할 것인가를 전략적으로 결정하고자 하는 분석기법이다.

BCG 모델은 경영자들이 제품계열 또는 사업단위의 매출액, 시장의 성장률, 자금(cash flow)의 창출과 사용여부 등 세 가지 측면에 중점을 두고 제품계획을 최적화할 수 있도록 지원한다. BCG 모델의 PPM도표를 요약하면 **그림 5-15**와 같고, 포트폴리오 전략의 개요는 **그림 5-16**과 같다.

그림 5-15의 A에서 제품 또는 시장성장률은 인위적인 수치인 10%(또는 평균 시장성장률)를 중심으로 고저로 나누어지고 성장률이 높아질수록 자금이 많이 필요하게 되어 성장률이 곧 투자자금의 필요 정도를 나타낸다. 상대적인 시장점유율은 두 최대 경쟁업체가 과점상태에서 점유율이 같을 때인 1.0을 중심으로 하여 고저로 구분되고 경험곡선이나 규모의 경제효과로 창출되는 현금은 시장점유율에 비례하여 나타나는 것으로 가정한다.

이러한 논리에 근거하여 매트릭스의 4분면의 특징은 문제제품(고성장-저점유: wild cat or question mark), 성장제품(고성장-고점유: star), 수익제품(저성장-고점유: cash cow), 사양제품(저성장-저점유: dog)으로 표현된다.

일반적으로 새로운 사업 아이템은 문제(wild cat or question mark)분면에서 출발하게 된다. 만약 새로운 아이템에 대한 계속적인 자원투입이 가능하다면 성장(star)분면으로 이행될 수 있고 동시에 효율적인 경영관리가 실행된다면 '수명연장'이 가능할 수도 있다. 그러나 모든 사업 아이템에는 수명(life)이 존재하므로 일정 기간이 지나게 되면 어쩔 수 없이 사양(dog)분면으로 이행한다. 이와 같은 상황을 감안하여 새로운 사업 아이템(신제품 or 신사업)을 개발하지 않으면 안 된다. 또한 그 새로운 아이템을 문제(wild cat or question mark)분면에서 성장(star)분면으로 이행시키기 위해서는 아이템(신제품 or 신사업)에 대한 철저한 관찰과 분석 및 현금흐름에 대한 고려가 반드시 필요하다.

그림 5-15의 B는 시장성장률과 자사의 제품성장률이 일치하는지의 여부를 검토하는 기법으로 매트릭스상 제품시장의 이상적인 위치를 나타낸다. 시장점유율을 유지하고 있으면 대각선상에 동그라미가 위치하게 되고 점유율 증가는 대각선 아래에, 점유율 감소는 대각선 위에 위치한다. 따라서 수익제품(cash cow)은 점유율을 유지하고, 성장제품(star)은 대각선 아래에 있다. 한편 문제제품(wild cat or question mark)은 투자가 집중적으로 이루어져야 하는 것(오른쪽 대각선 아래)과 투자가 이루어지지 않는 것(왼쪽 수직축 위)으로 구분된다. 여기서 최대지속성장률 선은 의사결정의 기준이 되는 것으로 제품시장의 가중평균 성장률을 나타낸다. 무게중심이 이 선의 왼쪽에 있다면 추가성장을 지원할 여력이 있다. 예를 든 사양제품(dog)이 이 선의 오른쪽에 있다면 문제가 심각한 것이다.

그림 5-15 BCG 모델의 PPM 도표

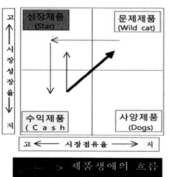
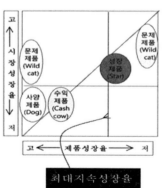

(나) 맥킨지(Mckinsey) 모델

맥킨지 모델은 BCG 모델의 문제점과 한계사항을 극복하기 위해 개량된 포트폴리오(PPM) 분석기법으로 다음과 같은 특징을 갖는다.

첫째, 업종의 매력으로 대표되는 기업 외적 차원과 자사의 경쟁력으로 대표되는 기업 내적 차원 속에 여러 가지의 다양한 지표들을 포함시킨다. 업종의 매력을 나타내는 지표로는 시장규모, 시장 성장률, 수익성, 시장 다양성, 경쟁관계, 기술적 역할, 환경, 사회, 법률, 인적 요인 등이 있고 자사의 경쟁력을 나타내는 지표로는 시장 점유율, 수익력, 기술력, 판매력 등을 고려한다.

그림 5-16 BCG 모델의 PPM 전략

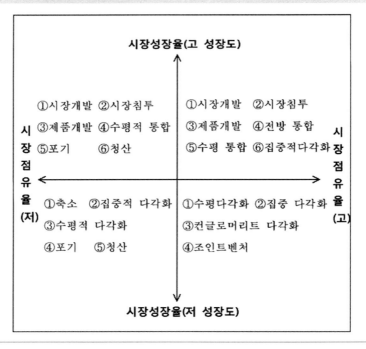

둘째, 외적 요인(업종의 매력)은 환경의 기회와 위협의 개념이고, 내적요인 (자사 경쟁력)은 내부의 강점과 약점의 개념이므로 이 모델은 결국 SWOT 분석을 응용한 기법이라고 할 수 있다.

셋째, BCG 모델이 두 개의 축(시장성장률, 시장점유율)을 각각 두 가지 범주 (고, 저)로 나눈 4개 분면식(2*2) 접근인 데 반해 맥킨지 모델은 두 개의 축을 각각 세 가지 범주(고, 중, 저)로 나눈 9개 분면식(3*3) 접근체계를 갖는다.

이와 같은 맥킨지 모델의 PPM 도표를 요약하면 **그림 5-17**과 같고, 포트폴리오 전략의 개요는 **그림 5-18** 및 **그림 5-19**와 같다.

■ 그림 5-17 맥킨지 모델의 PPM 도표

고 ↑ 업계의 매력도 ↓ 저	우위제품 (TOP사수) Scale merit	성장제품 확대성장 Risk 감수	미래제품 선택적 투자
	성장제품 (우위유지) 수익확대	선택적 확대	축소제품 선택 철수
	자금회수 선택적 투자	축소제품 선택 철수	사양제품 손실최대 포기, 청산

고 ◁—————— **자사의 경쟁력** —————▷ 저

그림 5-18 매킨지 모델의 PPM 전략(a)

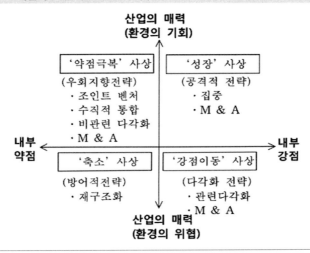

산업의 매력
(환경의 기회)

┌─────────────┐   ┌─────────────┐
│ '약점극복' 사상 │   │ '성장' 사상 │
└─────────────┘   └─────────────┘
 (우회지향전략)   (공격적 전략)
 ·조인트 벤처   ·집중
 ·수직적 통합   ·M & A
 ·비관련 다각화
 ·M & A

내부 약점 ←   → 내부 강점

┌─────────────┐   ┌─────────────┐
│ '축소' 사상 │   │ '강점이동' 사상 │
└─────────────┘   └─────────────┘
 (방어적전략)   (다각화 전략)
 ·재구조화   ·관련다각화
                    ·M & A

산업의 매력
(환경의 위협)

그림 5-19 매킨지 모델의 PPM 전략(b)

고 ↑ 업계의 매력도 ↓ 저	- 성장 - 시장지배 - 투자 극대화 ○ 원숙한 전업가 ※ 선택적 투자 및 육성	- 시장 세분화로 지배모색 - 약점의 분석 평가 - 강점의 구축 노력 ○ 민완 기획가 ※ 선택적 육성	- 전문화 - 거점 시장 모색 - 합병 구입 모색 ○ 전문경영자 ※ 제한적 사업전개
	- 성장 시장 모색 - 활발한 투자 - 시장 확장의 모색 ○ 기획 사업가 ※ 선택적 육성	- 성장 가능시장 모색 - 전문화 - 선별적 투자 ○ 이익 기업가 ※ 제한적 사업전개	- 전문화 - 거점 시장 모색 - 퇴거 고려 ○ 원숙한 원가통제가 ※ 수확 및 철수
	- 전반적 시장지위 유지 - Cash Flow 집중 - 신중한 현상유지 투자 ○ 임기응변적 사업가 ※ 제한적 사업전개	- 사업의 선별적 정리 - 투자의 최소화 -투자 회수 대책 강구 ○ 마무리 전문가 ※ 수확 및 철수	- 지배회사의 동태주시 - 경쟁자 이익품목공격 - 퇴거검토와 투자회수 ○ 기업청산 전문가 ※ 철수

고 ←——— 자사의 경쟁력 ———→ 저

VI 내부능력 분석에 의한 아이템 선정

01 | 내부능력 분석의 개념

🎁 1-1. 내부능력 분석의 의의와 목적

내부능력 분석은 개인이나 기업이 보유하고 있는 시스템, 자원, 문화 등의 강점과 약점을 식별하고 평가하는 일련의 과정을 의미한다.

이 경우 강점과 약점은 외부환경 분석에서 도출된 기회와 위협에 대응할 수 있는 요인으로, 외부 경쟁자와 비교하여 파악된 상대적 우위의 특성이나 능력의 강약점을 의미한다.

이와 같은 상대적 강약점은 사업 아이템을 탐색 및 개발하고, 그 아이템이 지속적 경쟁우위를 가질 수 있도록 해주는 핵심적인 요인이 될 수 있다.

내부능력 분석의 목적은 새로운 사업 아이템을 개발하는 데 활용할 수 있는 보유자원과 지속적 경쟁우위를 가질 수 있도록 해주는 핵심역량을 발견하는 데 그 목적이 있다.

▼ 1-2. 지속적 경쟁우위

일시적인 성공이 아니라 지속적인 성공을 보장해 줄 수 있는 사업 아이템을 탐색하고 개발하는 것은 모든 사람들의 꿈이자 희망이다. 그러나 소비자의 욕구에 부응하여 그들을 만족시킬 수 있는 사업 아이템 탐색 및 개발만으로는 현실적으로 성공이 보장되지 않는다. 미래 일정 기간까지 경쟁자보다 우월한 경쟁적 위치를 가짐으로써 지속적인 경제적 성과를 획득할 수 있어야만 매력적인 사업 아이템이 될 수 있다. 이와 같은 관점을 포괄하는 것이 바로 경쟁우위 및 지속적 경쟁우위(Sustainable Competitive Advantage)의 개념이다.

가. 경쟁우위의 개념

1) 경쟁우위의 의의

일반적으로 특정 개인이나 기업이 다른 경쟁자들은 하지 못하는 능력을 발휘하는 경우를 일컬어 경쟁우위가 있다고 한다. 즉 어떤 기업들은 그들이 속해 있는 산업군 내의 다른 기업들보다 훨씬 더 높은 수익을 올리고 있으며, 경쟁기업들이 모방할 수 없는 요인들을 가지고 있는데 포터(M. E. Porter)는 이를 가리켜 경쟁우위 요인이라고 하였다.

한편 데이와 웬슬리(G.S. Day & R. Wensley)는 기업역량 및 자원이 신제품 개발의 성공에 미치는 영향에 관한 연구에서 기업의 경쟁력 원천이 제품 차별화의 포지션상의 우위를 가져오고 성과에 영향을 준다는 모델을 제시한 바 있다(그림 6-1 참조).

그림 6-1 경쟁우위의 요소

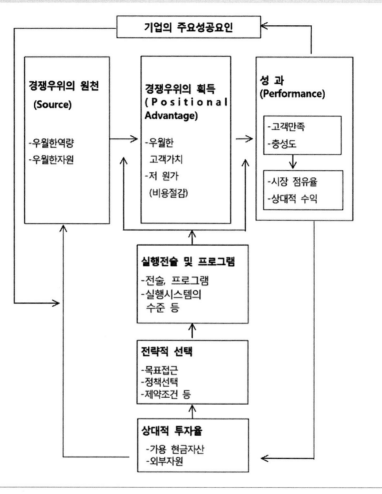

데이와 웬슬리에 의하면 경쟁우위란 자사가 보유한 뛰어난 자산 및 역량과 이를 통해 나타나는 우월한 경쟁적 위치라고 할 수 있다. 여기서 자산이란 기업이 사업을 영위해 오면서 축적해온 부존자원들로서 생산시설과 같은 유형자산들과 브랜드와 같은 무형자산들이 있으며, 역량이란 기업들이 오랜 기간 동안 구축해온 독특한 고유한 지식(knowledge)이나 기술(skill), 노하우(knowledge) 등 무형적인 자원들을 말한다.

2) 경쟁우위의 선순환 과정

기업들은 경쟁우위의 원천을 바탕으로 차별화된 가치를 제공함으로써 고객만족, 매출액 증가, 초과이윤 획득 등의 성과를 획득하며 이러한 경영성과를 통해 기존 사업의 확장이나 신규사업 아이템의 개발 등을 추진한다. 이와 같은 경쟁우위를 단기간이 아니라 지속적으로 유지하기 위해서는 경쟁우위의 원천인 자산과 역량을 유지·강화하는 데 경쟁우위의 성과를 재투자해야한다.

기업 내에서 경쟁우위가 형성되는 과정과 경쟁우위가 기업의 경쟁력에 미치는 피드백(feed back) 과정인 경쟁우위의 선순환과정(competitive advantage cycle)을 살펴보면 **그림 6-2**와 같다.

경쟁우위의 선순환 과정의 첫 번째 단계는 핵심 성공요인의 파악 단계이다. 가장 먼저 핵심 성공요인에 적합한 경쟁적 가치제안의 형태와 자산 및 역량을 구축해야 한다. 두 번째 단계는 첫 단계에서 형성된 경쟁우위를 경쟁사가 모방할 수 없도록 모방장벽(barriers to imitation)을 만드는 것이다. 경쟁우위가 쉽게 모방된다면 그것은 더 이상 경쟁우위일 수가 없다. 세 번째 단계는 경쟁우위의 잠식을 방지할 수 있는 방안을 마련하는 단계이다. 경쟁우위의 가치제안 과정의 반복을 통하여 모방장벽을 높게 구축하고 있다고 하더라도 자사의 자산과 역량이 노출되기 때문에 이를 방지할 수 있는 방안이 필요하다는 것이다. 네 번째 단계는 경쟁우위의 잠식을 방지하기 위한 재투자 단계이다. 경쟁우위의 결과물로 얻어진 이윤을 재투자하여 다시 자산과 역량을 축적시킴으로써 경쟁우위의 원천을 강화시킬 수 있다.

경쟁우위의 4단계 과정들이 계속 반복된다면, 기업은 자사의 경쟁우위의 잠식을 최대한 방지하면서 지속적인 경쟁우위를 유지·강화할 수 있게 된다. 이러한 경쟁우위의 선순환과정에서 출발점이 되는 것은 역시 경쟁우위의 원천으로서 자산과 역량이다.

그림 6-2 경쟁우위의 선순환 과정

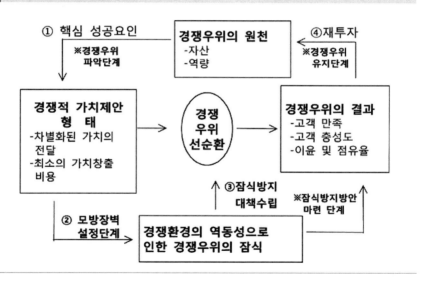

나. 지속적 경쟁우위

1) 지속적 경쟁우위의 의의와 중요성

지속적 경쟁우위는 말 그대로 단기간의 우위로 끝나는 것이 아닌, 오랜 시간 동안 다른 경쟁자에 비해 평균 이상의 성과를 보장해 주는 우위를 말한다. 오랫동안 우위를 누릴 수 있다는 것은 경쟁자가 그것을 모방하려고 해도 불가능하거나, 가능하다 하더라도 오랜 시간이 걸린다는 것을 의미한다. 지속적 경쟁우위는 경쟁자에 의해 무력화될 수 없는 것을 말하며, 이는 외부환경보다는 내부적인 요소와 자원들을 경쟁자보다 창의적으로 관리할 때 올 수 있다.

기업이 지속적인 경쟁우위를 확보하기 위해서는 앞에서 언급한 경쟁우위의 선순환 과정에 따라 경쟁우위를 활용한 전략을 수립하고 이를 구체화시킨 실행활동들을 통해 얻은 성과를 다시 경쟁우위의 구축에 재투자할 수 있어야 한다.

특히 마케팅활동을 통해 이윤을 창출하고 시장점유율을 높이는 세 번째 단계에서 성공하기 위해서는 자사가 보유하고 있는 경쟁우위 원천에 근거한 마케팅 전략의 수립이 요구된다. 첫 번째 단계와 두 번째 단계를 잘 구축해 놓고도 이를 마케팅에 활용하지 못한다면 만족할 만한 성과를 얻을 수 없을 뿐만 아니라 경쟁우위를 지속적으로 유지시키기 위한 재투자 기회마저 놓칠 수 있기 때문이다(**그림 6-2** 참조).

2) 지속적 경쟁우위를 통한 사업 아이템 개발 방향

지속적 경쟁우위에 근거한 전략은 **그림 6-3**에서 보는 바와 같이 경쟁우위의 원천과 경쟁우위 가치제안 및 마케팅믹스 전략으로 구체화된다. 경쟁우위의 내부적 형태라고 할 수 있는 자산역량과 외부적 형태라고 할 수 있는 경쟁적 가치제안은 서로 일관성을 가지고 시너지 있게 연결되어야 한다.

이와 같은 사항은 사업 아이템 개발전략에도 그대로 적용될 수 있는데, 그 내용을 요약하면 다음과 같다.

① 경쟁우위를 활용하는 사업 아이템 개발전략

이는 자사의 뛰어난 자산과 역량을 기반으로 사업 아이템 개발전략을 구체화하고, 전략의 실행으로 얻어진 결과물을 다시 자산과 역량을 재구축하기 위해 투자하는 것으로 정리할 수 있다.

② 가치제안을 구체화하는 사업 아이템 개발전략

이는 사업 아이템 개발과 지속적 성과를 가능하게 해주는 가치제안의 파악과 가치제안 형태를 더욱 강화시키는 역동적인 실행과정을 계속 선순환시키는 것으로 정리할 수 있다.

이와 같은 지속적 경쟁우위에 근거한 사업 아이템 개발전략은 세 가지 단계를 거쳐 수립될 수 있다. 첫 번째 단계는 자산과 역량을 파악하는 단계이며, 두 번째 단계는 이러한 핵심역량에 근거하여 신규사업 분야에서 성공하기 위한 핵심 성공요인을 도출하는 단계이며, 마지막 단계는 핵심 성공요인을 달성하기 위한 마케팅 전략과 그 구체적인 활동들을 설계하는 단계이다.

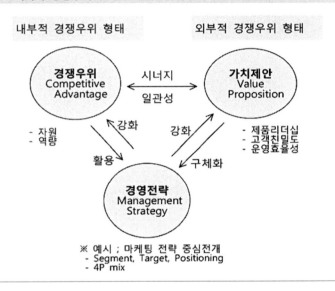

그림 6-3 지속적 경쟁우위에 의한 사업 아이템 개발 방향

내부적 경쟁우위 형태   외부적 경쟁우위 형태

경쟁우위
Competitive Advantage

시너지
일관성

가치제안
Value Proposition

- 자원
- 역량

강화   강화

활용   구체화

- 제품리더십
- 고객친밀도
- 운영효율성

경영전략
Management Strategy

※ 예시 ; 마케팅 전략 중심전개
- Segment, Target, Positioning
- 4P mix

1-3. 핵심역량

가. 핵심역량의 의의

기업이 가치사슬상의 탁월한 자산을 보유하는 것뿐만 아니라 그것을 활용할 수 있는 역량(capabilities)을 가지는 것은 지속적 경쟁우위에 있어서 매우 중요하다. 역량은 한 개인이나 기업이 오랜 기간 동안 축적해온 독특한 고유의 지식(knowledge), 기술(skill), 노하우(know how) 등을 말하며 이는 필요한 자산들을 서로 연결시켜 주어 경쟁우위로써 작용할 수 있도록 하는 역할을 담당한다.

역량의 특징들을 살펴보면 자산이 유형/무형적인 것들이 혼재되어 있는 반면에, 역량은 무형적인 것으로 그 힘과 영향력을 쉽게 금전적인 가치로 측정할 수 없다. 또한 역량은 시행착오를 반복하면서 학습할 수 있는 결과이므로 자사만의 고유한 역량을 가지기 위해서는 일반적으로 자산을 획득하는 기간에 비하여 더 긴 기간을 필요로 한다. 이러한 역량에는 리더십(leadership), 인적 자원(human), 조직(organization), 프로세스(process) 등이 중요하게 거론되고 있다.

핵심역량이란 기업이 소비자에게 특별한 혜택(효용)을 제공할 수 있게 하는 기술 또는 지식의 묶음으로 정의할 수 있다. 즉 기업을 성공으로 이끄는 것은 하나의 제품이 아니라 복합적인 노하우나 기술 또는 지식의 묶음이기 때문에 경쟁자가 쉽게 모방하지 못하는 능력을 말한다.

나. 핵심역량의 조건

기업 내부의 능력은 여러 분야에서 다양한 형태로 나타날 수 있다. 그러나 그 모든 능력들이 핵심역량이 될 수는 없다. 기업에게 지속적 경쟁우위를 제공해 줄 수 있는 핵심역량은 그렇지 않은 능력들과 비교하여 다음과 같은 조건을 갖추어야 한다.

① 최종 고객에게 주는 혜택: 어떤 능력이 핵심역량이 되려면 우선 그 능력을 바탕으로 나오는 최종 생산품이 고객에게 중요한 혜택을 주어야 한다.

② 차별성: 어떤 능력이 핵심역량이 되려면 다른 회사의 유사한 능력과 비교하여 월등히 우수해야 한다.

③ 다양한 제품(사업)의 원천: 핵심역량은 기업이 그것을 이용하여 다양한 시장에 접근할 수 있도록 해줄 수 있어야 한다. 그러기 위해서는 사업에 대한 전략적 정의가 필요하다. 예를 들면 해운기업은 단순히

운송상품(서비스)을 파는 운송회사가 아니라 종합물류를 담당하는 서비스회사가 되어야 한다.

④ 구체적인 능력: 어떤 능력이 핵심역량이 되려면, 그 능력을 구체적으로 표현할 수 있어야 한다. 예컨대 '신속한 서비스'가 아니라 '주문/접수 후 24시간 이내 처리 가능한 시스템' 등과 같이 구체적인 능력이어야 한다.

02 | 내부능력의 유형과 내용

🔲 2-1. 기능별 내부능력

사업 아이템 개발주체의 내부능력을 파악하는 가장 전통적인 방법은 경영기능별로 그 유형과 내용을 살펴보는 것이다. 기능별 내부능력은 일반적으로 경영활동을 마케팅, 재무 및 회계, 생산 및 기술, 인사 및 조직 등의 경영기능별로 분류하여 그 능력을 살펴본다.

기능별 내부능력을 파악하기 위한 경영기능의 유형과 유형별 능력을 분석하기 위한 사례로서 경영기능 부문별 주요항목을 예시하면 **표 6-1**과 같다.

표 6-1 기능별 내부능력의 유형 -예시-

구 분	내 용	
마 케 팅	• 기업의 제품과 서비스 • 집중화 및 제품계열의 폭 • 시장에 대한 정보수집 능력 • 제품, 서비스 믹스와 잠재적 확대 • 주요제품의 수명주기: 　제품, 서비스에 있어서의 이윤, 매출액 　균형 • 가격전략과 가격의 융통성 • 상표의 로열티(brand-loyalty)	• 시장점유율 및 유통경로 • 효과적인 판매조직: 고객의 욕구 에 대 　한 지식 • 판매촉진과 광고의 이미지, 능률 및 효과 • 새로운 제품, 서비스 또는 시장의 개발 • 판매 후 서비스와 폴로업 　(follow-up)
재무 및 회계	• 단기 및 장기자본 조달능력 • 기업의 보유자원: 부채와 자산 • 산업 및 경쟁자와 비교한 자본비용 　(cost of capital) • 세금에 관한 고려사항 • 소유자, 투자자, 주주들과의 관계 • 레버리지의 위치: 재무전략을 활용할 　능력	• 진입비용 • 운영자금: 자본구조의 융통성 • 효과적인 원가통제능력 • 재정 규모 • 원가, 예산 및 이윤 계획을 위한 회계시 　스템의 능률과 효과
생산 및 기술	• 원자재의 비용과 활용 가능성: 　공급자와의 관계 • 재고통제 시스템 • 시설위치: 시설의 배치와 활용 • 규모의 경제 • 설비의 기술적 능률과 능력 • 수직적 통합의 정도: 부가가치와 이윤 　마진	• 설비의 능률과 비용 • 생산통제 절차의 효과: 설계, 일정계획, 　품질관리 및 능률 • 산업 및 경쟁자와 비교한 상대적인 원 　가와 기술우위 • 연구개발, 기술, 혁신
인적 자원	• 종업원의 기능과 사기 • 산업 및 경쟁자와 비교해 본 노사관계 　비용 • 업적증대를 위한 동기부여에 사용된 인 　센티브의 효과 • 종업원의 고용수준을 조정할 능력	• 경영관리자 • 인사정책의 능률과 효과 • 종업원의 이직과 결근 • 전문화된 기능 • 경험
경영 조직	• 기업의 의사소통 시스템 • 전반적인 기업통제 시스템 • 조직의 분위기와 문화	• 조직구조 • 기업의 이미지와 권위 • 기업의 목표달성 기록

2-2. 요소별 내부능력

가. 요소별 내부능력 유형

신규사업 개발주체의 내부능력을 내부환경 요소 측면에서 파악하는 것을 요소별 내부능력이라고 할 수 있다. 기업의 내부환경은 **표 6-2**와 같이 시스템 요소, 문화적 요소, 자원 요소로 대별된다.

표 6-2 요소별 내부능력의 유형 -예시-

	내부환경 요소	구성 내용
1	시스템 요소	• 의사결정 체계(전략계획 수립, 역동적 실행 체계 등) • 명령전달 체계 • 의사소통 경로 등
2	문화적 요소	• 의식과 공유가치 • 믿음과 기대, 가치관과 신념 • 혁신 노력, 규범과 전통 등
3	자원 요소	• 인적 자원 • 유형 자원, • 무형 자원 등

나. 요소별 내부능력 구성 내용

1) 시스템 요소

시스템 요소는 사업 아이템 개발을 추진하는 주체의 역할뿐만 아니라 그것을 실행하는 내부적 환경으로서도 매우 중요한 요소이다. 아이템 개발 전략방향과 일치하는 의사결정체계(전략계획 수립, 역동적 실행체계 등), 명령전달체계, 의사소통 경로 등이 적절하게 활용되면 사업 아이템 개발에 상당한 강점으로 작용하기 때문이다.

시스템 요소는 또한 조직의 형태, 조직의 성격, 내외부와의 관계(부서간 통합, 고객 공급자 몰입) 등에 대한 항목들이 고려되어야 한다. 왜냐하면 시스템 요소는 생산성 향상을 위한 내부 경영시스템 및 내부역량과 깊은 관련을 가지기 때문이다.

사업 아이템 개발의 성공을 좌우하는 내부역량 중 전략적 계획수립 체계는 전략적 측면에서 새로운 사업 영역(Business Domain)에 대한 기회 및 위협요인과 강점 및 약점요인을 합리적으로 분석하는 상황분석 체계이다. 동시에 다양한 아이디어를 도출하고 그 타당성을 심도 있게 분석하는 포괄성 체계구축 및 추진조직을 구축하는 체계이다.

역동적 전략실행체계 구축은 고객을 세분화하고 적절한 표적시장을 선정한 후, 신규사업 아이템으로 고려하고 있는 제품이나 서비스를 소비자에게 차별화된 이미지로 지각시키고 가치를 전달하기 위한 과정을 사전에 검토해보는 시스템이다. 이와 같은 내용을 요약하면 **표 6-3**과 같다.

표 6-3 시스템 요소의 내용 -예시-

전략적 계획수립 시스템		역동적 전략실행 시스템
1. 경영상황 분석	**3. 조직구축 역량**	**1. 핵심 전략(STP)**
1) 조직의 강점	8) 전략실행팀 조직	17) 세분시장 파악
2) 조직의 약점	9) 기능부서 간의 팀웍과 상호협조	18) 목표시장의 선택
3) 외부경영 환경의 기회요소	10) 명확한 의사소통	19) 브랜드의 독특한 지위
4) 외부경영 환경의 위협요소	11) 실행 주체들의 상호작용	**2. 실행수단(8P' Mix)**
2. 포괄성(아이디어 및 컨셉 창출)	12) 실행 합의도출	20) 서비스 상품
5) 다양한 대안 (아이디어)	13) 적극적 참여	21) 가격정책
6) 다양한 상황의 변화를 반영	14) 실행조직(팀)에 대한 관심과 애정	22) 유통망정책
7) 타당성 분석	15) 목표기간을 맞추기 위한 노력	23) 판촉활동
	16) 할당된 자원	24) 고객 참여
		25) 서비스접점 관리자
		26) 생산성과 품질
		27) 물리적 증거 확보

2) 문화적 요소

조직문화는 조직체가 주어진 환경 속에서 자체의 목적을 달성해 가는 과정에서 형성되는 것으로 조직구성원들의 의식 및 공유가치, 믿음과 기대, 가치관과 신념, 혁신 노력, 규범과 전통 등을 통합한 개념이다. 따라서 조직문화는 조직 구성원의 행동에 중요한 변수로 작용하게 되며 신규사업 아이템의 개발 및 성과에도 많은 영향을 미치게 된다. 문화적 요소는 신규사업 개발주체의 고객 지향성, 경쟁자 지향성, 시장 지향적 가치관 등을 포함한다.

내부 환경으로서의 문화적 요소의 내용분류에 대해서는 여러가지 견해가 있을 수 있으나 그 중에서도 사업 아이템 개발과 관련하여 주목할 만한 주장이 파스칼(R. Pascal)과 피터스(T. Peters)의 '7S의 개념' 과 딜(T. Deal)과 케네디(A. Kennedy)의 '문화형성요소 개념'이다.

문화형성의 중요 요소들로는 ① 조직체 환경 ② 기본 가치 ③ 중심인물 ④ 의례와 예식 ⑤ 문화 네트워크 등이 예시되고 있으며, 이 중에서도 기본 가치는 조직문화의 가장 핵심적인 요소로서 7S에서의 공유가치와 같은 개념이다. 중심인물은 이 기본 가치를 정착시키는 데 결정적 역할을 하는 사람을 말한다. 의례와 예식은 조직체의 공식적인 행동을 말하며 문화 네트워크는 조직체의 기본 가치와 중심인물이 추구하는 목적을 전달해주는 비공식적인 매체를 의미한다.

사업 아이템 개발과 관련하여 실질적으로 도움이 될 수 있는 문화적 요소는 시장 지향성의 개념으로 이해되어야 한다. 여기서 시장 지향성은 "고객에게 더 높은 가치를 창조하기 위해 필요한 행동을 효율적이고 효과적으로 유발함으로써 우월한 성과를 지속적으로 제공해주는 문화"의 개념을 포함한다.

이와 같은 내용을 요약하면 **표 6-4**와 같다.

표 6-4 문화적 요소의 내용 -예시-

문화(시장 지향성)	
1. 고객 지향성 1) 고객의 욕구 이해 2) 고객만족을 위한 목표 설정 3) 고객가치 창출 우선	**3. 시장지향적 가치관** 7) 직원들의 성과 추구성향 8) 주기적 마케팅 성과 측정 9) 창의성(새로운 아이디어) 중시 10) 직원들의 혁신성 평가 11) 직원 존중을 강조 12) 종업원 만족도 추구
2. 경쟁자 지향성 4) 경쟁회사들의 마케팅 전략 5) 경쟁자 정보수집 시스템 6) 경쟁회사에 대한 정보를 공유	

3) 자원 요소

자원은 사업 아이템 개발주체가 아이템을 개발하는 데 도움이 되고, 효율성과 효과성을 개선할 수 있도록 전략 및 계획을 실행하는 데 활용할 수 있는 유형·무형의 모든 자산(Assets)을 의미한다. 자산은 기업이 사업을 영위하면서 축적해온 부존자원들로서 생산시설이나 인력, 자금력 등의 유형적이고 물리적인 자원들과 브랜드가치, 연구개발능력 등의 무형적인 자원들을 포함한다.

자산은 포터(M.E. Porter)의 가치사슬(value chain)과 깊은 관련성이 있는데 이는 기업이 보유하고 있는 자산이 제품이나 서비스가 만들어지기 위해 원료나 물자들이 조달되는 과정부터 그것이 만들어지고 고객에게 전달되는 과정 전반에 걸쳐 사용됨으로써 가치를 창출하기 때문이다. 여기서 가치란 기업이 공급하는 제품에 대해 구매자가 기꺼이 지불하려고 하는 금액을 말한다.

사업 아이템 개발주체가 보유한 자원들이 가치를 창출하는 과정에서 지속적 경쟁우위를 가진 핵심자원이 되기 위해서는 다음과 같은 속성을 지니고 있어야 한다.

① 가치(value): 핵심자원이기 위해서는 기업의 효율성과 효과성에 기여할 수 있는 가치가 있어야 한다.

② 희소성(rare): 자원이 희소성이 없다면 여러 기업들이 접근할 수 있게 된다. 그렇게 되면 경쟁우위를 가질 수가 없다.

③ 대체자원의 부재(no substitute): 경쟁자들이 같은 전략적 결과를 얻을 수 있게 하는 대체자원이 없어야 한다.

④ 모방 불가능성(imperfectly imitable): 그 자원을 소유하지 않은 기업은 어떤 방법으로도 같은 자원을 얻을 수 없어야 한다.

이와 같은 내용을 요약하면 **표 6-5**와 같다.

표 6-5 자원 요소의 내용 -예시-

경쟁우위 확보를 위한 경영자원 보유 정도
1. 인적 자산(인원 수, 지식재산권 등)
2. 물적 자산(토지, 건물, 시설, 기타 유형 자산 등)
3. 재무 자산(보유자금, 자금조달 및 증자능력 등)
4. 투입 관련 자원(구매노하우, 공급자 충성도 등)
5. 고객 관련 자원(기업인지도, 고객D/B, 충성도 등)
6. 브랜드 관련 자원(브랜드인지도, 경쟁력 등)
7. 유통·촉진 관련 자원(판매망, 광고 및 판촉능력 등)
8. 시장정보 관련 자원(경쟁자, 경기 및 시장정보 등)
9. 조직·프로세스 자원(경영기법, 효율성, 보고체계 등)

03 │ 내부능력 분석에 의한 아이템 선정

📦 3-1. 기능별 내부능력 분석

가. 기능별 내부능력 분석의 틀

앞에서도 언급한 바와 같이 사업 아이템 개발주체가 보유하고 있는 내부 능력을 식별하고 평가하여 사업 아이템 탐색에 활용할 수 있는 강점과 약점을 도출하는 과정을 내부능력 분석이라 한다. 이 경우 경쟁자와 비교하여 가지고 있는 우위의 특성 또는 독특한 능력을 '강점'이라 하고 그 반대의 경우를 '약점'이라 정의한다.

기능별 내부능력 분석은 경영기능별 강약점을 파악하기 위한 것으로 사업 아이템 개발주체의 내부능력을 전형적인 경영기능, 즉 마케팅, 재무 및 회계, 생산 및 기술, 인적 자원, 경영조직 등으로 나누어 각각의 강약점을 분석하는 방법이다. 그러나 경영기능별 분석을 보다 체계적으로 분석하기 위해서는 포터(M.E. Porter)가 제시한 '가치사슬(Value-chain)분석 모형'이 유용한 도구가 된다.

사업 아이템 개발주체는 효율성과 효과성을 증진시키는 여러 가지 활동을 통하여 가치를 창조해 내는 시스템이다. 여기서 가치란 기업이 공급하는 제품에 대해 구매자가 기꺼이 지불하려고 하는 금액을 말한다.

가치사슬은 총 가치(total value)로 구성되고 총 가치는 다시 가치활동(value activities)과 이윤(margin)으로 구분된다. 가치활동은 소비자에게 가치 있는 제품을 제공하기 위해 수행하는 활동이며, 이윤은 총 가치에서 가치활동 수행 시 필요한 원가를 뺀 차액이다. 기업의 일반적 목적은 총가치가 원가를 초과하게 하는 것이다. 따라서 가치활동이 경쟁우위를 성립시키는 요인이 된다.

가치활동은 다시 주된 활동(primary activities)과 지원 활동(support activities)으

로 구분된다. 주된 활동들은 물류투입(inbound logistics), 제품/서비스의 제조 (operation), 물류산출(outbound logistics), 마케팅/영업(marketing & sales), 고객서 비스(service) 등으로 구성되어 있고 이를 지원하기 위한 활동들로는 기업 인 프라(firm infrastructure), 인적 자원관리(human resource management), 기술개발 (technology development), 기업운영자원 조달(procurement) 등이 있다.

　이와 같은 기능별 내부능력을 분석하기 위한 기초적인 가치사슬 분석의 틀(Frame)을 정리하면 **그림 6-4**와 같다.

그림 6-4 기능별 내부능력 분석의 틀 -예시-

그림 6-4 기능별 내부능력 분석의 틀 -예시-

| 가치사슬 기능별 강·약점 도출 |

기능별	구분	핵심 내용	강·약점	
			강 점	약 점
핵심 기능	물류(투입물류)			
	생산 제조			
	배송(산출물류)			
	마케팅 판매			
	고객서비스			
지원 기능	획득			
	기술개발			
	인적 자원			
	기업인프라			

나. 주요 기능요인 분석

1) 핵심기능 분석

가) 투입물류기능 분석

투입물류(inbound logistics) 기능은 투입요소를 구입, 운반, 저장하는 것과 관련된 경영기능으로 자재관리, 저장, 재고관리, 장비사용계획, 공급자에 대한 반품 등과 같은 기능을 의미한다.

제품이나 서비스를 창출하는 과정은 원재료 등 투입요소를 조달하는 것에 서부터 시작된다. 이때 경쟁자보다 현저하게 낮은 가격에 양질의 요소를 확보하거나 적시에 조달할 수 있는 능력이 있다면 소비자들에게 더 높은 가치를 제공할 수 있게 된다.

흔히 투입물류활동 또는 구매물류활동으로 이해되는 이 기능은 생산 공정에의 적기공급을 위한 투입물류시스템, 지역물류센터, 효율적인 투입요소처리 등의 기능을 포함한다. 참고로 로지스틱스(logistics)의 구성요소와 활동내용을 개관하여 보면 **그림 6-5**와 같다.

그림 6-5 로지스틱스의 구성요소와 활동내용 -예시-

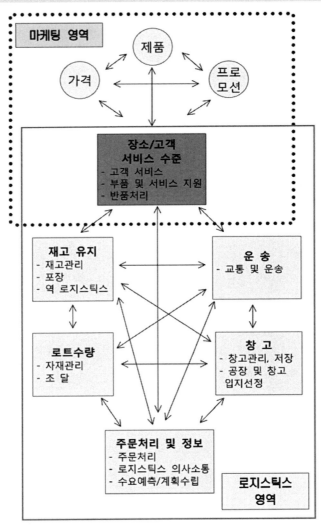

나) 생산 및 제조기능 분석

생산 및 제조(Operations) 기능은 투입요소를 최종 제품으로 만드는 기능으로 기계작업, 조립, 설비가동, 설비유지, 검사, 포장 등을 포함한다.

생산 및 제조기능에서 특히 주목해야 할 사항은 규모의 경제(economic of scale)와 범위의 경제(economic of scope)의 문제이다. 규모의 경제는 '생산의 규모가 커질수록 생산단가가 낮아지는 효과'를 말하며, 범위의 경제는 한 기업이 여러 가지 제품을 동시에 생산함으로써 비용상의 이점이 생기는 '이익향상의 효과'를 의미한다.

생산원가를 절감할 수 있고 더 많은 이익을 향상시킬 수 있는 내부능력은 신규사업 아이템 개발에 꼭 필요한 핵심적인 요소가 아닐 수 없다.

생산시스템의 관리적 측면에서 '생산관리'를 살펴보면 기본적 관리(본질적 속성)와 제2차적 관리(현시적 속성)로 나눌 수 있다. 기본적 관리활동은 수량(Quantity), 품질(Quality), 원가(Cost), 납기 또는 공정(Delivery or process), 사기(Moral) 및 안전(Safety) 관리 등 여섯 가지 활동으로 대별할 수 있고, 제2차적인 관리활동은 기본업무 관리(설계→구매→작업), 부수업무 관리(생산주체, 생산수단, 생산대상) 및 Utility 관리(전력, 용수, 가스 등)의 세 가지 활동으로 구분된다.

생산 및 제조와 관련된 본질적 속성과 부수적 속성에 대한 깊은 통찰이 사업 아이템 개발의 요체가 됨은 두말할 필요가 없다.

다) 산출물류기능 분석

산출물류(outbound logistics) 기능은 배송물류 활동으로서 제품을 구매자에게 유통시키기 위한 수집, 저장과 관련된 기능을 의미하며, 완성품 보관, 신속적시 배달, 운송장비 관리, 정확한 주문처리, 유통채널 등을 포함한다.

이 중에서 유통채널(distribution channel)은 제품이나 서비스가 구매자와 만날 수 있는 고객접점이라는 측면에서 의미가 크다. 만약 소비자들이 원하는 곳에서 원하는 제품이나 서비스를 만날 수 없는 '구매장벽'을 느낀다면 그들은 구매의욕을 상실한다. 이와 같은 현상은 미래의 사업기회 측면에서도 부정적인 영향을 미치게 될 것이므로 고객접점을 증가시키기 위한 효과적인 유통채널의 확보는 신규사업 아이템의 경쟁력 확보에 도움이 된다.

신규사업 개발주체가 강력한 유통력을 보유하고 있다는 것은 유통경로상에서 경쟁자와 대비하여 우월한 구매교섭력(bargaining power)을 가지고 있는 것이므로 매출증대는 물론 경쟁자의 유통력을 제어할 수 있는 강점이 생긴다.

라) 마케팅과 판매기능 분석

마케팅과 판매(marketing & sales) 기능은 구매자가 제품을 구입하도록 만들기 위한 활동으로서 광고 및 판매촉진, 판매원 및 판매량 할당, 가격설정 등과 같은 마케팅의 제반 기능을 포함한다.

마케팅의 주요임무는 기업과 고객 및 경쟁자 사이의 연결고리를 만드는 것이며, 특히 시장세분화와 목표시장선정 및 포지셔닝(STP 분석)과 마케팅 믹스에 의해 신규사업의 성과가 좌우되므로 이들의 강약점을 확실히 할 필요가 있다. 이를 요약하면 **그림 6-6**과 같다.

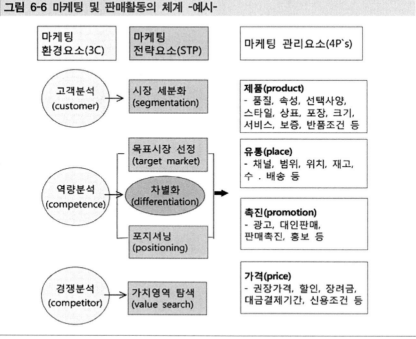

그림 6-6 마케팅 및 판매활동의 체계 -예시-

마) 고객서비스기능 분석

고객서비스(service)기능은 제품 및 서비스의 가치를 유지·증진시키기 위한 활동으로서 제품설치, 사후 서비스(A/S), 수리, 사용자 교육, 부품공급, 제품 조정 등과 같은 기능을 포함한다.

고객서비스 기능을 보다 구체적으로 분석하기 위해서는 서비스의 특성과 전략적 개념에 대한 이해가 필요하다. 먼저 서비스 특성의 경우 서비스 상품의 비유형성, 시간소멸성, 생산과 소비의 동시성 등과 같은 특성 때문에 고객에게 제공되는 서비스는 표 6-6과 같은 재화와 서비스의 묶음(서비스 패키지)으로 이루어진다는 점을 염두에 두어야 한다.

표 6-6 서비스 패키지의 의의 및 분석대상

분류	의의	분석대상(예시)	비고
기본 시설	서비스 제공 이전에 반드시 갖추어야 하는 물리적인 자원들 (예: 스키 리프트)	입지, 기본설비, 시설배치, 실내장식 건축적 적합성 등	
보조 용품	고객들에 의해 소비되거나 구매되는 물품 또는 고객이 준비하는 물건(예: 스키)	제공물품의 일관성, 양, 선택의 폭 등	
명시적 서비스	감각에 의해 직접적으로 관찰될 수 있는 필수적이거나 내재적인 특성(예: 회원규정, 인터넷 사용)	서비스 인력의 교육, 포괄성, 일관성, 이용가능성 등	
묵시적 서비스	고객이 희미하게 느끼는 심리적인 혜택이나 서비스의 외관적인 특색(예: 친절성, 무료주차 등)	서비스의 태도, 대기, 분위기, 지위 수준, 좋은 느낌, 편리성 등	

한편 전략적 서비스의 개념은 전략적 목표달성을 위해 일관된 경쟁우위의 서비스를 제공할 수 있도록 구조적이고 관리적인 요소를 설계하는 데 필요한 개념이다. 전략적 서비스의 개념은 고객과 조직 내부 구성원 모두에게 기대되는 서비스의 시스템적 요소들이 무엇인지를 알려주는 청사진과 같다. 전략적 서비스의 개념을 요약하면 **표 6-7**과 같다.

표 6-7 전략적 서비스의 개념

구조적 요소		관리적 요소	
구 분	내 용	구 분	내 용
1. 전달 시스템	현장 및 지원 사무실, 자동화, 고객 참여	1. 서비스 접점	서비스 문화, 동기부여, 선발과 훈련, 권한 위임
2. 시설 설계	규모, 심미적 특성, 배치	2. 품질	측정, 모니터링, 기대와 인식, 서비스 보증
3. 위치	고객의 인구통계적 요소, 단일 또는 복수 지점, 경쟁, 지점의 특성	3. 서비스 능력과 수요 관리	수요변화와 공급통제의 전략, 대기(기다림) 관리
4. 서비스 능력계획	대기시간 관리, 서비스 제공자 수, 보통 또는 최대 수요의 수용	4. 정보	경쟁적 자원, 자료 수집

2) 지원기능 분석

가) 획득기능 분석

구매(purchasing)기능보다는 광범위한 개념으로 구매되는 투입요소와 관련된 모든 기능(공급자 관리, 구매정보 등)을 포괄하는 활동을 획득(procurement)기능이라고 한다. 획득활동은 기업활동 전반에 걸쳐 있으므로 기업의 모든 구성원들이 획득활동을 담당하고 있다고 할 수 있다.

나) 기술개발기능 분석

연구개발(R&D)보다는 포괄적인 개념으로서 문서작성기술, 제품운반기술, 제품자체에 포함된 기술 등과 관련된 모든 노하우, 제반 절차, 공정기술 형태의 모든 기술개발(technology development)기능을 의미한다.

사업 아이템 개발과 관련하여 활용할 수 있는 기술력 분석 및 보유기술 대비 사업(제품) 매트릭스 분석사례를 예시하면 **표 6-8** 및 **표 6-9**와 같다.

표 6-8 기술력 분석 사례 -예시-

① 현재 기술력 분석(A)

	이름	연령	담당업무	부문	직위	기술능력			의욕 d	성장성 e	기술력 (a+b+c) ×d×e	평균점 A
						기초 a	전문 b	특허c				
현재기술 A												

※ 현재 기술력 평가 방법(예시)

		높음	보통	낮음
기술능력	기초	5	3	1
	전문	5	3	1
	특허	5	3	1
의 욕		1.2	1.0	0.8

	20대 이하	30대	40대 이상
성 장 성	1.2	1.0	0.8

표 6-8 기술력 분석 사례 -예시-

기술축적 B	부문	설비 (CAD, 실험장치 등)	설비력 a	자료 보유력			특허 누계 e	기술축적 (a+b+c+d+e)	평균 점 B
				표준 b	문헌 c	도서 d			

※ 기술 축적력 평가 방법(예시)

		높음	보통	낮음
설비력		3	2	1
자료	표 준	3	2	1
	문 헌	3	2	1
	도 서	3	2	1
특허누계		3	2	1

③ 종합 기술력 평가

종합기술력	현재 기술력(A) + 기술 축적력(B)
	종합점수: 점
	평가수준

※ 기술부문 전략적 대응방향

부문	현 황	앞으로의 대응
기술 조직		
기술 관리		
기술 교육		
기술 투자		
인력 채용		

표 6-9 보유기술 대비 사업(제품) 매트릭스 분석사례 -예시-

사업·제품	보유기술	개 발			생 산			판 매		
		전자	전기	기계	가정	조립	종류	채널	판촉	관리…
A 사 업	X제품		※	※		☆	※		○	
	Y제품	※	☆		○	☆			☆	☆
	Z제품			※		☆		○		
B 사 업 …	X제품									
	Y제품									
	Z제품 …									

범례: ☆ 자사 독창적 기술 ※ 장래 발전가능 기술 ○ 타사대비 우수 기술

다) 인적 자원관리기능 분석

인적 자원(human resource)은 크게 인적 자원관리(human resource management)와 인적 자원개발(human resource development)로 대별된다. 그중 인적 자원 관리는 채용, 교육훈련, 배치이동, 평가 및 보상, 동기부여 등 제반 인사관리 활동을 의미한다.

참고로 사업 아이템 개발과 관련하여 활용할 수 있는 인재력 분석사례를 예시하면 **표 6-10**과 같다.

표 6-10 인재력 분석사례 -예시-

① 사업 아이템 개발의 문제점 분석 및 대응전략

문제점	점 수			대응 전략
	3	8	4	
제품의 획기성 부족	◎	○	○	제품개발에 대한 도전에 의해 경영자원의 기반을 튼튼히 한다.
개발의 지연		◎		
즉흥적인 개발		◎		

기대되는 인재	창조성	전략 지향	높은 기술력	

② 인적 자원 개발전략

구 분				점수	방침 및 목표	중점교육 내용
계층별	경영층	○	◎		5	1)전략성 향상 도모 2)기술 고도화 추진	선견성 및 통찰력 제고
	관리층	◎	○	△	6		인재 활성화 능력 향상
	일반직	○		◎	5		관리능력 및 고유기술 제고

	교육테마	내 용	대 상	수 단	일 정
교육체계계획	컨셉츄얼 스킬 (conceptual skill)	경영전략과 방침관리 등	경영·관리층	외부강사	
	컬쳐럴 스킬 (cultural skill)	조직혁신, 개혁, 기업풍토 등	〃	내 외 부	
	휴먼 스킬 (human skill)	모티베이션, 리더십 등	관 리 층	외부강사	
	폴리티컬 스킬 (political skill)	관리직능, 관리능력 등	〃	내 외 부	
	테크니컬 스킬 (technical skill)	전문기능, 기술기능 등	일 반 직	사내교육 OJT	

※ 범례: 점수= ◎: 3점, ○: 2점, △: 1점, 없음: 0점

라) 기업 하부구조 구축기능 분석

다른 지원기능과는 달리 가치사슬 전체를 지원하는 기능으로서 일반관리, 기획업무, 재무 및 회계, 법률문제 관리, 경영정보 시스템 구축 등을 포함하는 활동을 기업 하부구조(firm infrastructure) 구축기능이라고 한다.

이 부문과 관련하여 특히 시스템에 대한 상세한 내용은 다음 절(3-2 요소별 내부능력 분석)에서 다루고자 한다.

3-2. 요소별 내부능력 분석

가. 요소별 내부능력 분석의 틀

기능별 내부능력 분석은 사업 아이템 개발주체의 내부능력을 내부 환경요소 측면에서 파악하기 위한 것으로, 본서에서는 사업 아이템 개발주체의 내부 경영요소를 시스템 요소, 문화적 요소, 자원 요소로 나누어 각각의 강약점을 분석하는 방법을 채택하였다. 그러나 내부 환경 요소를 위의 세 가지 요소로만 한정해야 하는 것은 아니며, 필요에 따라 적절한 요소로 분류하여 체계적으로 분석하면 된다.

시스템 요소는 사업 아이템 개발을 추진하는 주체로서의 역할뿐만 아니라 그것을 실행하는 내부적 환경으로서도 매우 중요한 요소이다. 시스템 요소는 또한 조직의 형태, 조직의 성격, 내외부와의 관계(부서 간 통합, 고객 공급자 몰입) 등에 대한 항목들이 고려되어야 한다. 왜냐하면 구조적 요소는 생산성 향상을 위한 내부 경영시스템 및 내부역량과 깊은 관련을 가지기 때문이다. 시스템 요소는 전략적 계획수립시스템, 역동적 전략실행시스템 및 관리통제·성과평가 시스템으로 대별하여 살펴보았다.

문화적 요소는 사업 아이템 개발주체의 고객 지향성, 경쟁자 지향성, 시장 지향적 가치관 등을 포함한다. 내부 환경으로서의 문화적 요소 내용분류에 대해서는 여러 가지 견해가 있을 수 있으나 그중에서도 사업 아이템 개발과 관련하여 실질적으로 도움이 될 수 있는 문화적 요소는 시장 지향성의 개념으로 이해되어야 한다. 여기서 시장 지향성은 "고객에게 더 높은 가치를 창조하기 위해 필요한 행동을 효율적이고 효과적으로 유발함으로써 우월한 성과를 지속적으로 제공해주는 문화"의 개념을 포함한다.

자원요소는 사업 아이템 개발주체가 아이템을 개발하는 데 도움이 되고, 효율성과 효과성을 개선할 수 있도록 전략 및 계획을 실행하는 데 활용할 수 있는 유형·무형의 모든 자산(Assets)을 의미한다. 자산은 기업이 사업을 영위하면서 축적해온 부존자원들로서 생산시설이나 인력, 자금력 등의 유형적이고 물리적인 자원들과 브랜드가치, 연구개발능력 등의 무형적인 자원들을 포함한다. 자산은 포터(M. E. Porter)의 가치사슬(value chain)과 깊은 관련성이 있는데 이는 기업이 보유하고 있는 자산이 제품이나 서비스가 만들어지기 위해 원료나 물자들이 조달되는 과정부터 그것이 만들어지고 고객에게 전달되는 과정 전반에 걸쳐 사용됨으로써 가치를 창출하기 때문이다.

이와 같은 기능별 내부능력을 분석하기 위한 기초적인 분석의 틀(Frame)을 정리하면 **그림 6-7**과 같다.

그림 6-7 요소별 내부능력 분석의 틀 -예시-

요소별 내부능력 분석의 틀(Frame-work)

요소별	구 분	핵심역량의 내용	강·약점	
			강 점	약 점
시스템 요소	계획수립 시스템			
	전략실행 시스템			
	통제·평가시스템			
문화적 요소	고객 지향성			
	경쟁자 지향성			
	시장지향적 가치관			
자원 요소	인적 자원			
	물적 자원			
	재무 자원			
	기타			

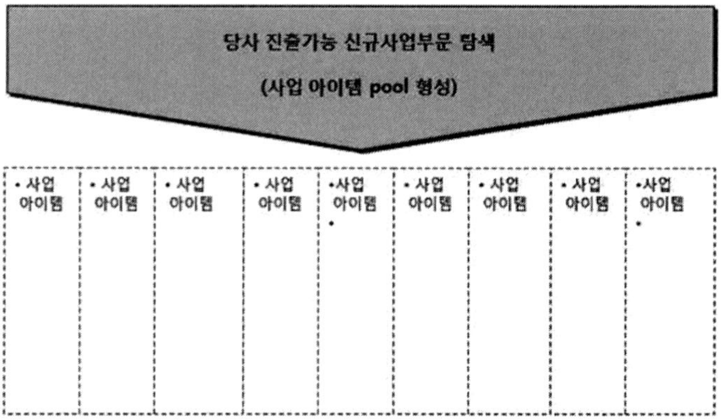

당사 진출가능 신규사업부문 탐색

(사업 아이템 pool 형성)

• 사업 아이템	• 사업 아이템	• 사업 아이템	• 사업 아이템	•사업 아이템 •	• 사업 아이템	• 사업 아이템	• 사업 아이템	•사업 아이템 •

나. 주요 경영요소 분석

1) 시스템 요소 분석

사업 아이템 개발과 관련된 요소별 내부능력 중 시스템 요소는 전략적 계획 수립 시스템, 역동적 전략실행 시스템, 통제 및 성과평가 시스템의 세 가지로 대별될 수 있다.

시스템 요소에 대한 분석은 요소별 구성내용의 각 항목별로 사업 아이템 개발주체(절대수준)와 경쟁자 대비(상대수준)를 비교·분석하여 대응방향 및 전략을 모색하는 것이 기본이다. 이와 같은 내용을 요약하면 다음과 같다.

가) 전략적 계획수립 시스템

계획수립 시스템(구조)은 경영 상황분석, 아이디어 및 컨셉 창출, 경쟁우위 구축시스템으로 구성된다.

사업 아이템 개발 측면에서 기회 및 위협요인과 강점 및 약점요인을 체계적이고 합리적으로 분석하는 상황분석(SWOT) 시스템, 다양한 전략대안(IDEA)들을 도출하며 그 타당성을 심도 있게 분석하는 아이디어, 컨셉 창출시스템 및 지속적 경쟁우위의 확보와 전략전개를 위한 조직과 프로세스의 구축, 리더십과 자원배분 등으로 정의되는 경쟁우위 구축시스템이 그것이다. 이와 같은 내용을 마케팅 기능을 중심으로 요약하면 **표 6-11**과 같다.

전략적 계획수립 시스템	절대수준					상대수준				
	--	-	보통	+	++	--	-	보통	+	++
1. 경영 상황분석(SWOT)										
----우리 회사(사업부)는										
1) 조직의 **강점**을 체계적으로 고려한다.										
2) 조직의 **약점**을 체계적으로 고려한다.										
3) 외부 경영환경(일반 거시환경, 산업 환경)의 **기회요소**를 체계적으로 고려한다.										
4) 외부 경영환경(일반 거시환경, 산업 환경)의 위협요소를 체계적으로 고려한다.										
2. 아이디어 및 컨셉 창출										
-----우리 회사(사업부)는										
5) (마케팅 전략)을 선택하기에 앞서 다양한 대안(아이디어)들을 고려한다.										
6) 선택된 (마케팅 전략)은 유연하게 다양한 상황의 변화를 반영하고 있다.										
7) 최종 전략의 결정에 앞서 각 아이디어들에 대한 타당성 분석이 수행된다.										
3.경쟁우위 구축										
3-1. 조직 / 프로세스										
---우리회사(사업부)는										
8) (마케팅전략)실행팀이 잘 조직되어 있다.										
9) (마케팅 전략)실행과 관련된 기능부서 간의 팀웍과 상호협조가 잘 되고 있다.										
10) (마케팅 전략)의 목적과 목표는 관련 당사자들 사이에 명확하게 의사소통된다.										
11) (마케팅 전략)의 실행주체들 간에는 꾸준한 상호작용이 이루어지고 있다.										
3-2. 리더십 / 자원배분										
---우리 회사(사업부)는										
12) (마케팅 전략)을 실행할 때는 명확한 합의도출이 이루어지고 있다.										
13) 모든 직원들이 (마케팅 전략)의 실행에 적극적으로 참여하고 있다.										
14) (마케팅 전략) 실행조직(팀)에 대한 관심과 애정이 매우 크다.										
15) 실행 목표기간을 맞추기 위해 최선을 다했다.										
16) 전략실행에 할당된 자원은 적절하였다.										
- - - -										

나) 역동적 전략실행 시스템

전략실행 시스템은 전략실행을 위한 구체적인 하부 핵심전략과 전략실행 수단을 구축하는 활동으로 구분된다.

역동적 전략실행 시스템은 앞에서 언급한 내부 경영기능별로 사업 아이템 개발의 측면에서 경쟁사보다 빠르고 유연하게 대처함으로써 전략적 우위를 점하는 과정이다. 이와 같은 내용을 마케팅기능을 중심으로 살펴보면 고객을 세분화하고, 적절한 표적시장을 선정한 후, 자사의 제품이나 서비스를 소비자에게 차별화된 이미지로 지각시키고, 가치를 전달하기 위한 시스템을 갖추고 있는가의 문제로 정의된다. 이를 요약하면 **표 6-12**와 같다.

표 6-12 역동적 전략실행 시스템의 내용 -예시-

역동적 전략실행 시스템	절대수준					상대수준				
	--	-	보통	+	++	--	-	보통	+	++
1. 핵심 전략(STP) --우리 회사(사업부)는										
1) 전체시장을 비슷한 욕구를 가진 세분시장으로 분류하여 파악하기 위해 최선을 다하고 있다.										
2) 목표시장의 선택을 위해 각 세분시장을 장기적인 성장과 이익의 관점에서 평가하고 있다.										
3) 우리 브랜드가 목표시장에서 경쟁사의 브랜드보다 더 독특한 지위를 찾기 위해 노력하고 있다.										
2. 실행수단(8P' Mix) --우리 회사(사업부)는										
4) 판매할 서비스 상품의 결정 시 내부의 역학관계보다는 진정한 시장의 욕구에 입각한다.										
5) 가격정책은 목표시장의 반응에 대한 과학적인 분석에 기초하고 있다.										

■ 표 6-12 역동적 전략실행 시스템의 내용 -예시-

역동적 전략실행 시스템	절대수준					상대수준				
	- -	-	보통	+	+ +	- -	-	보통	+	+ +
6) 유통망 담당자는 고객의 관점에서 전문화되고, 전략적 유통망정책을 실행하고 있다.										
7) 판매촉진부서는 목표시장의 요구에 기초한 판촉활동을 전개하고 있다.										
8) 서비스 산출과정에 고객이 참여하는 프로세스로서의 서비스 개념을 고려하고 있다.										
9) 서비스접점 관리자로서의 일선종업원들에 대한 고객의 선호를 반영하고 있다.										
10) 서비스 상품의 생산성과 품질향상을 위해 적극적으로 노력하고 있다.										
11) 서비스 상품의 무형적 제약성을 극복(유형적 요소로 변환)하기 위한 물리적 증거확보에 노력하고 있다.										

다) 관리통제 및 성과평가 시스템

관리통제 및 성과평가 시스템은 계획과 성과의 차이분석과 수정조치활동으로 구분된다.

먼저 관리통제시스템은 전략계획에서 설정된 목표를 달성하기 위하여 효율적이고 효과적으로 자원을 사용하도록 감시하는 활동을 수행하는 시스템으로 정의되며, 다음으로 성과평가 시스템은 기업의 전략목표나 내·외적 환경과 관련하여 이루어진 활동의 결과를 계획했던 목표와 비교하여 그 달성정도를 평가하는 시스템을 의미한다.

이를 요약하면 **표 6-13**과 같다.

표 6-13 관리통제 시스템의 내용 -예시-

관리통제 시스템	절대수준					상대수준				
	- -	-	보통	+	+ +	- -	-	보통	+	+ +
1. 행동통제 ---우리 회사(사업부)는										
1) 직원들이 업무에 관한 규정을 잘 준수하고 있는 가를 수시로 평가한다.										
2) 우리 회사 관리자들은 업무수행의 결과 보다는 과정을 더 중요시한다.										
3) 업무를 효율적으로 수행하기 위한 매뉴얼이 자세 하게 작성되어 있다.										
4) 업무수행 과정에서 자주 모임을 갖고 업무수행방 식 등을 논의한다.										
2. 결과통제 ---우리 회사(사업부)는										
5) 업무수행실적에 의한 인센티브 또는 보너스(상여 금) 차등지급 등을 실시하고 있다.										
6) 성과 목표와 달성 실적과의 차이분석을 실시하는 범위가 넓다.										
7) 예산편성 및 집행 실적에 대한 회의를 자주 개최 한다.										
8) 계획과 결과 사이의 차이에 관한 설명을 의무화 하고 있다.										

성과평가 시스템	절대수준					상대수준				
	- -	-	보통	+	+ +	- -	-	보통	+	+ +
1. 재무중심 평가 ---우리 회사(사업부)는										
1) 목표 매출액 달성 여부										
2) 신규사업 개발 예산목표의 달성 여부										
3) 목표 수익성의 달성 여부										
4) 신규사업의 성공가능성										
2. 비 재무중심 평가 ---우리 회사(사업부)는										
5) 신규사업 개발 시간목표 달성 여부										
6) 고객 요구사항의 반영 정도										
7) 높은 시장점유율 확보 여부										
8) 개발기법에 대한 노하우(지식) 축적										

2) 문화적 요소 분석

사업 아이템 개발과 관련된 요소별 내부능력 중 문화적 요소는 앞서 요소별 내부능력의 구성요소에서 살펴본 바와 같이 '7S모형'이나 '문화형성요소모형' 등의 분석을 통하여 강점과 약점을 파악할 수도 있겠으나, 사업 아이템 개발에 실질적으로 도움이 될 수 있는 시장지향성의 개념으로 파악할 필요가 있다.

시장지향성은 사업 아이템 개발주체의 고객지향성, 경쟁자지향성, 시장 지향적 가치관 등을 포함한다. 고객지향성은 고부가가치 제품과 서비스 창출을 위한 충분한 고객이해를 의미하고, 경쟁자지향성은 조직이 현재 및 미래 경쟁자의 강약점은 물론 장기적인 전략과 역량을 파악하는 것을 말한다. 시장지향적 가치관은 행동양태의 선택에 영향을 주는 바람직함에 대한 가치를 분석하기 위한 것이다. 이와 같은 내용을 요약하면 **표 6-14**와 같다.

표 6-14 문화적 요소(시장지향성)의 내용 -예시-

마케팅 문화(시장 지향성)	절대수준					상대수준				
	--	-	보통	+	++	--	-	보통	+	++
1. 고객 지향성 ----우리 회사(사업부)는										
1) 고객의 욕구를 잘 이해하고 있다.										
2) 고객만족을 위한 목표를 설정해 놓고 있다.										
3) 고객가치(고객의 이익) 창출을 우선시한다.										
2. 경쟁자 지향성 ----우리 회사(사업부)는										
4) 경쟁회사들의 마케팅전략을 항상 논의한다.										
5) 경쟁자 정보수집 시스템을 갖추고 있다.										
6) 경쟁회사에 대한 정보를 공유하고 있다.										
3. 시장지향적 가치관 ----우리 회사(사업부)는										

표 6-14 문화적 요소(시장지향성)의 내용 -예시-

마케팅 문화(시장 지향성)	절대수준					상대수준				
	--	-	보통	+	++	--	-	보통	+	++
7) 직원들의 성과 추구성향을 중시한다.										
8) 주기적으로 마케팅 성과를 측정한다.										
9) 창의성(새로운 아이디어)을 특히 중시한다.										
10) 직원들의 혁신성을 높이 평가한다.										
11) 직원들에 대한 존중을 매우 강조한다.										
12) 높은 수준의 종업원 만족도를 추구한다.										

3) 자원적 요소 분석

사업 아이템 개발과 관련된 요소별 내부능력 중 자원적 요소는 사업 아이템 개발주체가 아이템을 개발하는 데 도움이 되고, 효율성과 효과성을 개선할 수 있도록 전략 및 계획을 실행하는 데 활용할 수 있는 유형·무형의 모든 자산(Assets)을 의미한다.

자산은 기업이 사업을 영위하면서 축적해온 부존자원들로서 생산시설이나 인력, 자금력 등의 유형적이고 물리적인 자원들과 브랜드가치, 연구개발능력 등의 무형적인 자원들을 포함한다. 이와 같은 유형·무형의 자원들이 지속적 경쟁우위를 가진 핵심자원이 되기 위해서는 가치, 희소성, 모방 불가능성 등의 속성을 가져야 함은 두말할 필요가 없다.

보유자원을 조사 및 진단하여 사업아이템 개발에 활용하는 방법을 요약하면 **표 6-15**와 같다.

표 6-15 자원적 요소의 내용 -예시-

경쟁우위 확보를 위한 경영자원 보유 정도	절대수준					절대수준				
	--	-	보통	+	++	-	-	보통	+	++
1. 인적 자산(인원 수, 지적재산권 등)										
2. 물적 자산(토지, 건물, 시설, 기타 유형자산 등)										
3. 재무 자산(보유자금, 자금조달 및 증자능력 등)										
4. 투입 관련 자원(구매노하우, 공급자 충성도 등)										
5. 고객 관련 자원(기업인지도, 고객D/B, 충성도 등)										
6. 브랜드 관련 자원(브랜드인지도, 경쟁력 등)										
7. 유통·촉진 관련 자원(판매망, 광고 및 판촉능력 등)										
8. 시장·정보 관련 자원(경쟁자, 경기 및 시장정보 등)										
9. 조직·프로세스 자원(경영기법, 효율성, 보고체계 등)										

사업 타당성 분석과
사업계획 수립

VII 사업 타당성 분석

01 | 사업 타당성 분석의 개요

🎲 1-1. 사업 타당성 분석의 개념 및 필요성

사업 타당성 분석의 개념은 사업 아이템의 특성 및 분석의 관점에 따라 달라질 수 있다. 그러나 통상적으로 사업 타당성 분석은 어떤 사업을 개시(추진)하기 전에 그 사업의 성공 가능성 여부를 체계적이고도 합리적인 방법으로 조사·검토 및 평가하는 과정을 의미한다. 사업 타당성 분석은 다양한 방법으로 탐색된 사업 아이템 평가·선정의 최종 단계라고 할 수도 있다.

일반적으로 계획사업의 성공 여부는 다음과 같은 세 가지 측면의 조건을 만족시키는 데서 출발한다. 첫째, 기업 전체 및 기존사업과의 전략 적합성을 포함하는 경영의 전략적 측면 둘째, 대사회적 공익성을 포함하는 사업화 가능성 측면 셋째, 시장성 기술성 및 수익성을 포함하는 경제적 측면의 요건이 그것이다.

이러한 세 가지 측면의 조건은 다소 포괄적이긴 하나 각 조건별로 체계화된 절차와 방법에 따라 면밀한 검토를 거친다면 만일에 있을지도 모를 사업화의 실패 위험을 크게 줄일 수 있다는 관점에서 매우 중요하다.

사업의 실패위험은 첫째, 기업이 속한 산업의 불황과 경쟁강도 원재료 조달상의 애로 기술수준 등의 환경 관련 위험 둘째, 경영정책 및 전략 노사관계 각종 사업계획의 수립 및 추진 등 경영 내부의 비효율성에서 발생되는 경영관리 위험 셋째, 영업활동과는 별개의 자금조달 및 운용활동에서 초래되는 재무 관련 위험 등의 세 가지로 나누어 볼 수 있다.

이러한 대내외적 실패 및 위험요인들은 사업 타당성 분석을 통하여 사전에 예방·보완 또는 제거될 수 있는 요소들을 많이 가지고 있으며, 체계적인 타당성 검토를 통해서도 대응할 수 없는 사건이 발생하여 사업성패에 중대한 영향을 미친다면 초기에 사업화를 포기함으로써 개인적으로나 국가적으로 충격이 큰 손실을 미연에 방지할 수 있는 효율적인 방안이 될 수 있는 것이다.

이와 같은 관점에서 볼 때 사업 타당성 분석은 매우 중요한 작업이라고 볼 수 있으며, 참고로 그 개념과 필요성을 요약하면 다음 **표 7-1** 및 **표 7-2**와 같다.

▌표 7-1 사업 타당성 분석의 개념

사업 타당성 분석은 사업 추진주체가 수행하고자 하는 사업(경영)활동의 타당성 여부(목표이익의 달성 여부)를 사업추진 이전에 조사, 분석, 검토하여 경영의사 결정에 필요한 기초자료를 도출하는 활동을 말한다.

-전략적 의사 결정을 함에 있어서-

'타당성'이란 분석자가 분석대상에 대하여 가치 있는 요소들을 빠짐없이 검토·측정(measure)하여 보았느냐의 문제이고 '신뢰성'이란 어느 누가(사람, 기관 등의 분석자) 검토·측정(measure) 하더라도 그 결괏값이 비슷하거나 똑같거나의 문제이다.

표 7-2 사업 타당성 분석의 필요성

※**사업의 성공 여부는** 기업(사업 주체) 자체는 물론 기업과 관련된 다양한 이해관계자들에게
  상당한 영향을 미치게 되므로 다음과 같은 측면에서 그 타당성이 요청된다.
  (기업=경제적,사회적 기관)
  ① 기업의 설계 역할(사업 요소 및 요건의 최적 결합유도)
  ② 구상하고 있는 사업의 형성요소를 파악케함
  ③ 체계적 분석을 통한 경영 능력의 향상
  ④ 사전(事前)분석에 의한 경영 의사결정의 정확성 제고
  ⑤ 사업우선순위의 결정을 지원
  ⑥ 장기 전략적 사업계획수립의 토대가 됨 등
※**사업 타당성 분석에 대한 반론**
  ① 무용론(無用論)
  ② 시간(時間) 부족
  ③ 보상(補償) 부족
  ④ 기법무지(技法無知) 등
※ **공익적 측면에서의 필요성**
  ① 경제성 없는 투자의 억제 및 부실기업의 사전 예방
  ② 사업구상은 좋으나 내용이 미비한 계획의 보완, 지도
  ③ 적격성 있는 사업에 대한 적극적 지원
  ④ 금융 세제지원 등 정책상의 보완방향 제시 등

🔳 1-2. 사업 타당성 분석 체계

앞에서 간략히 언급한 바와 같이 사업 타당성 분석 체계는 전략적 측면의
타당성, 사업화 측면의 타당성, 경제적 측면의 타당성 세 가지 체계로 대별하
여 살펴볼 수 있으며, 이에 추가하여 특별히 사업화 계획수립과 연계된 측면
에서 상호 보완적인 방식으로 관계를 가져야 한다.

이들 각각에 대한 세부적인 내용은 이후 관련 부분에서 좀 더 살펴보기로
하고, 여기에서는 우선 전체적인 개념 정립을 위한 분석의 틀(체계도)을 요약
하면 **그림 7-1**과 같다.

그림 7-1 사업 타당성 분석 체계

전략적 타당성 측면

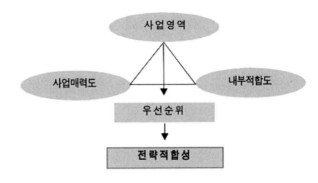

사업화 타당성 측면

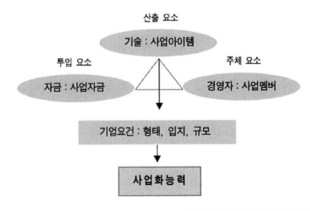

그림 7-1 사업 타당성 분석 체계

경제적 타당성 측면

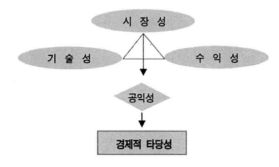

사업화계획 수립과의 연계측면

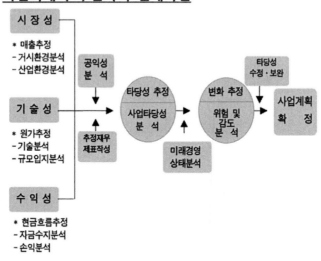

📦 1-3. 사업 타당성 분석 절차 및 유의사항

가. 사업 타당성 분석 절차

사업 타당성 분석은 해당 아이템이나 사업화 계획 및 사업 주체의 전략적 특성에 따라 그 절차와 내용이 달라질 수 있기 때문에 특별히 정형화된 표준이 있는 것은 아니다. 그러나 일반적으로 예비 타당성 검토와 본(상세) 타당성 분석으로 대별하여 다루어지고 있다.

예비 타당성 검토는 사업 아이템을 사업화하는 과정에서 해결하기 어려운 중대한 결격사유가 있는지 없는지를 살피는 동시에 경제성을 포함한 개략적인 타당성을 검토하여 본 타당성 분석으로 진행할 것인지의 여부를 판단하는 과정을 말한다.

본(상세) 타당성 분석은 예비 타당성 검토를 통과한 아이템을 대상으로 보다 합리적이고 체계적인 방식으로 전략 적합성과 사업화 가능성을 검토·분석한다. 최종적으로는 경제적 측면의 타당성을 분석하고 필요시에는 공익성까지 분석하는 절차를 말한다.

경제적 타당성 분석은 일반적으로 기업의 외적 환경요인으로서의 시장성과 시장성에 대응할 수 있는 내적 요인으로서의 기술성 측면의 타당성 분석 및 이 두 가지를 분석하는 과정에서 나타나는 종합적인 수익성을 검토·분석하는 절차를 따르고 있다. 이를 도시하면 **그림 7-2**와 같다.

그림 7-2 사업 타당성 분석 절차 -예시-

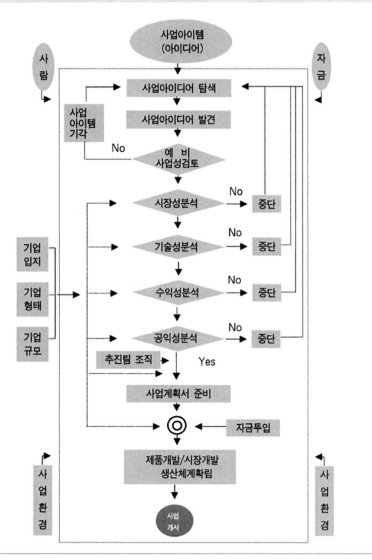

나. 사업 타당성 분석 시 유의사항

사업 타당성을 분석할 때 고려해야 할 유의사항은 아이템과 사업화 계획의 특성 및 타당성 분석결과를 활용하려는 이해관계자의 목적 등에 따라 각각 달라질 수 있다. 또한 사업 타당성을 분석하는 담당자 또는 평가자(사업주, 사업 추진주체, 외부 전문가, 정부기관 등등)가 누구인가에 따라서도 많이 달라진다.

따라서 유의사항에 대한 보다 구체적이고 세부적인 내용은 관련 전문서적을 참고하기 바라며, 여기에서는 일반적인 관점에서 유의해야 할 내용을 요약하면 표 7-3과 같다.

▌표 7-3 사업 타당성 분석 시 유의사항

① 보수적 관점
  - 제1종 위험(사실을 기각) 부담, 제2종 위험(거짓을 수용) 감소
  - Efficiency & Effectiveness
② 중요성 기준
  - Cost & Benefit 고려
③ 논리적 일관성
  - 논리전개, 계산근거
④ 객관성 유지
  - 균형적 태도(Unbiased Attitude)
⑤ 불변가격 기준
  - 판매가격, 매입단가 등

• 타당성 분석 과정에서 분석 및 평가자로서의 신의성실 및 주의 의무의 이행 여부(?)
• 전문적인 지식과 실무경험 보유 여부(?)
• 분석자의 직무수행상의 독립성 여부

02 | 전략 적합성 분석

🔷 2-1. 전략 경영의 중요성

전략 경영의 중요성에 대한 언급은 아무리 강조해도 지나치지 않다. 따라서 사업 타당성 분석의 전제나 기초 또한 전체적인 전략 경영의 체제 내에서 이루어져야 한다. 전략의 개념과 기업전략 및 사업전략의 중요성은 본서 제1장의 해당 부분을 참고하기 바라며, 여기에서는 전략의 목적이라고 할 수 있는 기업생존의 조건과 경영환경의 변화 측면에서 간략하게 살펴보고자 한다.

기업 또는 사업이 급변하는 환경변화 속에서 살아남기 위해서는 기본적으로 환경의 변화와 생존의 조건에 대한 이해가 필요하다. 즉 사업 아이템(개별 재화 또는 서비스)의 가치는 그 가격보다 커야 하며 사업 아이템의 가격은 그 원가보다 커야만 생존이 가능하다는 것이다. 이는 곧 고객의 효용을 만족시키기 위한 기업(사업 주체)의 능력이 사업 타당성 분석에 있어서 우선적으로 고려되고 검토되어야 함을 의미한다.

고객의 효용 창출과 기업의 능력 향상을 위한 효과성과 효율성에 중대한 영향을 미치는 요소인 환경변화에 대응하여 선택과 집중을 조화시키는 전략이 사업 성공의 첩경이 됨은 두말할 필요가 없을 것이다. 경영 외부환경과 내부능력에 대한 구체적인 내용은 본서 제5장 및 제6장을 참조하기 바라며 여기에서는 전략 경영에 대한 개념적 틀과 전략 수립 체계를 요약하여 제시하고자 한다(**그림 7-3** 및 **그림 7-4** 참조).

그림 7-3 전략경영의 개념적 틀(중요성)

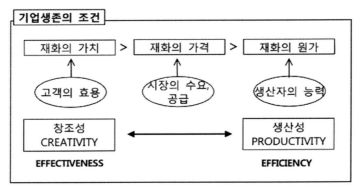

기업생존의 조건

재화의 가치 > 재화의 가격 > 재화의 원가

고객의 효용 / 시장의 수요, 공급 / 생산자의 능력

창조성 CREATIVITY ↔ 생산성 PRODUCTIVITY

EFFECTIVENESS · EFFICIENCY

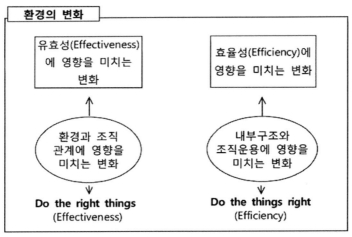

환경의 변화

유효성(Effectiveness)에 영향을 미치는 변화 / 효율성(Efficiency)에 영향을 미치는 변화

환경과 조직 관계에 영향을 미치는 변화 / 내부구조와 조직운용에 영향을 미치는 변화

Do the right things (Effectiveness) · Do the things right (Efficiency)

그림 7-4 전략경영의 기본전략 수립체계

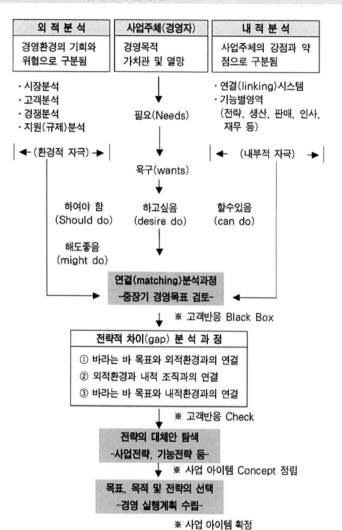

💎 2-2. 전략 적합성 분석 기법

전략 적합성 측면에서 아이템의 타당성을 평가·분석하는 기법으로는 여러 가지 모델이 개발·활용되고 있다. 그러나 사업 타당성을 단순히 개별 아이템 수준에서만 검토·분석하게 되면 사업 주체의 기업 수준 또는 사업 수준에서의 종합적인 효과 및 효율을 저해하는 결과를 초래할 수도 있다. 소위 전투에서는 승리했으나 전쟁에서는 패배했다는 비유를 들어 강조하는 개념이 바로 전략 적합성 측면의 관점이다.

전략 적합성을 분석하는 방법은 기존의 '경영의사 결정'과 관련된 여러 가지 모델이 모두 활용될 수 있으나 여기에서는 다음과 같은 몇 가지 대표적모델에 대하여 살펴보고자 한다.

가. SRI 기법

1) 모델의 개요

이 모델은 스텐포드 종합 연구소(SRI: Stanford Research Institute)에서 미래 유망산업(차세대 성장산업 및 제품)을 선정하기 위한 목적에서 개발되었다(**그림 7-5** 참조).

주지하다시피 산업(Industry)은 유사한 제품을 생산·판매하는 기업들의 집합으로 정의되고 있으며, 시장 측면에서는 유사한 욕구(needs)를 갖고 있는 고객들의 집단으로 설명될 수도 있다.

그림 7-5 SRI 모델 -유망산업 도출 프로세스-

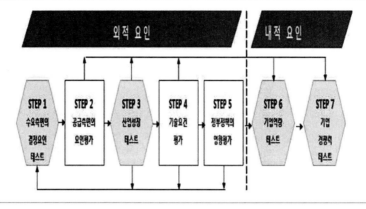

2) 분석·평가 요소 및 항목

이 모델은 유망산업 및 제품을 도출하기 위한 방법으로 평가분석의 요소를 기업의 외부적 요인과 내부적 요인으로 구분하여 분석·평가하고 있다. 외부요인은 해당 산업의 매력도 분석에 활용되고, 내부요인은 외부요인 분석을 통과한 사업 아이템을 대상으로 해당 사업 추진주체(기업 등)에 적합한 아이템인지 여부를 평가하기 위해 활용된다.

이들의 분석 항목을 요약하면 다음과 같다.

가) 산업매력도 분석요소 및 항목

SRI에서 외적 요인으로 구분되고 있는 분석·평가 항목들은 모두 산업의 매력도와 관련 있는 항목이라고 할 수 있다. 시장매력도를 결정하는 수요와 공급 측면의 요인, 거시환경 측면의 고려 요인인 산업전망과 정책부문, 유망성의 주요 속성이라고 할 수 있는 기술요건 등을 평가대상으로 다루고 있기 때문이다. 따라서 이들과 관련된 항목들은 사업 아이템이 속한 산업의 매력도 분석에 요긴하게 활용할 수 있는 것들이다. 이를 요약하면 **표 7-4**와 같다.

표 7-4 SRI -산업매력도 분석 항목-

평가 요소	평가 항목	※ 기타 참고사항
수요측면의 결정요인	시장규모	국내외 시장
	고객 가치	제품, 건강, 효율성, 학습/교육
	고객 Life style	편리성, 속도, 옵션, 자극, 레져
	대상 소비계층	고령층, 중년층 등 인구통계적 요소 등
공급측면의 요건 평가	진입장벽	규제, 기술
	천연자원 요건	생산지 특성
	마케팅 요건	유통(on-line, off-line)
	자본투자 요건	적정규모
	노동·기술 니즈	노동력 수준과 확보가능성
	판매 후 서비스	주요내용 및 전망 등
산업전망 테스트	추세분석	매출액 및 수익성장율, 자산 이익률
	전망	가격 추세, 대체품 전망
	Life Cycle 단계	단계별 검토 필요 등
기술요건 평가	기술확보 가능성	원천기술 보유자
	기술확보 능력	R&D능력, 라이센스, 기술합작
	기술 취득비용	기술수준 제고비용
	지적재산권	보호 평가 전략
	기술변화 속도	대응수준, 소요비용 등
정책영향 평가	무역정책 영향	전세계, 지역, 국가
	인센티브 및 세제	보조금, 세제지원
	규제평가	생산 및 수출관련 규제(국내,해외)
	독점금지 정책	주요내용 및 전망
	환경관련 규제	주요내용 및 전망 등

나) 기업적합도 분석요소 및 항목

SRI에서 기업적합도(내적 요인)의 평가분석 항목들은 기업 역량과 기업 경쟁력 부분으로 구성되어 있다. 이들과 관련된 항목들은 사업 아이템 및 사업 추진 주체와의 적합성 분석에 요긴하게 활용할 수 있는 것들이다. 이를 요약하면 표 7-5와 같다.

표 7-5 SRI -기업 적합도 분석 항목 -

평가 요소	평가 항목	※ 기타 참고사항
기업역량 테스트	핵심 역량	특히 산업 및 제품니즈 대응력
	시너지 효과	기존 제품과의 시너지 창출기회
	새로운 수요창출	제품에 대한 새로운 수요 창출기회
	현금흐름 예측	손익분기점, 투자수익률
	시장진입 필요자원	노동, 기계설비, R&D예산 등
기업경쟁력 평가	기술/혁신	-사업 아이템이 속한 산업에서 경쟁력이 높은 선도기업 및 경쟁기업과의 비교를 통하여 분석 평가 -밴치마킹 등
	원가	
	경영관리	
	기술숙련도/생산성	
	재정자원	
	마케팅 능력	
	협력시스템 구축	

3) 분석 및 평가 방법

SRI에서 사업 아이템의 타당성 분석 및 평가 방법은 우선 외적 요인의 경우 해당단계(step)의 요건을 만족시킨 경우에 한하여 다음 단계로 진행되는 방식으로 이루어지고 그다음에 내적 요인을 평가한다.

각 단계별 세부 평가 요인들에 대한 평가(3점 척도: 1점~3점) 점수를 합산하여 전체 평가 점수를 산출하게 되는데, 이때 평가 대상 요인들에 대한 구체적인 평가 범주(scope) 및 평가 수준(level)을 결정하는 문제는 산업의 특성 및 분류형태, 사업추진 주체의 특성 및 추진시점, 평가자의 상황 등에 따라 적절하게 조절하여 탄력적으로 활용할 수 있어야 한다.

나. BMO 기법

1) 모델의 개요

이 모델은 펜실베니아대학 와튼스쿨(Wharton School)의 메리필드(B. Merrifield) 교수에 의하여 연구개발(R&D) 프로젝트 과제(Thema) 선정을 위해 처음 개발되었으며, 일본의 '오오에(大江: Ohe) 연구소'에서 신규사업 및 기존사업 평가, 유망기술 아이템 선정 및 기술경영을 통한 생존방안 분석 등을 위한 검토기법으로 수정·보완하였다.

그 이후 미국 상무성, 기업, 학교(Businness School) 등 여러 곳에서 사업 매력도와 기업 적합도를 계량화·단순화하여 객관성을 높임으로써 BMO Process로 널리 알려지게 되었다. BMO 모델의 평가 요소 및 의사결정 체계를 요약하면 **표 7-6** 및 **그림 7-6**과 같다.

표 7-6 BMO 모델 -타당성 평가 요소-

사업 타당성 = 사업매력도+자사적합도					
사업매력도			자사적합도		
No	평가 요소	평 가	No	평가 요소	평 가
1	매출 및 이익 가능성		1	자금 능력	
2	성장 가능성		2	마케팅 능력	
3	경쟁상황		3	제조 및 운영 능력	
4	응용 분야, 용도 확대		4	고객서비스 개발 능력	
5	업계 리더십		5	원료/부품/정보 능력	
6	특별한 사회적 상황		6	경영 지원	
합 계			합 계		

그림 7-6 BMO 모델 -의사결정 체계-

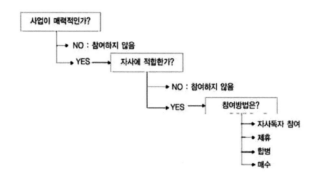

2) 분석·평가 요소 및 항목

BMO 기법은 개별 사업 아이템이 매력 있는 아이템인지 아닌지를 평가하고, 그다음으로 사업 주체가 그 사업에 참여하려고 할 때 적합한 능력을 보유하고 있는지 아닌지를 검토하는 기법으로, 사업매력도와 자사적합도로 구분하여 분석·평가하고 있다. 사업매력도는 해당 아이템이 충분한 매출과 이익 성장가능성 등을 기대할 수 있는 매력을 가지고 있는지 분석하는 데 활용되고, 자사적합도는 SRI 기법과 유사하게 매력도 분석을 통과한 사업 아이템을 대상으로 해당 사업 주체(기업 등)에 적합한 아이템인지의 여부를 평가하기 위해 활용된다.

이들의 분석·평가 항목을 요약하면 다음과 같다.

가) 사업매력도 분석 항목

BMO 기법은 SRI가 해당 산업을 분석 대상으로 하는 거시적 입장인 점과는 달리 개별 아이템과 기업을 대상으로 직접적으로 분석하는 미시적 접근법이라고 할 수 있다. 그렇다고 하더라도 사업매력도 분석에 있어서 거시환경은 물론 산업환경의 변화분석을 제외 내지 간과해서는 안 된다.

따라서 외부환경 요인과 관련된 항목들은 개별 아이템은 물론 아이템이 속한 산업의 유망성도 함께 분석되어야만 진정한 의미에서 사업의 매력이 있다고 할 수 있는 것이다. 이들 항목을 요약하면 **표 7-7**과 같다.

표 7-7 BMO -업계 매력도 분석 항목-

평가 요소	평가 항목	※ 기타 참고사항
매출액.이익의 가능성	추정시장 규모	사업개시 5년후
	투자수익률 ROI	사업개시 5년간 누적
성장가능성	시장성장율	5년 평균
	시장점유율	5년 평균
경쟁상황	상품의 수명	대체가능성 및 수명
	경쟁자의 대항력	선발기업과 신 진입자
	특허.상표에 의한 방어력	특허, 노하우, 지적재산권 등의 보유
응용분야, 용도확대	Market Segment	리스크 분산의 정도
	기타	
업계재편가능성 (리더십)	상품의 우수성 판매리더십	혁신 및 개량능력
	기술혁신 리더십	
특별한 사회적 상황	환경문제	경쟁 대비 우위성
	정치적 배려	
	공정거래 상의 이점	

나) 자사적합도 분석 항목

자사적합도(내부 능력)의 분석 항목들은 해당 아이템의 사업화를 위한 경쟁
능력 보유 여부와 관련되어 있다. 필요자금 대응력, 기술 및 서비스 기획력의
적정성, 판매 및 마케팅 적합성, 원재료·부품·정보 입수능력, 제조 및 운영능
력, 경영지원 등의 6가지 지표가 이용되며, 분석 항목별 주요 내용을 요약하
면 표 7-8과 같다.

표 7-8 BMO -자사 적합도 분석 항목-

평가 요소	평가 항목	※ 기타 참고사항
자금 능력	투자자본 소요량	필요자금 규모와 대응 여부
	조달능력	
마케팅 능력	판매체계 구축	기존 마케팅력과의 적합성
	채널확보 노하우	
	시장획득 가능성	
제조 및 응용 능력	전용가능설비	기존 설비, 인력, 기술력과의 적합성
	인력(운영 노하우)	
	생산관리능력	
고객서비스 개발 능력	보유기술 및 서비스 기획력	기술 및 서비스 기획력 적합성
	사업수행 경험	
원료/부품/정보 수집 능력	원료부품획득	원재료, 부품, 상품정보 수집력
	정보망 확립	
경영 지원	지원의 충분성	최고경영자의 참여도 등
	강력한 추진자	
	인재확보	

3) 분석 및 평가 방법

BMO 기법에서 사업 아이템의 타당성 분석 및 평가 방법은 각 평가 요소별 10점 만점으로 사업매력도(60점)와 자사적합도(60점)를 합산하여 전체 평가점수를 산출하게 되는데, 이때 평가 대상 항목들에 대한 구체적인 평가 수준(level) 가중치, 배점 등을 결정하는 문제는 SRI 기법 활용 시와 마찬가지로 아이템 및 사업 추진 주체의 특성, 사업 추진 시점, 평가자의 상황 등에 따라 적절하게 조절하여 탄력적으로 활용할 수 있어야 한다.

참고로 BMO 평가 결과 사업에 대한 참여전략 결정에 대한 일반적인 기준을 살펴보면 **그림 7-7**과 같고 BMO 기법을 실무에 활용한 사례 일부를 제시하면 **표 7-9**와 같다.

그림 7-7 BMO -참여전략 결정 기준-

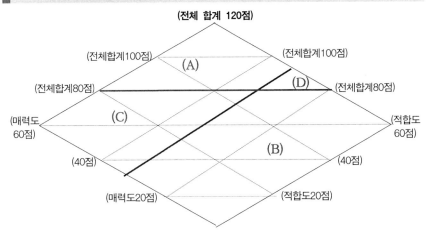

(영역 A) 사업매력도 35점 이상 전체점수 80점 이상: 참여
(영역 B) 사업매력도 35점 미만 전체점수 80점 미만: 기각
(영역 C) 사업매력도 35점 이상 전체점수 80점 미만: 재검토(조건부 참여)
(영역 D) 사업매력도 35점 미만 전체점수 80점 이상: 재검토(조건부 참여)

표 7-9 BMO-업계 매력도 분석 항목(활용사례)

평가 요소 및 항목		평가 기준
시장 규모 [10점]	사업 참여 5년 후의 시장규모(추정) [5점]	- 1천억 원 이상: 5점, - 1천 억 원 미만~500억 원: 4점 - 500억 원 미만~100억 원: 3점 - 100억 원 미만~10억 원: 2점 - 10억 원 미만: 1점
	투자효율 ROI [5점]	- 20% 이상: 5점 - 15~17%: 4점 - 10~14%: 3점 - 5~7점: 2점 - 1~4점: 1점
성장성 [10점]	시장 성장 가능성 [10점]	사업 참여 후 5년간의 연 평균 성장률(%) - 20% 이상: 10점 - 14% 이상: 7점 - 10% 이상: 5점
경쟁력 [10점]	선발회사와 예상 참여회사의 대응력 [4점]	- 선발기업 석권: 0점 - 강한 편: 1점 - 중간: 2점 - 약한 편: 3점 - 선발기업 없고 예상 진입자 없음: 4점
	상품/서비스수명 [3점]	- 상품 대체가능성 높음: 0점 - 5년 이상: 3점
	특허, 상표방어 가능여부 [3점]	- 강력한 특 허보유: 3점 - 비교적 높은 편: 2점 - 비교적 낮은 편: 1점 - 특허, 노하우, 지적재산권 없음: 0점
리스크분산 [10점]	시장세분화에 따른 리스크 분산 [10점]	- 마케팅(세그먼트): 5종류 이상:10점 - 1종류: 0점 - 2종류: 3점 - 3종류: 6점 - 4종류: 7점 - 5종류: 10점
업계재구축 [10점]	업계에 미치는 임펙트 [10점]	- 업계 재편유발 가능: 10점 - 제품 /판매형태 혁신을 초래할 가능성: 5점 - 상품의 단순개량: 2점
사회적 우위성 [10점]	정치적, 공정거래 사회 환경상의 문제 [10점]	- 정치적, 사회정치 우대사항이 있는 경우: 10점 - 특별한 우대 및 마찰사항 없음: 5점 - 수출입 마찰, 환경오염 등 마찰 있음: 2점
자금력 [10점]	필요자금 규모와 대응가부 [10점]	- 막대한 자금이 필요하지만 자체적으로 대응 가 능: 10점 - 누구에게나 조달 가능한 규모: 5점

표 7-9 BMO-업계 매력도 분석 항목(활용사례)

평가 요소 및 항목		평가 기준
마케팅력 [10점]		- 자체적으로 자금조달이 어려운 경우 감점
	기존 마케팅력과의 적합성 [10점]	- 판로와 유통망을 만드는 노하우를 얼마나 보유하고 있는가의 여부에 따라 0점~10점까지 부여
제조력 [10점]	설비, 인력, 기술력과의 적합성 [10점]	- 기존 설비, 인력, 기술력을 사용하는 경우 높게 평가 - 저: 0~3점, 중: 4~6점, 고: 7~10점
기술력 [10점]	기술 및 서비스 기획력 적합성 [10점]	- 고객에게 새로운 서비스를 기획할 수 있다면 높이 평가함 - 제품개선, 개발능력 보유, 신시장 대응 기술력
원자재확보력 [10점]	원재료, 부품, 상품정보 수집력 [10점]	- 저렴하고 안전하게 우수한 부품 및 원재료 입수 가능 여부와 외부환경 요인에 민감하게 영향을 받는지의 여부에 따라 0점~10점까지 부여
매니지먼트 지원 [10점]	최고경영자의 참여도 [5점]	- 장기적인 비전과의 적합성, 인력 및 자금 지원 - 최고경영층의 사업대한 자신감 보유
	강력한 사업추진자 유무 [5점]	- 강력한 사업 추진자 유무

다. AHP 기법

1) 모델의 개요

일반적으로 '계층적 분석과정' 또는 '계층분석기법'으로 알려져 있는 AHP (Analytic Hierarchy Process)는 합리적 의사결정 방법론의 하나로 토마스 사티 (Thomas L. Saaty)에 의해 개발되었다.

이 기법의 특징은 의사결정자가 복잡한 의사결정 문제를 해결하고자 할 때 첫째, 의사결정자의 목적을 명확히 하고 둘째, 의사결정 문제와 관련이 있는 여러 가지 요소들을 계층적으로 구성하며 셋째, 의사결정에 참여하는 이해관계자들로 하여금 이 요소들을 둘씩 짝지어 비교하는 절차를 통하여 정성적인 요인과 정량적인 요인을 함께 고려하면서 최적의 대안을 선택하게 한다는 것이다.

여기서 문제의 계층적 구성이라 함은 하나의 문제를 더 작은 구성요소로 분해하고 그 각각의 구성요소들을 다시 더 작은 요소로 세분하는 것(문제의 계층 예시: ①목적: objective ②평가기준: criteria ③하부 평가기준: sub-criteria 등으로 세분화 함)을 말하며, 둘씩 짝지어 비교하는 것은 쌍대비교법(pair comparison)을 의미한다.

2) 분석·평가 요소 및 항목

AHP 기법을 활용한 사업 타당성 분석(다기준 의사결정 문제의 해결)에 있어서 가장 중요한 것은 아이템의 사업적 타당성이라고 하는 목적을 만족시키기 위한 세부적인 구성요소(평가 속성요인)를 파악하는 계층분석 구조 모델을 구축(문제의 구조화)하는 문제이다.

AHP 기법을 적용할 때 각각의 계층 내에서 정성적 요인의 개수는 제약이 없지만 응답(면접 또는 설문조사) 및 자료처리상의 문제를 고려하여 평가대상이 되는 구성요소의 항목(평가 속성요인)을 도출해야 한다. 참고로 필자가 실제 컨설팅 프로젝트에서 활용한 가장 단순한 형태의 분석 항목을 예시하면 **그림 7-8** 및 **그림 7-9**와 같다.

그림 7-8 AHP -개념적 계층구조-

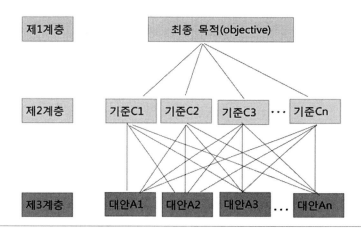

제1계층	최종 목적(objective)
제2계층	기준C1 기준C2 기준C3 ··· 기준Cn
제3계층	대안A1 대안A2 대안A3 ··· 대안An

그림 7-9 AHP -계층분석 구조화 예시-

의사결정목표	사업타당성 검토								
제1계층	경제성 분석		정책적 분석						
제2계층	※ 종합경제성 분석 (1)시장성 - 매출가능규모추정 (2)기술성 -시설규모, 원가추정 (3)수익성 -수지, 현금흐름추정 등 ▶ 향후 관련 자료 입수, 취합 후 별도 분석 필요함.		(A) 회사 발전에 미치는 효과		(B) 해당사업의 지속성		(C) 경영진의 사업추진의지		(D) 특수 평가 항목
제3계층			매출 파급 효과	손실 감소 효과	재원조달 가능성	사업환경변화의 관리가능성	회사 경영전략계획과의 일치성	관련조직의 정비 및 제도의 개선	해당 사업의 선점 효과
평가대안	"사업 시행" OR "사업 미 시행"								

3) 분석 및 평가 방법

AHP 기법의 분석절차에 대하여 간략히 살펴보면 다음과 같다.

① 개념화: 개념화는 분석 평가의 대상에 대한 개념적 틀(conceptual frame)을 구상하는 단계이다. 이 단계에서 고려해야 할 항목은 목적(objective), 목표(goal), 평가 요소, 고려대안, 제약요건, 평가자, 이해관계자 등이다.

② 계층구조의 모델링(문제 구조화): 구조화는 해결하고자 하는 의사결정 문제의 평가 속성 요인들을 동질적인 집합으로 군집화하고 이 집합을 상이한 계층에 배열하는 절차를 의미한다. 사업 타당성 분석의 경우, 의사결정의 목적은 당연히 아이템의 사업적 타당성이 될 것이다. 제1계층은 타당성을 검토하기 위한 전략 적합성 또는 경제성 등이고 제2계층은 경제성 전략 적합성 등을 평가하기 위한 평가기준을 설정하는 것이며 제3계층은 평가기준 선정을 위한 하부 평가기준(sub-criteria) 제4계층은 평가대안(alternative)으로 구성된다.

③ 가중치 부여: 가중치(weighting)는 평가항목 간 상대적 중요도 또는 선호도를 나타내는 쌍대비교를 통하여 도출된다. 쌍대비교는 평가자의 상대적인 정성적 판단을 적정한 수치로 나타내는 절차이며 AHP에서는 상대적 평가를 위한 평가척도로 9점 척도를 기본으로 하고 있다.

④ 평점 부여: 평점(measurement)은 각 평가 요소를 기준으로 문제해결 대안(alternative)에 대해 점수를 부여하는 과정이다. 대안별 종합평점은 평가 요소별 평가점수에 그 평가 요소의 가중치를 곱하여 산출한 값의 합계 점수다.

이상과 같은 절차를 거쳐 도출된 최종평점은 1.0을 만점으로 하게 되며, 최종평점이 0.45점 이하인 경우에는 대안기각, 최종평점이 0.45점~0.54점인 경우에는 재검토, 최종평점이 0.55점 이상인 경우에는 대안채택의 의사결정을 하는 것이 일반적이다.

참고로 AHP 기법을 실무에 활용한 사례 일부를 제시하면 **표 7-10**과 같다.

표 7-10 AHP -계층분석 실무활용 사례 예시-

AHP((Analytic Hierarchy process) 평가를 위한 설문항목(가중치 산정)

I. 제1계층의 상대적 중요도 평가 ; 본 사업을 평가하는데 있어 "경제성 분석" 과 "정책적 분석"사이의 상대적 중요도가 어느 정도라고 생각하십니까? (100점 만점으로 응답하여 주십시오)

Ⅰ-1. 아래 <표1>의 가중치 산정범위 내에서 응답하여 주십시오.
"경제성 분석" : "정책적 분석" = (   ) : (   )

<표1>가중치 산정범위	(단위; %)
경제성 분석	정책적 분석
50~60	40~50

Ⅰ-2 가중치 범위를 고려하지 않을 경우에는 어떻게 생각하십니까?
"경제성 분석" : "정책적 분석" = (   ) : (   )

Ⅱ. 제2계층의 상대적 중요도 평가 ; 정책적 분석을 기준으로 다음과 같이 평가하여 주십시오.

의사결정기준	평가항목 간 비교		점수
중요도 (가중치)	(A) 회사발전에 미치는 효과	(B) 해당사업의 지속성	
		(C) 경영진의 사업 추진의지	
		(D) 특수 평가항목	
	(B) 해당사업의 지속성	(C) 경영진의 사업 추진의지	
		(D) 특수 평가항목	
	(C) 경영진의 사업추진의지	(D) 특수 평가항목	

평가척도	점수
지표A가 지표B보다 극히 중요함	5
지표A가 지표B보다 매우 중요함	4
지표A가 지표B보다 상당히 중요함	3
지표A가 지표B보다 조금 중요함	2
지표A와 지표B가 동일함	1
지표A가 지표B보다 조금 덜 중요함	1/2
지표A가 지표B보다 상당히 덜 중요함	1/3
지표A가 지표B보다 매우 덜 중요함	1/4
지표A가 지표B보다 극히 덜 중요함	1/5

표 7-10 AHP -계층분석 실무활용 사례 예시-

Ⅲ. 제3계층의 상대적 중요도 평가 ; 정책적 분석의 제2계층 요인에 대하여 다음과 같이
평가하여 주십시오.

Ⅲ-1. 제3계층의 상대적 중요도 평가 ; <회사발전에 미치는 효과>

의사결정기준	평가항목 간 비교		점수
중요도 (가중치)	(A)-1. 매출파급효과	(A)-2. 손실감소 효과	

Ⅲ-2. 제3계층의 상대적 중요도 평가 ; <사업의 지속 가능성>

의사결정기준	평가항목 간 비교		점수
중요도 (가중치)	(B)-1. 재원조달 가능성	(B)-2. 사업환경변화의 관리 가능성	

Ⅲ-3. 제3계층의 상대적 중요도 평가 ; <경영진의 사업추진 의지>

의사결정기준	평가항목 간 비교		점수
중요도 (가중치)	(C)-1. 회사 경영전략(계획)과의 일치성	(C)-2. 관련조직의 정비 및 제도의 개선	

평가척도	점수
지표A가 지표B보다 극히 중요함	5
지표A가 지표B보다 매우 중요함	4
지표A가 지표B보다 상당히 중요함	3
지표A가 지표B보다 조금 중요함	2
지표A와 지표B가 동일함	1
지표A가 지표B보다 조금 덜 중요함	1/2
지표A가 지표B보다 상당히 덜 중요함	1/3
지표A가 지표B보다 매우 덜 중요함	1/4
지표A가 지표B보다 극히 덜 중요함	1/5

AHP(Analytic Hierarchy process) 평가를 위한 설문(응답 부여)

Ⅳ. 각 평가항목을 기준으로 사업을 시행하는 대안(사업시행)과 시행하지 않는 대안(사업미시행) 중, 어느 대안이
상대적으로 더 적절하다고 생각출 요인에 대하여 다음과 같이 평가하여 주십시오.

표 7-10 AHP -계층분석 실무활용 사례 예시-

평가항목	대안간 비교		점수
경제성 분석	사업 시행	사업 미 시행	
(A)-1. 매출파급효과	사업 시행	사업 미 시행	
(A)-2. 손실감소효과	사업 시행	사업 미 시행	
(B)-1. 재원조달 가능성	사업 시행	사업 미 시행	
(B)-2. 사업환경변화의 관리가능성	사업 시행	사업 미 시행	
(C)-1. 회사 경영전략(계획)과의 일치성	사업 시행	사업 미 시행	
(C)-2. 관련조직의 정비 및 제도의 개선	사업 시행	사업 미 시행	
(D)-1. 해당 사업의 선정효과	사업 시행	사업 미 시행	

평가척도	점수
지표A가 지표B보다 극히 중요함	5
지표A가 지표B보다 매우 중요함	4
지표A가 지표B보다 상당히 중요함	3
지표A가 지표B보다 조금 중요함	2
지표A와 지표B가 동일함	1
지표A가 지표B보다 조금 덜 중요함	1/2
지표A가 지표B보다 상당히 덜 중요함	1/3
지표A가 지표B보다 매우 덜 중요함	1/4
지표A가 지표B보다 극히 덜 중요함	1/5

V. 본 사업을 평가함에 있어, 정책적 분석의 관점에서 "사업시행"대안이 "사업미시행"대안보다 얼마나 더 적절하다고 생각하십니까? (100점 만점으로 응답하여 주십시오. 예시; 55 : 45)

사업 시행	사업 미 시행	( ) : ( )

2-3. 전략 적합성 분석 항목 참고자료

사업 아이템의 전략 적합성 측면의 타당성 분석은 이상에서 살펴본 대표적인 몇 가지 분석기법들의 주요 내용들을 종합적으로 고려하여 현실 상황에 맞게 응용하면 큰 무리가 없을 것으로 생각된다.

참고로 이를 실무에 적용하고자 할 경우, 유용하게 활용할 수 있는 분석 항목을 사업매력도 분석과 내부적합도 분석으로 대별하여 제시하면 **표 7-11** 및 **표 7-12**와 같다.

표 7-11 사업 매력도 분석 항목 -참고자료-

평가 요소	평 가 항 목	참 고 자 료
시장 특성 및 규모	국내시장 규모	아이템별 국내시장 규모 비교표
	해외시장 규모	아이템별 해외시장 비교표
	주요 구매자 특성	구매자의 기호 변화추이 및 변화강도
성장성	Product Life Cycle	아이템별 PLC Chart
	매출액 증가	아이템별 매출액증가율(예측 data 중심) 도표
수익성	국내·외 가격동향	아이템별 가격변동 추이
	채산성 분석	아이템별 평균 마진율 변동표
	손익분기점	아이템별 손익분기점 평균 도달시기
경쟁 강도	기존/신규참여 예상 업체 수	아이템별 기존/신규참여 예상업체 수 비교표
	대기업의 사업 참여 정도	아이템별 참여 대기업의 수와 영향력 비교표
	향후 경쟁제품의 출현가능성	아이템별 대체품유형/특성/위협강도 비교 도표
	주요 경쟁업체의 시장점유율	아이템별 산업집중도 비교 도표 작성 (아이템별 각사 시장 점유율 data 이용)
진입 장벽	정부의 인허가 제도	아이템별 인허가 제도의 유형과 지원 획득 가능성
	정부의 지원 제도	아이템별 정부 지원 제도의 유형과 지원획득 가능성
	초기투자금액 규모	아이템별 초기투자금액 비교표
	원자재 공급상의 독점성	아이템별 원자재 공급 독점성
	유통경로 특성	아이템별 유통망 독점성

평가 요소		평 가 항 목	참 고 자 료
전략적합성	비전전략 적합성	사업목적의 기업이념 일치성	아이템별 사업특성과 경영이념 관련성 도표 작성
		기업문화 풍토와의 적합성	아이템별 사업특성과 기업문화·풍토적합성 비교도표 작성
	Synergy Effect	기존사업과의 연계성	아이템별 기존 사업 연계도표
		미래추진 사업과의 연계성	아이템별 미래추진사업 연계도표
내부능력적합성	재무적 능력	초기투자금액 조달 가능성	아이템별 초기투자금액 조달능력 비교표
		BEP 도달시기까지의 자금조달 능력	아이템별 BEP도달시까지의 총소요자금 조달능력 비교도표
	기술적 능력	제품의 물리·화학적 특성 해결능력	아이템별 제품의 물리·화학적 특성과 이에 대한 해결능력 비교표
		해외·국내 선도 기업과의 기술격차	아이템별 핵심기술수준과의 기술수준 비교표
		기존 보유기술 관련도	아이템별 기존 보유기술 연계도표
		신기술/신제품 개발능력	아이템별 신기술/신제품 개발능력 비교표
	구매/ 생산능력	원자재/부품 수급 용이성	아이템별 핵심원자재/부품조달 가능성 비교표
		생산설비의 대체성 및 호환성	아이템별 기존 생산설비와의 대체 및 호환 관련 도표
		생산원가 절감능력	아이템별 생산원가절감능력 비교표
	마케팅 능력	유통경로확보 능력	아이템별 주요 유통경로 확보가능성 평가표
		브랜드이미지 차별화 능력	아이템별 브랜드이미지 차별화 능력 비교도표
		가격차별화 능력	아이템별 가격 차별화 능력 비교표
		제품차별화 능력	아이템별 제품 차별화 능력 비교표
	인적 능력	최고 경영자 및 중역의 지원	아이템별 최고 경영층의 지원, 관심 도표
		경영층, 사무직, 생산직 인원 확보가능성	아이템별 필요인력과 확보가능성 비교표

03 | 사업화 가능성 분석

3-1. 사업화 가능성 분석 개요

일련의 체계적인 평가 및 선별 절차를 거쳐 최종적으로 사업 아이템이 선정되었다고 하더라도 그 아이템을 성공적인 사업으로 추진하고 만족스러운 성과를 창출하기 위해서는 사업화 가능성에 대한 검토와 분석이 요구된다. 이를 위한 권리의무의 주체, 즉 기업을 만들고 그것을 제대로 운영할 수 있을 것인가의 여부를 검토하는 것이 사업화 가능성 분석이다. 이에 대한 기본적인 개념은 본서 제1장 및 제2장에서 언급된 바 있다.

본서 제2장 '창업과 신규사업'에서 제시된 창업의 요소와 요건은 사업을 시작하는 방법 즉 사업 개시의 방법이 새로운 기업의 창업이냐 기존 기업의 사업 확장이냐에 따라 그 준비 및 구축의 범위와 내용이 많이 달라진다. 그러나 제1차적 핵심은 역시 사업 요소와 요건의 구비 능력을 살펴서 사업화의 가능성을 판단하는 것이라고 할 수 있다. 그리고 본서 제6장 '내부능력의 유형과 내용'에서 살펴본 기능별·요소별 역량의 구축능력에 의해서도 사업화의 가능성이 많은 영향을 받게 되는 것이므로 이에 대한 검토와 분석도 함께 이루어져야 한다.

기업을 설립하고 사업을 시작하는 방법을 가장 단순하게 분류하면 다음과 같은 세 가지 방법으로 대별할 수 있다. 첫째, 새로운 기업을 순전히 독자적으로 설립하는 창업 둘째, 이미 설립되어 있는 타 기업을 인수하는 방법 셋째, 앞의 첫째와 둘째 방법의 중간 형태인 합작투자(joint venture) 방법이 그것이다.

아이템을 사업화하기 위해서는 사업 주체의 상황과 능력에 맞추어 앞의 세 가지 방법 중 가장 적합한 사업화 방식을 선택해야 한다. 참고로 사업화 방법과 그 장단점을 요약하면 **표 7-13**과 같다.

표 7-13 사업화 방법 및 장·단점 -예시-

	의의	장점	단점
신규창업 (start-up)	- 사업 주체의 직접투자에 의해 신규기업 창설 - 경영활동의 직접 통제	- 독자적 경영전략의 수립 및 실행 - 제품이나 기술에 대한 강력한 통재 가능 - 창의적 동기부여와 경쟁적 시장선택 가능	- 예측의 불확실성으로 인한 투자 및 운영위험 증가 - 인력 입지 설비 등 요소 및 요건구비에 장기간 소요 - 경영의사결정 및 실행에 대한 책임 부담가중
합작투자 (joint-venture)	- 특정 사업목적을 달성하기 위한 2인 이상의 공동 사업체 - 투자 및 경영관리 활동의 상호협력	- 투자비용 절감 및 위험 회피	- 기업운영 의사결정 과정에서의 충돌 가능성
인수 (acquisition)	- 자산 또는 주식에 의해 기존 기업을 인수 - 인수방식에 따라 손익분담 형태가 상이	- 조기 빠른 시장진입이 용이 - 사업요소 및 요건이 구비되어 있음 - 사업 준비기간 단축 및 조기에 수익 발생 가능	- 목표 대상기업 탐색의 어려움 - 변화와 혁신에 대한 대응이 곤란

🔹 3-2. 요소 및 요건 분석 항목

사업화의 주체는 기업이고 기업은 제품 또는 서비스를 생산·판매하는 시스템이므로 이 시스템을 효율적으로 구축하는 것은 사업화의 핵심 전제조건이 된다.

전술한 바와 같이 사업의 요소는 크게 사업자, 사업 아이템, 사업 자금의 세 가지다. 사업 요건은 기업 입지, 기업 규모, 기업 형태의 세 가지로 대별될 수 있다. 이들의 준비 정도에 따라 사업화 가능성의 여부 및 그 방식과 효율이 달라짐은 전술한 바와 같다.

복습하는 의미에서 본서 제2장에서 이미 살펴본 요소 및 요건 관련 분석 항목을 요약하면 **표 7-14** 및 **표 7-15**와 같다.

표 7-14 사업요소 구비능력 분석 항목 -예시-

요소 구분	평가 항목	평 가			점수
		하	중	상	
사업자	1. 경영전략과 방침관리 등 　컨셉츄얼(conceptual) 역량 2. 조직혁신, 개혁, 기업풍토 등 　컬쳐럴(cultural) 역량 3. 모티베이션, 리더십 등 　휴먼(human skill) 역량 4. 관리직능, 관리능력 등 　폴리티컬(political) 역량 5. 전문기능, 기술기능 등 　테크니컬(technical) 역량 6. 기타 개인적 특성 등				
사업 자금	1. 자금의 조달(원천) 방법 　- 자기자본, 타인자본 2. 자금의 운용(투자) 방법 　- 시설자금, 운전자금 3. 종합적 재무활동(최적자본 구성) 　- 유동성(현금흐름과 지급능력) 　- 수익성(이익과 채산성) 　- 균형성(조달과 운용의 균형) 등				
사업 아이템	1. 아이템의 개발 가능성 및 기술 능력 2. 아이템의 특성 및 경쟁력 3. 생산 능력 4. 원가 추정 5. 생산 형태				
종 합					

■ 표 7-15 사업요건 구축능력 분석 항목 -예시-

요건 구분	평가 항목	평 가			점수
		하	중	상	
기업 입지	1. 경영 외적(타의적) 검토요인 - 역사적 요인 - 입지 정책적 요인 - 사회 경제적 요인 2. 경영 내적(자의적) 검토요인 - 생산 지향적 요인 - 판매 지향적 요인 - 노동 지향적 요인 - 수송 지향적 요인 - 기타 지향적 요인 등				
기업 형태	1. 개인기업 형태 2. 회사기업 형태 - 합명회사, - 합자회사 - 주식회사, - 유한회사 3. 조합기업 형태 - 민법상의 조합 - 상법상의 조합 4. 기타 형태 - 기업연합, 합동 등				
기업 규모	1. 절대적 최적규모 - 최저 평균비용을 실현시키는 규모 2. 상대적 최적규모 - 총수입을 극대화시키는 최적규모 3. 기타 - 투자수익률이 극대화되는 규모 등				
종 합					

🔷 3-3. 핵심역량 분석 항목

사업의 요소 및 요건뿐만이 아니라 사업 주체인 기업이 지속적인 경쟁우위를 가지고 생존·번영해 나아갈 수 있는 필수조건이 바로 핵심역량이다.

전술한 바와 같이 사업 주체가 지속적 경영에 필요한 핵심역량을 구축할 수 있는 능력이 있느냐 없느냐에 따라 사업화 가능성의 여부 및 그 방법이 달라짐은 두말할 필요가 없다.

복습하는 의미에서 본서 제6장에서 제시된 핵심역량 분석 항목을 살펴보면 요소별 역량과 기능별 역량으로 대별될 수 있는데, 참고로 이와 관련된 분석 항목들의 내용을 요약하면 **표 7-16** 및 **표 7-17**과 같다.

사업 아이템의 사업화 가능성 측면의 타당성 분석은 이상에서 살펴본 분석 항목들의 주요 내용들을 종합적으로 고려하여 현실 상황에 맞게 응용하면 큰 무리가 없을 것으로 생각된다.

■ 표 7-16 요소별 핵심역량 구축능력 분석 항목 -예시-

구분	평가 요소	평가 항목	평 가 하	평 가 중	평 가 상	점수
시스템 요소	계획수립	- 경영 상황분석(swot 등) - 컨셉 및 아이디어 창출 - 조직역량 구축				
	전략실행	- 핵심 기본전략 실행 - 실행목표 및 수단 방법				
	평가통제	- 재무적 및 비재무적 평가 - 행동 및 결과 통제 등				
문화적 요소	고객지향	- 고객욕구 - 고객가치 및 만족				
	경쟁자지향	- 경쟁자 전략 - 경쟁자 정보시스템				
	가치관	- 시장 지향적 - 창의성 - 혁신성 등				
자원 요소	인적자산	- 보유 인력수 - 지적 재산권				
	물적자산	- 토지 건물 - 시설 및 기계장치				

■ 표 7-16 요소별 핵심역량 구축능력 분석 항목 -예시-

구분	평가 요소	평가 항목	평가			점수
			하	중	상	
	재무자산	– 보유자금 – 자금조달 및 운용능력				
	기타	– 조직프로세스 및 투입자원 – 브랜드 및 시장정보 자원 등				
종 합						

■ 표 7-17 기능별 핵심역량 구축능력 분석 항목 -예시-

구분	평가 요소	평가 항목	평가			점수
			하	중	상	
핵심 기능	물류투입	– 주문 관리, 조달, 운송 보관				
	생산 제조	– 수량, 품질, 원가, 납기				
	물류산출	– 배송 관리, 로지스틱스				
	판매 마케팅	– 시장세분화, 목표시장, 포지셔닝, 기타				
	고객 서비스	– 서비스 패키지(시설, 보조용품 등) – 서비스 전략(전달 시스템, 위치 등)				
지원 기능	구매 획득	– 구매, 공급자 관리시스템				
	기술 개발	– 연구 개발, 공정 노하우, 기술축적				
	인적 자원	– 인적 자원 관리, 인적 자원 개발				
	기업 인프라	– 기획, 일반관리, 회계 및 재무, 법률, 경영정보 시스템 등				
종 합						

04 | 경제적 타당성 분석

🔷 4-1. 시장성 분석

가. 시장성 분석 개념

사업 아이템, 즉 제품 또는 서비스의 품질과 기능이 아무리 훌륭하다고 하더라도 시장에서 판매가 이루어지지 않는다면 그 사업은 성공할 수가 없다.

본서 제3장 시장 측면의 사업 아이템 중 '시장의 개념'에서 살펴본 바와 같이 시장은 제품 또는 서비스의 거래와 관련된 모든 요소를 포괄하는 매개 시스템이다. 거래를 구성하고 있는 요소는 거래의 주체, 대상, 장소, 시간, 형태, 욕구 등의 다양한 차원에 따라 그 발생과 조합을 달리하므로 시장의 개념도 이에 따라 지리적 시장, 속인적 시장, 심리적 시장 등 다양한 측면에서 파악될 수 있다.

시장성 분석의 개념을 가장 간단하게 정의하면 사업화하고자 하는 아이템을 어느 정도나 팔 수 있겠는가를 조사·분석하는 일이라고 할 수 있으며, 아이템 선정 및 평가 수단으로 활용될 수 있다.

그러나 좀 더 폭넓은 개념으로 보면 진입하고자 하는 시장을 발견하여 분리(시장 세분화)하고 목표시장을 이해하며 위치(포지셔닝)를 잡아서 마케팅 믹스를 개발할 수 있는 정보자료를 조사·분석하여 매출액을 추정하기 위한 활동으로 다음과 같은 사항을 포함한다.

① 환경 분석(거시 및 산업) ② 시장의 특성　　　③ 수요분석
④ 공급분석　　　　　⑤ 미래 수요분석　　　⑥ 시장점유율 추정
⑦ 매출액 추정

나. 시장성 분석 절차

시장성 분석은 분석의 목적과 범위 및 수준에 따라 그 절차 및 방법이 달라진다고 할 수 있다. 본서에서의 시장성 분석 목적은 아이템의 사업화 과정에서 경제적 타당성 평가의 일부분으로 이루어지는 경우를 말한다.

따라서 분석 절차는 우선 본서 제5장 '외부환경의 유형과 내용'에서 살펴본 바와 같이 사업 아이템 개발이라는 목표를 분명히 설정하고 거시환경 및 미시환경 분석을 실시한다.

시장성 분석의 직접적 대상이 되는 미시(산업) 환경 분석에 대하여 좀 더 구체적으로 살펴보자면 산업과 시장의 개념에 대한 이해가 필요하다. 산업은 생산자 측면에 초점을 맞춘 개념이고 시장은 소비자 측면에 초점을 맞춘 개념으로, 한 산업은 여러 개의 시장을 창출하고 한 시장 또한 여러 개의 산업으로부터 그 수요를 충족한다. 그러므로 시장성 분석에 있어서는 이 두 가지 개념의 특성에 대한 적절한 고려가 필요하다.

그다음으로는 환경 분석 결과를 종합하여 선정된 아이템을 대상으로 미래 시장을 정확하게 예측하고 수요와 공급분석 및 매출 추정을 위한 시장조사를 실시한다.

마지막으로 시장조사를 통하여 수집된 자료(2차 자료, 1차 자료) 및 정보를 처리하고 분석하여 기존 시장에 대한 특징과 미래 시장에 대한 수요예측 자료를 도출하여 종합적으로 시장성을 분석·평가하는 절차를 수행한다. 이상의 절차를 도시하면 **그림 7-10**과 같다.

그림 7-10 시장성 분석 절차

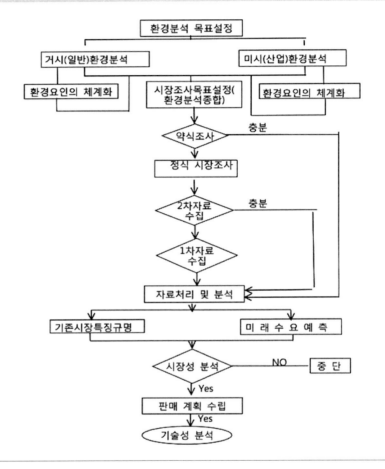

다. 시장조사

1) 시장조사의 의의

시장성 분석은 사업 아이템의 경제적 타당성 여부를 시장 측면에서 분석하는 과정이므로 검토 및 분석을 위해서는 무엇보다 먼저 시장에 관한 신속·정확한 정보자료가 필요하다. 왜냐하면 시장 및 시장변화에 대한 적절한 대응이 없다면 사업의 성공은 기대할 수 없기 때문이다. 따라서 시장조사는 시장성 분석의 기본적 토대가 된다.

시장조사에 대하여 과거에는 시장에 대한 정보자료를 정확하고 체계적으로 수집·분석·기록하는 활동으로만 인식하였다. 그 후 점차적인 인식의 전환으로 단순한 시장정보 수집의 차원을 넘어 어떠한 정보자료가 복잡한 마케팅 문제의 파악과 해결에 더 적합한가를 판단하고 거기에 필요한 정보자료를 도출하는 활동으로 발전하였고, 오늘날에는 문화적 차원으로서의 마케팅을 의미하는 '시장지향성'의 개념으로까지 발전하고 있다.

시장지향성은 고객에게 더 높은 가치를 제공하는 데 필요한 기업의 활동을 효율적·효과적으로 유발함으로써 우월한 사업성과를 지속적으로 제공해주는 기업문화로 정의된다. 이는 고객과 경쟁자 모두에게 균형된 관심을 갖는다는 개념으로 기업이 시장 지향적이거나 시장에 의해 주도된다는 것을 의미한다.

따라서 시장조사는 기업과 시장을 연결하고 마케팅 의사결정에 유용한 정보를 제공함은 물론 새로운 마케팅 전략의 개발을 지원하는 과학적 조사활동으로 그 의의가 확장된다고 할 수 있다. 참고로 의사결정 단계와 조사유형 및 조사과정을 도시하면 **그림 7-11**과 같다.

그림 7-11 의사결정 단계와 조사 유형 -예시-

프로그램 개발단계			조 사 과 정

의사결정 단계	유형
1. 마케팅 환경 변화의 탐색 2. 문제 발생 징후 파악 3. 마케팅 문제와 기회 파악 4. 대안 파악	탐험조사
5. 대안 평가 6. 대안 검증 평가	포괄조사
7. 정책효과 측정	성과조사

시장조사의 성격 및 범위 파악 →

조사 프로젝트 개발 ←

조 사 과 정

1. 조사 필요성의 인식

2. 조사 목적과 정보구조 파악

3. 자료원 파악

4. 자료 수집형태의 결정

5. 표본설계의 작성

6. 자료 수집·분석·처리

7. 조사 결과 보고

2) 시장조사의 종류

앞에서 살펴본 바와 같이 마케팅 문화 차원에서의 시장지향성 개념은 고객지향성·경쟁자지향성 및 기업 내부조직 간 협력 등의 행동요소로 마케팅 조사의 관점을 확장시키고 있다.

이와 같은 관점에서 시장조사는 전략적 경영의사 결정과 관련된 여러 분야에서 널리 활용되고 있으며 이에 따라 마케팅 측면에서도 다양하게 이용되고 있어 그 종류 또한 여러 가지로 분류되고 있다.

시장조사의 종류를 요약·정리하면 **표 7-18**과 같다.

표 7-18 시장조사의 종류 -예시-

1. 시장 현황을 파악하기 위한 시장조사
① 시장 규모는?　　　　　　② 고객은 누구? 어디에?
③ 구매 경로는?　　　　　　④ 제품 용도는?
⑤ 소비자의 경쟁제품에 대한 인식도는?

2. 제품 상품화 단계에서의 시장조사
① 고객의 동기를 유발하는 것은?
② 브랜드 이미지의 속성은? -상품 Design&개발, Package-
③ 가격 책정은?　　　　　④ 기업 이미지는?

3. 상품판매를 위한 시장조사
① 판매예측?　　② 광고예산의 책정?　　　　③ 매체 계획?
④ 시각화(Visualizing)&광고문안작성(Copywriting)?
⑤ 광고조사?　　⑥ 제품의 유통?
⑦ 판매 전개?　　⑧ 시장의 실험(Test market)?

4. 판매 시점에서의 시장조사
① 점포의 상권에 대한 파악?
② 점포 이미지
• 구매장소로서의 친화성　　• 제공받는 서비스
• 지불해야 하는 가격　　　• 상품의 질
③ 소매점 거래 촉진?
• 소매점 광고　　　　　　• 상품의 분류
④ 점포의 위치선정과 발전성?

3) 시장조사의 대상 영역

　일반적으로 시장조사의 대상 영역은 ① 외부환경 및 경제조사 ② 시장특성 ③ 시장규모 분석 ④ 경쟁제품 비교연구 ⑤ 제품 경쟁지위 ⑥ 잠재시장 규모 ⑦ 판매량 추이 ⑧ 제품 수용도 ⑨ 제품 수요예측 등을 주요한 활동영역으로 보고 있다. 그러나 좀 더 구체적으로 무엇을 조사할 것인가에 대해서는 시장성 분석에 영향을 미치는 '마케팅 시스템'에 대한 이해가 선행되어야만 가능하다.

　마케팅 시스템이 성공적으로 작동하기 위해서는 사업의 기회와 위험을 결정하는 마케팅 환경요소를 정확하게 파악하고 있어야 하며, 목표고객들이 언제, 어디서, 어떻게, 왜, 얼마의 상품을 구매하는지에 대한 정보자료 및 환경과 고객욕구 변화에 대응하여 적절한 마케팅 믹스(제품, 가격, 유통, 촉진 등 4P)를 개발할 수 있어야 한다.

시장조사의 주요 대상영역은 ① 마케팅믹스 요소별 조사 ② 고객 반응조사 ③ 상황변수인 마케팅 환경조사 ④ 마케팅 성과측정 문제 등 4가지 영역으로 대별하여 볼 수 있다. 이를 요약하면 **그림 7-12**와 같다.

그림 7-12 시장조사의 대상영역 -예시-

독 립 변 수	종 속 변 수
마 케 팅 믹 스 (통 제 가 능)	고객(소비자)행동 반응 조사 (behavioral response)
1. 제　품(Product) 2. 가　격(Price) 3. 유　통(Place) 4. 촉　진(Promotion)	1. 인　지(awareness) 2. 지　식(knowledge) 3. 호　감(liking) 4. 선　호(preference) 5. 구매의도(intent-to-buy) 6. 구　매(purchase)

상황변수

마케팅 환경변화의 조사 (통 제 불 능)
1. 수　요　상　황 2. 경　쟁　상　황 3. 법 · 정 치 적 환 경 4. 경 제 적 환 경 5. 기 술 적 환 경 6. 사회 · 문화적 환경 7. 기 업 내 적 여 건

마케팅
성과측정 조사
(performance measures)
1. 매 출 액
2. 시장점유율
3. 원　가
4. 이　익
5. 자본이익률
6. 이 미 지
7. 현금유동성

4) 시장조사의 단계

시장조사의 단계 및 절차는 마케팅 관련 의사결정 문제의 성격과 유형에 따라 달라질 수 있다. 그러나 일반적으로 ① 문제의 정의(조사 목적의 명확화) ② 문제해결 체계의 정립 ③ 정보유형 및 구조의 설계 ④ 조사의 실시 ⑤ 조사자료의 분석과 해석 및 활용 등의 과정으로 이루어지고 있다. 참고로 '소비자조사 프로젝트'의 경우에 활용된 시장조사의 단계를 예시하면 **표 7-19**와 같다.

그러나 여기에서는 과학적 조사활동의 일반적 방식에 따라 다음과 같은 4가지 단계로 대별하여 살펴보고자 한다.

1단계: 조사 목표의 설정
2단계: 조사 실행계획 수립
3단계: 자료의 수집과 검토
4단계: 자료의 집계 및 분석

가) 조사 목표의 설정

조사 목표 또는 의사결정 문제의 명확화는 사업 아이템의 특성(특정 제품 또는 서비스의 유형, 사용원료, 품질 및 용도 등)에 따라 달라질 수 있으므로 조사 시작단계에서부터 구체적으로 상세히 검토하여 설정해야 한다.

시장조사는 복잡다단한 요소들로 이루어진 시장을 대상으로 하는 조사이기 때문에 다양한 변수와 상황 등이 있을 수 있다. 조사 목적의 명확화는 시장조사의 전체적인 방향을 결정하기 위한 단계로서 성공의 기회포착과 실패의 위협에 대처하는 중요한 출발점이 된다.

표 7-19 시장조사의 단계 -소비자조사 Project 예시-

1. 문제의 정의

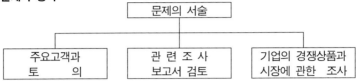

2. 문제해결 체계의 정립

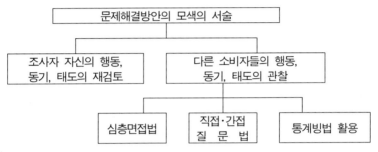

3. 정보의 유형 및 구조설계

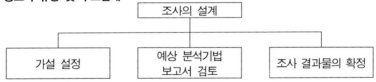

4. 조사 실시

5. 자료의 분석과 해석

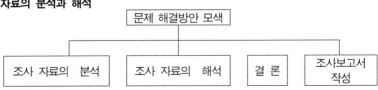

이러한 구체적인 목표 설정은 최종목적인 시장성을 분석, 평가하는 데 필요한 자료가 무엇이며 그 자료를 어떻게 활용할 것인가를 시작 단계부터 고려함으로써 부적절한 목표설정에 따르는 시간과 노력의 낭비를 방지할 수 있다. 참고로 시장조사 상세목표 설정의 사례를 예시하면 **표 7-20**과 같다.

표 7-20 시장조사 목표설정(예시) -분말 세탁세제의 시장성 분석-

시장조사 목표항목	시장조사	
	상황분석 (시장구조와 현황)	추세분석 (시간적 변화추세)
1. 총 수요 규모 2. 시장별 수요 규모 3. 수출입 상황 4. 시장별 인구통계 변수 5. 유통 과정 6. 판매 가격 7. 수출입 가격 8. 경쟁자 정보 7. 경쟁자 전략 10. 경쟁 또는 대체 제품	소비량, 잠재수요 등 A, B, C, D 시장 등 A, B, C, D 국가 등 인구 수, 가구 수 등 과정 및 지역별 등 가격구조(공장도, 소비) A, B, C, D 국가 등 업체별, 규모별 등 업체별, 규모별 등 고형, 액체세제 등	※ 좌측 상황분석 내용별 변화 및 변화의 추이를 파악, 분석함.

나) 조사 실행계획의 수립

조사 목표가 설정되면 구체적인 실행계획을 수립하게 된다. 실행계획에는 필요한 자료의 수집에서부터 수집된 자료의 정리·집계 및 분석결과 도출까지의 모든 과업에 대하여 소요 인력과 기간, 예산, 중점관리 대상, 조사 분석 방법 등의 상세한 내용이 포함되어야 한다. 계획서는 과업의 실행에 따라 계획 대비 실행의 진척도를 쉽게 알 수 있도록 작성하는 것이 좋다.

참고로 실행계획표에 포함되어야 할 주요내용을 정리하면 다음과 같다.

① 과업별 목표상의 세부조사 실시항목

② 조사 실시항목별 소요인력, 기간 및 예산

③ 진행 일정별 진척도 분석방법

④ 중점관리 대상 조사 실시항목의 설정

⑤ 조사 실시항목별 수행방법 및 특기사항 기재 등

다) 자료의 수집과 검토

구체적인 조사 실행계획이 수립되고 그 내용이 확정되면 조사 목적에 따라 수집해야할 자료의 종류를 결정하고 자료수집에 착수하게 된다. 자료의 종류란 자료의 원천을 이르는 것으로 일반적으로 2차 자료(secondary data)와 1차 자료(primary data)로 나누어진다.

2차 자료는 기존 자료라고도 하는데 조사자 자신이 직접 작성했거나 다른 조사자가 작성했거나 상관없이 이미 어떤 다른 목적하에 관찰·생성된 자료를 말하고 1차 자료는 조사 목적에 따라 조사자 자신이나 조사자가 의뢰한 사람(기관)에 의하여 처음으로 관찰·생성된 자료를 의미한다.

시장조사에서의 자료 수집은 우선 2차 자료를 수집하게 되며, 2차 자료로써 조사 목적을 달성할 수 있으면 추가적인 자료수집 없이 그것으로 처리·분석하면 된다. 그러나 대개의 경우 2차 자료만으로는 부족한 경우가 많으며 이를 보완하기 위해 1차 자료를 수집하게 된다.

(1) 2차 자료의 수집과 검토

전술한 바와 같이 2차 자료가 비록 다른 목적에 의해 관찰·생성된 자료라 하더라도 조사 목표를 도출해 내기에 충분할 수도 있으므로 그 존재와 가치를 가볍게 보아서는 아니 된다. 따라서 필요한 자료의 종류와 자료원, 수집방법 및 장·단점 등을 비교·검토하여 자료의 유용성을 평가한 후 2차 자료의 활용도를 높일 수 있도록 해야 한다.

이상의 내용을 요약·정리하면 **표 7-21**과 같다.

(2) 1차 자료의 수집과 검토

1차 자료를 수집하고 검토하기 위해서는 상당한 정도의 시간과 노력 및 비용이 소요되며 기술적인 측면에서도 어느 정도의 전문성을 필요로 한다. 따라서 자료 수집을 위한 구체적인 실행계획을 수립하고 조사를 실시해야 한다.

1차 자료는 수집 방법에 따라 ① 관찰에 의한 자료 ② 커뮤니케이션에 의한 자료 ③ 시장시험에 의한 자료로 나누어 볼 수 있다. 관찰 자료는 조사대상의 상황을 점검하여 적절하다고 판단되는 사실 및 행위를 관찰하여 획득된 자료를 말하며 커뮤니케이션 자료는 '설문서'라는 수집수단을 매개로 특정 조사 대상(집단)과의 소통을 통해 수집·관찰된 자료를 말한다. 시장시험 자료는 피조사자들에게 어떤 자극을 주고 그 자극에 대한 반응을 체크하여 목표로 하는 정보자료를 획득하는 것을 의미한다. 이들 자료 또한 각각 장점과 단점이 있을 수 있으므로 반드시 조사 목적과의 적합성 여부를 고려하여야 한다.

표 7-21 2차 자료의 내용

종 류	※ 내부자료: 기업 내에서 다른 목적하에 수집된 자료 ※ 외부자료: 외부기관이 특정 목적에 따라 작성한 자료
장 · 단 점	※ 장 점 ① 비용 절약 ② 시간 절약 ③ 인력 절약 ④ 개인적으로 수집 불가능한 자료 입수 가능 ⑤ 활용의 폭이 큼 등 ※ 단 점 ① 용어에 대한 정의 상이 ② 자료 분석 방법 상이

표 7-21 2차 자료의 내용

	③ 자료의 유용성 저하 ④ 자료의 부정확성 등
평 가	※ 핵심 평가 항목 ① 자료의 내용이 적합한가? ② 자료의 내용이 정확한가? ③ 분류나 정의가 조사자의 요구에 맞는가? ④ 시기적으로 정보의 유용성이 있는가?
자료원	각종 문헌, 통계, 도서관, 조합, 협회, 기관, 단체 등

1차 자료 또한 2차 자료와 마찬가지로 수집된 자료의 신뢰성과 타당성을 고려하여 조사 목적에 적합한 것을 선택하여 정리하되 자료가 불충분하면 다시 계획을 세워 추가 자료를 수집하거나 간접적인 다른 방법을 모색할 수도 있다. 이상의 내용을 요약·정리하면 **표 7-22**와 같다.

표 7-22 1차 자료의 내용

수 집 방 법	① 관찰법; ② 커뮤니케이션법, 개인면접법, 우편조사법, 전화조사법 • 대인 면접법

장 점	단 점
① 신축성 ② 동기부여 ③ 응답율 ④ 응답자의 교육과 지도 ⑤ 응답자의 관찰 ⑥ 조사기관의 신용도 등	① 익명성 ② 방문시각의 문제 ③ 면접 소요시간 ④ 응답에 요구되는 시간 ⑤ 조사비용 ⑥ 면접원의 통제 등

• 통신(우편) 조사법

장 점	단 점
① 응답자의 분포도가 넓고 편중되지	① 대상주소록 작성의 난점

표 7-22 1차 자료의 내용

	장 점	단 점
수 집 방 법	않음 ② 면접자 또는 질문자의 편견 제거 ③ 사려 깊은 응답의 가능성 ④ 시간절약, 경비절약 ⑤ 통제의 용이성 등	② 질문서의 내용과 길이 제한 ③ 응답자 확인의 단점 ④ 시간 소요 ⑤ 응답자의 부재 등

• 전화 조사법

	장 점	단 점
	① 경제적 ② 신속성과 효율성 ③ 직업별 적용 가능성 ④ 통제가능성 등	① 모집단의 불완전성 ② 질문 소요시간의 제한 ③ 보조 도구의 사용 곤란 ④ 관찰의 어려움 등

③ 실험법; 시장시험

수집 도구	설문서

라) 자료의 집계 및 분석

이상과 같은 일련의 조사과정을 거쳐 수집한 2차 및 1차 자료는 시장 규모 및 수요예측에 필요한 정보를 도출해 내기 위하여 집계·정리되어야 한다.

모든 조사연구의 핵심은 자료의 수집과 정리라고 해도 과언이 아니다. 시장조사 역시 마찬가지이며 어떠한 자료든지 간에 자료 그 자체는 별다른 의미가 없다. 자료로부터 의미 있는 정보가 도출되어야 하는 것이다.

기초자료(raw data)로부터 귀중한 정보를 얻기 위해서 표(table)나 그래프(graph) 또는 추가적인 가공과정을 거치게 되며, 특히 1차 자료들은 조사 목적에 맞는 통계처리 절차를 거쳐야 한다.

자료의 분석은 여러 가지 시장조사 활동 중에서도 통찰력과 전문지식이 가장 필요한 분야라고 할 수 있다. 자료를 정리하고 집계하여 조사자에게 유의미한 정보를 제공하는 것이 자료의 분석 및 해석이기 때문이다.

특히 1차 자료의 활용과 관련된 구체적인 통계처리 및 분석 방법에는 매우 다양한 기법들이 있고 전문적인 지식을 필요로 하는 분야이기 때문에 반드시 관련 전문서나 전문가의 의견을 참고하여야 한다.

라. 수요예측 및 매출 추정

1) 시장규모 및 수요예측

가) 개념 및 필요성

시장 규모는 조사대상이 되는 아이템의 제품시장(내수시장 및 수입시장의 합계)과 잠재시장(신규 및 대체품 시장 합계)의 총 수요를 합계한 것을 의미한다.

수요예측이란 과거나 현재의 정보자료를 바탕으로 미래의 고객 수요를 추정하는 것이므로 정확한 수치를 밝힌다는 것은 원천적으로 불가능한 것이다. 그러나 미래에 대한 예측 없이는 미래를 계획하거나 설계할 수 없으며 미래를 향한 현재의 모든 활동도 향상과 발전을 기대할 수 없다. 따라서 아이템에 대한 시장성 분석 및 사업계획의 바탕은 미래에 대한 예측, 그중에서도 미래수요의 예측이라고 할 수 있는 것이다.

수요예측은 그 기간의 길고 짧음에 따라 단기예측(통상 1개월 내지 1분기 이내), 중기예측(통상 6개월 내지 1년 정도), 장기예측(통상 1년 이상 3년 정도)으로 나누어지며, 그 구체적인 대상에 따라 시장예측과 변동요인 예측으로 구분하여 볼 수도 있다.

나) 수요예측의 대상

(1) 시장예측

시장예측 대상은 다음과 같이 지역별 고객별 및 제품별 수요예측으로 살펴볼 수 있다.

① 지역별 수요예측: 이는 특정 아이템의 수요를 지역별로 예측하는 것이다. 지역별 중심산업이나 생활양식 등에 따라 수요의 유형이 상이하다는 관점에서 출발한다.

② 고객별 수요예측: 주요 거래처의 생산활동이나 다양한 고객들의 특성 및 유형에 따라 수요시기와 수요량 등이 차이가 나기 때문에 이들에 대한 수요의 특징을 파악할 필요가 있다.

③ 제품별 수요예측: 제품별 수요는 사업 주체의 판매 예측량과 산업계의 수요 예측량으로 구분한다. 왜냐하면 시장수요 예측은 판매예측과는 구분되어야 하는 개념이며, 개별 사업 주체의 예측이 그대로 실제 매출로 이어지지 않는 경우가 많기 때문이다. 개별 기업의 수요는 시장수요 예측에 대한 시장점유율의 함수로 측정된다.

(2) 변동요인 예측

수요의 변동요인에는 여러 가지가 있을 수 있다. 일반적인 수요변동요인을 살펴보면 다음과 같다.

① 추세(trend) 요인: 제품의 수요는 기간의 경과에 따라 일정한 비율로 증가 또는 감소하는 경향을 띠게 되는데 이러한 요인과 관계된 변동을 말한다.

② 순환(cycle) 요인: 경기변동에서 흔히 볼 수 있는 현상과 같이 순환적으로 수요가 변동되는 경향을 말한다.

③ 계절적(seasonal) 요인: 수요가 계절적으로 증감 변동을 나타나게 하는

요인이다. 여기서 계절적이란 의미는 단순한 사계절만을 의미하는 개념이 아님을 유의해야 한다.

④ 불규칙(irregular) 요인: 불규칙적으로 발생하는 국내 및 국외의 정치·경제·사회·문화 등 거시환경 변화와 관련된 변동요인을 말한다.

다) 수요예측의 접근방법

예측을 위한 접근법은 정성적 접근법(qualitative approach)과 정량적 접근법(quantitative approach)으로 대별된다. 정성적 접근법은 명확한 수치적인 예측을 문제 삼지 않고 주로 주관적인 것을 다루게 되며 정량적 접근법은 과거의 역사적 데이터를 확장하거나 인과모형에 의한 관련성 분석을 이용한다.

(1) 정성적 접근법

이 방법은 주관적인 분석법으로서 대체적으로 분석을 위한 역사적 데이터가 존재하지 않을 때 이용된다. 주관적 기법은 예측 과정에서 인적 요인, 개인적 의견, 예감 등과 같은 정보자료를 이용하는데, 이러한 요인들은 계량화하기 곤란하거나 불가능한 경우가 많기 때문에 계량적 접근법에서 제외되거나 무시되는 것이 일반적이다.

정성적 예측기법은 정량적 방법보다 명확하지 못한 결점을 가지고 있어 비교적 덜 개발되어 있으나 경영환경의 급격한 변화 및 변화의 영향이 빠르게 전개되는 현재의 상황에 대처하기 위해 그 유용성이 점차 증대되고 있는 실정이다. 그러나 주로 판단과 의견에 근거하여 예측이 이루어지기 때문에 이 기법을 이용할 때에는 상황의 특수성을 고려한 높은 융통성을 발휘할 필요가 있다.

이러한 정성적 기법에는 실무자 의견, 관리자 또는 스탭(staff)의 의견, 고객의 조사, 전문가의 견해 등이 있다(**표 7-24** 참조).

(2) 정량적 접근법

정량적 접근법은 명확한 수치 정보자료를 바탕으로 하여 수요를 예측하는 접근방법으로, 계량적 방법이라고도 하며 분석·평가에 있어서 개인적 편견이 배제된다는 장점이 있다. 정량적 접근법은 편의상 시계열 분석법과 인과모형 분석법으로 나누어 볼 수 있다.

① 시계열 분석법: 이 방법은 과거의 역사적 데이터에 근거하여 수요를 예측하고자 하는 분석법으로 이동평균법, 지수평활법, 박스-젠킨스법, 추세예측법 등 여러 가지 유형이 있다.

② 인과모형 분석법: 이 방법은 원인과 결과와의 관련성을 통계적 모형에 의해 파악함으로써 수요를 예측하는 분석법으로 회귀분석법, 선도지표법 등이 있다.

이상의 내용을 요약·정리하면 **표 7-24**와 같다. 그러나 이외에도 다양한 통계적 분석기법이 있는데 보다 더 구체적이고 상세한 내용은 관련 전문서를 참고하기 바란다.

라) 예측기법 선택 시 유의사항

앞에서 살펴본 바와 같이 예측기법들은 각기 다른 특성을 가지고 있고 적용 분야에 따라 그 장·단점이 다르게 나타나기 때문에 어느 기법을 선택할 것인가에 대해서는 신중을 기해야 한다. 이때 유의해야 할 사항으로는 예측의 정확성과 비용에 관한 문제 및 예측 대상제품의 수명주기에 대한 문제 등을 들 수 있다.

① 예측의 정확성과 비용 문제: 일반적으로 정확한 예측을 하려면 비용이

늘어나고, 예측 관련 지출비용을 줄이면 정확히 예측하기 어렵다. 따라서 예측 지출비용과 예측 오류에 의해 발생되는 손실액을 비교·감안하여 적절한 예측기법을 선택해야 한다.

② 제품 수명주기 파악의 문제: 제품은 수명주기(life cycle)의 각 단계에 따라 그 수요패턴이 달라지기 때문에 예측의 대상이 되는 특정 제품의 수명주기가 어느 단계에 위치하고 있는가에 따라 예측기법을 달리 적용해야만 정확한 예측이 가능하다는 것이다. 예를 들면 도입단계 제품은 과거의 수요실적이 없기 때문에 추세예측법을 사용할 수 없는 경우가 그것이다.

참고로 제품 수명주기에 따른 예측기법을 요약하면 **표 7-23**과 같다.

표 7-23 제품 수명주기와 수요예측기법

단계	개발 단계	도입(시험) 단계	성장 단계	성숙(안정) 단계
중요 결정 사항	• 개발비용 측정 • 제품설계 자료 • 마케팅 전략	• 최적시설 규모 • 판매전략, 가격 및 시장세분화 전략	• 시설확장 • 생산(일정)계획 • 판매전략	• 판매촉진 • 판매가격 • 생산계획 • 재고관리
수요 예측 방법	• 델파이(Delphi)법 • 유사제품에 대한 비교 분석 • 산업연관 분석 • 전문가 의견 조사	• 소비자 조사 • 시장조사 • 실험계획	• 전환점 도출을 위한 통계적 분석 (X-11법, 추세예측법 등) • 시장조사 • 고객설문 조사	• 시계열분석법 • 인과형 모형 • 제품 수명 분석

표 7-24 주요 수요예측기법과 특징

<table>
<tr><th colspan="2">주요
수요예측기법</th><th>기법의 특징</th><th>이용 분야</th><th>필요한 자료</th></tr>
<tr><td rowspan="3">정
성
적

기
법</td><td>델파이
(Delphi)법</td><td>특정제품이나 수요대상에 대하여 전문가나 담당자들이 관련된 정보를 수집해 가며 토론한 뒤에 의견교환을 거치면서 투표 형식으로 예측을 하되, 그 결과가 동일하게 될 때까지 반복한다.</td><td>- 장기예측
- 신제품 판매
- 이익예측
- 기술예측</td><td>일련의 질문을 준비하여 참가자의 응답을 모아 수집</td></tr>
<tr><td>시장조사
(소비자 조사 포함)</td><td>실제 시장에 대하여 조사하려는 내용에 대한 가설의 설정과 조사 실험을 실시한다.</td><td>상 동</td><td>- 질문서에 의한 조사자료
- 시장변수별 시계열</td></tr>
<tr><td>전문가 의견</td><td>관련 업계의 전문가, 학자 또는 판매담당자들의 의견을 수집하는 주관적, 비과학적 판단기법</td><td>상 동</td><td>전문가에 의해서 작성된 미래 여건에 대한 시나리오</td></tr>
<tr><td rowspan="7">정
량
적

기
법</td><td rowspan="5" style="writing-mode: vertical-rl;">시
계
열

분
석
법</td><td>이동평균법
(moving average)</td><td>시계열자료를 일정 기간을 대상으로 산술평균 또는 가중평균 식으로 구하며 계절 및 불규칙 요인을 제거하는 기법으로, 평균은 이동식으로 산출한다.</td><td>소량품목의 재고관리</td><td>최소 과거 2년간의 판매자료</td></tr>
<tr><td>지수평활법
(expotential smoothing)</td><td>가중평균의 일종으로 최근 수요에 더 많은 가중을 두어 평활시키는 기법</td><td>- 생산 및 재고관리
- 이익예측
- 자금예측</td><td>상 동</td></tr>
<tr><td>박스-젠킨스법
(Box-Jenkins model)</td><td>지수평활법의 일종으로서 시계열 자료의 사용으로 인한 예측오차가 최소화되도록 매개 변수를 추정·사용한다. 계산이 많으나 정확하다.</td><td>- 계획생산의 관리 및 재고관리
- 자료계획</td><td>과거의 실적 자료가 2년 이상 많을수록 좋다.</td></tr>
<tr><td>X-11법</td><td>인구통계국(미)에서 개발되었고 시계열을 계절, 추세, 순환, 불규칙 요인으로 나누어 예측하는 방법, 타 기법과 함께 쓰면 중기예측에 매우 좋다.</td><td>- 기업 및 부서별 판매의 추적, 분석에 측에 이용</td><td>최소 과거 3년간의 자료로 시작하고 그 이후의 연속자료</td></tr>
<tr><td>추세예측법</td><td>수학적으로 과거 시계열을 추세선으로 추정하고 이 수식을 이용하여, 미래추세를 추정한다.
• 직선형 경향 • 곡선형 경향
• 지수 곡선 • 로리스틱스 곡선
• 콤페르츠 곡선</td><td>중장기 신제품 수요예측</td><td>과거 5년간의 판매 자료로 출발, 그 이후의 연속자료</td></tr>
<tr><td rowspan="2" style="writing-mode: vertical-rl;">인
과

모
형
법</td><td>계량경제모형
(회귀분석
기법 포함)</td><td>예측변수들의 회귀방정식을 연립적으로 추정하고 회귀변수를 이용한 변수 간 상호관계를 토대로 경제활동, 즉 수요량을 예측하는 기법
• 단순회귀 • 중회귀 등</td><td>- 제품별 판매예측
- 이익예측</td><td>두 개 이상의 독립변수에 대한 과거 수년간의 분기별 자료</td></tr>
<tr><td>선도지표 방법</td><td>어떤 경제활동이 특정방향에서 타 경제활동에 앞서가는 경우 전자를 선도지표로 보고 예측에 이용하는 방법</td><td>신제품 수요예측</td><td>유사한 제품의 연간 판매(추세)량</td></tr>
</table>

2) 매출 규모 추정

가) 매출 추정의 의의 및 절차

매출 추정(sales estimation)은 수요예측의 하위시스템이라고 할 수 있다. 시장수요는 사업 주체(기업)가 통제할 수 없는 외적 환경요인이며 매출 추정은 시장수요(또는 총 시장규모) 중에서 시장점유율을 고려하여 그 기업이 판매할 수 있으리라고 생각되는 예상 수준을 추정하는 것이다.

총 시장규모는 앞에서 언급한 바와 같이 제품시장 및 잠재시장의 시장수요를 합계한 것이며, 시장점유율은 기업의 종합 마케팅 능력이나 마케팅 투자규모뿐만 아니라 생산 능력 등 지속적 핵심역량에 의한 시장에서의 상대적 경쟁력 여부에 따라 결정되는 특성이 있다.

따라서 기업의 추정매출액은 내·외적 경영환경하에서 수행되는 마케팅 전략의 수립과 실행 및 핵심역량의 집중 정도에 따라 달라지는 하나의 종속변수로서 총 시장규모에 특정기업의 시장점유율을 곱하여 산출되는 수요함수의 의미를 갖는다고 할 수 있다.

매출 추정 절차는 수요예측 절차와 유사하다고 볼 수 있으며 일반적으로 다음과 같은 단계로 이루어진다.

① 추정기법의 선택: 수요예측 기법 중 가장 적합한 기법을 선택한다.
② 활용 가능한 자료 파악: 적절한 자료의 수집 및 이용가능성을 파악한다.
③ 자료의 수집: 적정한 방법으로 추정에 필요한 자료를 수집한다.
④ 추정규모 도출 및 검증: 위 ① ② ③의 절차를 거쳐 추정 매출규모(금액 또는 수량)를 도출하고 추정치에 대한 신뢰성과 타당성을 검증한다.

나) 매출추정기법

매출추정기법 또한 수요예측의 기법과 크게 다르지 않으나 마케팅 학자들마다 매우 다양한 방식으로 분류내용과 기준을 약간씩 달리하고 있다. 그것은 전적으로 사업 아이템이 기존제품이냐 신제품이냐에 따라 그리고 활용 가능한 정보자료가 있느냐 없느냐에 따라 달라진다.

우선 기존제품의 경우, 코틀러(P. Kotler)는 다음과 같이 3가지로 추정기법을 분류하고 있다.

① 의견기준법(판매자의견, 구매자의견, 전문가의견 등)

② 시장시험법(테스트 판매, 행동조사 등)

③ 실적기준법(시계열 분석, 통계적 분석 등)

한편 신제품의 경우에는 실적자료 등 역사적 데이터가 없는 것이 일반적이므로 기존제품에 비해 상대적으로 매출 추정이 어려운 것이 사실이다. 따라서 기본적으로는 기존의 수요예측 기법을 이용하되 **표 7-25**에서 보는 바와 같이 고객(customer)과 경쟁자(competitor) 및 자사(corporation) 등 소위 3C요인에 대한 특성과 마케팅전략 핵심 요소(STP)와의 관련성을 선행적으로 파악할 필요가 있다.

표 7-25 핵심 마케팅 전략 -3C 분석과 STP의 관련성-

■ 3C & STP 개요

3C 분석이란 기업이나 사업부의 고객, 자사, 경쟁사가 어떠한 사업환경에 처해 있고 어떤 사업전략을 취할 것인가를 분석하는데 유용한 Framework임.

3C (Customer, Customer, Customer)는 마케팅 전략의 3주체이며, 이 세가지 주체가 추진하는 마케팅전략의 프로세스가 바로 STP라고 할 수 있음.

- 시장규모 및 성장성
- 시장구조변화
- 고객세분화
- 세분고객집단 별 니즈 현황/추이

POSITIONING

고 객
(Customer)

자 사
(Corporation)

경 쟁 사
(Competitor)

SEGEMENTATION

TARGETING

- 시장점유율
- 브랜드 이미지
- 기술력/품질
- 판매력/이익율
- 조직문화

- 당사의 주요 경쟁사
- 주요 경쟁자의 강점과 약점

■ 단계별 주요과제

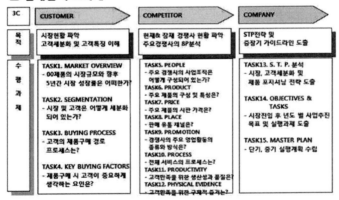

3C	CUSTOMER	COMPETITOR	COMPANY
목적	시장현황 파악 고객세분화 및 고객특징 이해	현재& 잠재 경쟁사 현황 파악 주요경쟁사의 8P분석	STP전략 및 중장기 가이드라인 도출
수평과제	TASK1. MARKET OVERVIEW - OO제품의 시장규모와 향후 5년간 시장 성장율은 어떠한가? TASK2. SEGMENTATION - 시장 및 고객은 어떻게 세분화 되어 있는가? TASK3. BUYING PROCESS - 고객의 제품구매 경로 프로세스는? TASK4. KEY BUYING FACTORS - 제품구매 시 고객이 중요하게 생각하는 요인은?	TASK5. PEOPLE - 주요 경쟁사의 사업조직은 어떻게 구성되어 있는가? TASK6. PRODUCT - 주요 제품의 구성 및 특성은? TASK7. PRICE - 주요 제품의 시판 가격은? TASK8. PLACE - 판매 유통 채널은? TASK9. PROMOTION - 경쟁사의 주요 영업활동의 종류와 방식은? TASK10. PROCESS - 전체 서비스의 프로세스는? TASK11. PRODUCTIVITY - 고객만족을 위한 생산성과 품질은? TASK12. PHYSICAL EVIDENCE - 고객만족을 위한 구체적 증거는?	TASK13. S. T. P. 분석 - 시장, 고객세분화 및 제품 포지셔닝 전략 도출 TASK14. OBJECTIVES & TASKS - 시장진입 후 년도 별 사업추진 목표 및 실행과제 도출 TASK15. MASTER PLAN - 단기, 중기 실행계획 수립

3) 매출 추정 사례

이상에서 살펴본 바와 같이 사업 아이템의 매출규모를 추정하기 위해서는 고려해야 할 요인도 무수히 많고, **표 7-24**에서 보는 예측기법 이외에도 여러 가지 다양한 추정기법을 활용할 수 있다. 따라서 매출 추정에 왕도는 있을 수가 없는 것이다.

그러나 실무적으로는 시장규모(수요예측 값의 총합)와 시장점유 능력(핵심역량의 총합) 및 대외 경쟁력(상대적 경쟁지수) 등에 대한 확실한 개념과 체계적 논리를 갖춘 창의적인 매출 추정기법의 개발이 절실한 상황이다. 새로운 매출 추정 방식이라 하더라도 현실적 목표에 대하여 신뢰성과 타당성을 담보할 수 있어야 함은 물론이다.

실무에 응용할 수 있는 매출 추정 사례를 제시하면 **표 7-26**과 같다.

■ 표 7-26 매출 추정의 기본개념 및 추정내역 -사례-

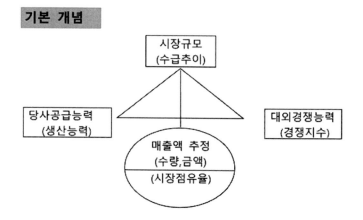

표 7-26 매출 추정의 기본개념 및 추정내역 -사례-

추정 내역

구분	년 도				비고
① 시장 규모					
② 산업 생산능력					
③ 자사 생산능력(예상)					
④ 생산 능력기준 시장점유율(②÷③)					
⑤ 자사1차시장수요 (①×④)					
⑥ 상대적 경쟁(가동)지수					
⑦ 자사2차시장수요(⑤×⑥)					
⑧ 추정매출규모(Min ③or⑦)					
⑨ 판매단가					
⑩ 추정매출규모:(⑧이 량일 때) (⑧×⑨)					

🔲 4-2. 기술성 분석

가. 기술성 분석 개념

기술성 분석은 앞에서 살펴본 시장성 분석 결과 시장성이 충분하다고 검증된 아이템을 그 대상으로 한다. 왜냐하면 사업 아이템의 시장성이 충분히 희망적이라고 하더라도 해당 제품이나 서비스를 적정한 시기와 품질, 필요한 만큼의 수량과 안정된 원가로 고객에게 생산·공급할 수 있는 기술과 능력이 없다면 성공을 기대할 수 없고 그 사업은 시작할 가치가 없는 것이기 때문이다.

그러나 여기에서 언급하는 기술성 분석은 단순히 사업 아이템에 적용된 기술에 대해서만 그 타당성을 검토·분석하는 것이 아니라는 것을 유념해야 한다. 기술을 포함한 생산관리 활동영역 전반을 대상으로 하기 때문에 사업 타당성 분석 전체 과정 중 가장 어렵고 전문성이 요구되는 분야라고도 할 수 있다.

주지하다시피 생산관리는 생산시스템이 시장성으로 대표되는 고객의 욕구 (needs)를 충족시키기 위하여 특정 자원을 투입(inputs)하고 가치창조의 변환 (transfer)과정을 거쳐 제품이나 서비스를 산출(output)하여 경제적으로 공급하는 경영 기능을 의미한다. 기술은 투입물을 변환시키는 일련의 원리와 기법 으로서 제품 및 공정을 위한 하드웨어적 생산기술뿐만 아니라 시스템의 운영, 자재와 설비, 정보처리, 통제 등 소프트웨어적 기술을 모두 포함한다.

이와 같은 입장에서 기술성 분석은 사업 아이템이 기술적으로 실현 가능한가를 조사·분석하고(제품설계), 실현 가능한 대안의 생산시스템(공정 설계)을 선정하여 그 대안들에 대한 원가(cost)를 추정하는 활동으로서 본서 제6장의 '기능별 내부능력 분석' 중 가치사슬에서 살펴본 바와 같이 물류투입, 생산 및 제조, 물류산출과 관련된 광범위한 영역을 다룬다.

그러나 실무적 측면에서 다루고 있는 기술성 분석의 대상 항목들을 정리 하면 다음과 같다.

① 기술의 사업화 가능성 ② 기술의 우위성
③ 제품의 용도 및 특성 ④ 제조공정
⑤ 생산일정 및 공장규모 ⑥ 생산설비 선정
⑦ 입지 선정 및 레이아웃 ⑧ 소요 노동력
⑨ 원재료의 특성 및 수급관계 ⑩ 폐기물의 유무 및 그 처리방법 등

나. 기술성 분석 절차

기술성 분석을 실시함에 있어서 최우선적으로 고려해야 할 요소는 시장성 분석 결과에 대한 확실한 이해가 있어야 한다는 것이다. 시장성 분석은 기술성 분석의 선행조건이면서 동시에 생산·기술시스템의 목표가 된다. 왜냐하면 품질, 수량, 원가, 납기 등 시장 및 고객의 다양한 수요에 대하여 효율적·효과적으로 생산·공급할 수 있는 능력 여부가 곧 기술적 측면의 타당성을 결정하기 때문이다.

그다음으로는 판매 가능한 제품을 실제적으로 생산·공급할 수 있는 기술적 구현가능성, 즉 기술적 대안을 확보할 수 있는가 하는 내부 역량 문제를 검토해야 한다. 사업 아이템을 생산할 수 있는 기술적 대안은 이미 상용화된 기술이 있는지 아니면 새로운 기술이 필요한지에 따라 기술적 타당성의 정도가 많이 달라질 것이기 때문이다. 상용화 기술의 경우 자체 보유 기술인지 아니면 이전 기술인지를 검토하고, 새로운 기술의 경우에는 기존 기술과의 장·단점, 위험(risk) 발생가능성 등에는 어떠한 것들이 있는지 기술적 대안들을 빠짐없이 구체적으로 살펴보아야 한다. 아무리 우수한 기술이라도 신뢰성과 실용성이 없고 경제성에 문제가 있다면 적합한 기술이라고 할 수 없기 때문이다.

기술적 대안의 존재 여부와 더불어 적용 가능한 기술적 대안에 대한 지원, 규제 및 금지사항 등에 대한 전반적인 상황분석이 실시되어야 하고, 투자 소요 자금규모 등 개략적인 경제성 검토를 포함하는 약식 기술성 분석도 이루어져야 한다.

약식 기술성 분석 결과 사업 타당성 평가를 위한 원가 추정자료가 충분하다면 다음 단계인 수익성 분석 단계로 넘어가면 된다. 그렇지 않다면 구체적이고 상세한 기술 분석 즉 기술조사를 실시해야 한다. 상세한 기술분석에 대해서는 다음의 기술조사 부분에서 좀 더 자세히 살펴보기로 한다. 상세한 기술분석에서 적절한 결과가 도출되면 실제적인 생산계획의 수립과 비용추정 등의 절차를 거쳐 타당성 분석의 다음 단계로 진행한다.

이상과 같은 기술성 분석 절차를 도시하면 **그림 7-13**과 같다.

그림 7-13 사업에 대한 전략적 정의

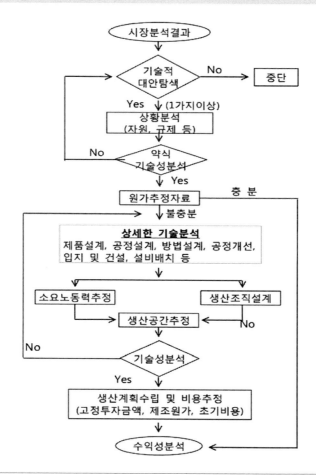

다. 기술 조사

기술적 타당성 분석 즉 기술성은 기술조사(engineering study)가 선행되어야 가능하다. 앞에서 살펴본 바와 같이 기술조사는 상세한 기술 분석이라고도 한다. 제품기술 및 공정기술을 포함하여 본서 제6장 '기능별 내부능력 분석'의 가치사슬 부분에서 살펴본 바와 같이 물류투입, 생산 및 제조, 물류산출과 관련된 다음과 같은 광범위한 영역을 다룬다.

① 생산시스템을 위한 계획 측면
   - 제품설계, 공정 및 기술 선정 등
② 생산시스템을 위한 조직화 측면
   - 공정 및 작업방법 설계, 작업측정 및 표준설정, 설비배치, 공장 입지, 자본 및 설비투자, 생산관리 조직 등
③ 생산시스템을 위한 통제 측면
   - 생산일정 관리, 재고 및 품질 관리, 설비유지 관리 등

따라서 기술조사 또는 상세 기술분석은 시장의 고객요구에 대응하여 경제적으로 생산·공급할 수 있는 제품의 기술적 구현가능성과 관련된 생산시스템 전반의 활동을 분석 대상영역으로 하는데 이를 도시하면 **그림 7-14**와 같다.

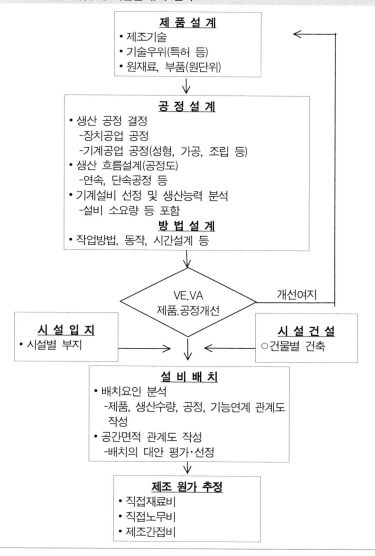

제 품 설 계
- 제조기술
- 기술우위(특허 등)
- 원재료, 부품(원단위)

공 정 설 계
- 생산 공정 결정
  -장치공업 공정
  -기계공업 공정(성형, 가공, 조립 등)
- 생산 흐름설계(공정도)
  -연속, 단속공정 등
- 기계설비 선정 및 생산능력 분석
  -설비 소요량 등 포함

방 법 설 계
- 작업방법, 동작, 시간설계 등

VE.VA
제품.공정개선

개선여지

시 설 입 지
- 시설별 부지

시 설 건 설
- ○건물별 건축

설 비 배 치
- 배치요인 분석
  -제품, 생산수량, 공정, 기능연계 관계도 작성
- 공간면적 관계도 작성
  -배치의 대안 평가·선정

제조 원가 추정
- 직접재료비
- 직접노무비
- 제조간접비

1) 제품설계

제품은 사업 주체의 내부 생산시스템과 외부 상품시장을 연결하는 매개체로 대내적으로는 생산시스템의 산출물(outputs)인 동시에 대외적으로는 기업의 상품이 된다. 따라서 고객 요구사항에 대응하는 용도와 특성은 물론 종류와 규격을 어떻게 결정하는가에 따라 제품의 기술적 요건 및 제조공정의 특징이 달라지기 때문에 생산시스템의 설계에서 제일 먼저 고려해야 할 대상이 된다.

제품설계는 '제품기획 및 개발'이라고 하는 제품계획 과정의 한 단계로 파악할 수 있으며 시장성 분석을 통해서 선정된 특정제품, 즉 용도와 특성 등 다양한 고객 요구사항이 확인된 제품을 대상으로 하여 실시된다. 기술적 타당성 분석을 위한 제품설계의 검토에 있어서 고려되어야 할 항목들은 다음과 같다.

첫째, 설계구상 및 개발설계 단계에서 고객 요구사항을 구현해야 할 제품개념(product concept), 즉 용도 및 특성과 규격 및 종류 등에 대한 검토

둘째, 제품 상세설계 단계에서 적용한 기술이 제품 기능에 대한 유지가능성과 신뢰성을 충분히 담보할 수 있는 기술인가의 문제

셋째, 제품설계 단계에서 도출되어야 할 경제성 분석을 위한 정보자료 측면에서 중요시 되는 부품리스트(parts list) 및 재료명세서(bill of materials) 등 제품분석의 제반 결과물에 대한 검토

가) 아이템(제품, 서비스) 관련 정보

(1) 제품의 용도

명백하게 드러난 요구뿐만 아니라 잠재된 요구를 포함하여 고객 요구사항에의 부합도 여부를 파악하며, 계획제품의 주된 용도 및 부차적인 용도를 구

체적으로 검토하고 관련 산업과의 연관성 및 중요성에 대하여 살펴본다.

(2) 제품의 특성

계획제품이 가지고 있는 기능상의 특성 및 성능, 소재 및 부품상의 특성, 유사 또는 경쟁제품 대비 품질경쟁력, 가격경쟁력 등에 대하여 구체적으로 검토한다. 용도에 따른 사용상의 편리성, 견고성, 환경적합성 등의 특질이 있는지 분석한다.

(3) 제품의 종류 및 규격

계획사업이 생산, 판매하고자 하는 주요 제품의 품목명, 종류, 규격 등을 검토하고 한국표준산업분류상의 분류체계를 파악한다. 계획제품에 대한 정보를 충분히 제공하기 위하여 제품 관련 사진, 설계도 등을 살펴보는 것도 좋다.

나) 적용 기술 관련 정보

(1) 개발 또는 보유경위

계획제품과 관련된 기술의 명칭, 기술 개발 또는 보유경위(자체개발, 공동개발, 기술도입, 제휴 등)를 살펴본다. 공동개발 또는 기술도입, 제휴 등의 경우에는 그 원천을 파악하고 사업 추진주체와의 관련성도 서술한다. 현재 기술개발이 진행되고 있는 경우에는 설계, 시제품 제작, 시험Test, 양산기술 개발방법 등과 관련된 개발상황을 명시하고 기술개발 기간과 연구개발 비용에 대해서도 분석한다.

(2) 제품 관련 기술 내용

계획제품과 관련된 기술의 내용을 밝히고 핵심기술은 무엇이며 기술특허 (지적재산권)의 내용은 어떠한지도 구체적으로 밝힌다. (발명특허, 실용신안, 프로그램, 기타 등) 특허기술권리권자 및 전용실시권자의 성명, 주민등록번호, 주소 등 인적사항 등을 파악한다. 또한 각종 규격표시 획득내용, 품질인증내용, 허가승인 내용 등도 살펴보고, 관련 자료를 준비하여 둔다.

(3) 경쟁 기술 또는 연관 기술과의 비교

국내 및 경쟁국 기술과의 기술비교를 통하여 기능, 특성, 품질, 경쟁력 등의 측면에서 계획사업의 기술적 우위성 여부를 검토한다. 기술 관련 각종 지원정책 및 제도와의 관련성도 살펴본다. 대체기술의 출현 가능성, 유사기술 도입의 가능성, 기술변화 등에 대해서도 분석하여 향후의 기술적 대응전략에 참고할 수 있도록 한다.

다) 제품 단위당 원재료 소요량(원단위)

제품설계에 적용된 기술과 관련된 재료 원단위 문제는 향후 기술의 경제성을 좌우하는 대단히 중요한 요인이 되므로 상당한 주의를 필요로 한다.

계획제품의 내용, 종류 등에 따라 다르겠지만 일반적으로 원·부재료의 품목 수(종류)는 한두 가지가 아니고 수많은 품목으로 구성된다. 소기업뿐만 아니라 어느 정도의 규모로 성장한 중견기업의 경우에도 제품별 부품리스트 (Parts List) 또는 자재명세서(Bill Of Materials)를 구비하지 못한 경우를 흔히 볼 수 있다.

그러나 급속한 기술진보에 따라 기술의 수명이 짧아지고 더불어 원·부재료의 수명 또한 계속 단축되는 현실을 감안할 때, 전 품목은 아니라고 하더라도 중점분석(ABC 분석 등)을 통하여 주요 품목에 대해서는 반드시 원단위를 분석하고 소요량을 파악할 수 있어야 한다.

원재료 소요량은 제품 원단위(제품 단위당 소요량)를 파악하고 제품별 원단위와 생산수량을 곱하여 원재료 소요량을 계산한다.

원재료 소요량 = 원단위(제품 단위당 원재료 소요량) × 제품 생산수량

원단위는 기준(표준) 소요량과 이에 대한 손실률 또는 할증률 등을 감안하여 설정되어야 하며, 원재료가 아닌 중간부품 또는 부분품 형태로 파악할 수도 있다.

2) 공정설계

생산·공급할 제품에 대한 '제품설계'가 이루어지면 그다음 단계인 공정설계 즉 생산 공정결정, 공정흐름도 또는 공정배치설계 등의 단계로 진행된다.

고객 요구사항을 반영한 제품컨셉을 제품설계에 아무리 잘 구현시켰다고 하더라고 이를 생산할 공정이 결정되지 못한다면 생산할 수 없다.

따라서 기술성 분석에 있어서 공정설계는 우선적으로 제품설계와 상호보완적으로 이루어졌는지 검토하고 그다음으로는 공정선정의 기술적 가능성, 기계설비의 선정, 유틸리티 관련사항 등의 항목들과 유기적인 관계를 가지고 있는지를 충분히 고려하여야 한다.

가) 공정 결정 및 공정흐름도

공정결정의 타당성을 검토하는 데 있어서 고려해야 할 기술적 문제는 크게 두 가지로 대별된다. 하나는 아이템(계획제품)을 생산할 수 있는 기본적 기술능력의 보유문제(순수 기술차원)이고 또 다른 하나는 부차적인 공정기술 선택의 문제(기술의 경제성차원)가 그것이다.

공정은 업종에 따라 여러 가지 종류가 있을 수 있고 공정기술의 종류도 업종별 및 개발유형별로 아주 다양한 기술이 존재하고 있으며 계속적으로 급격한 기술개발이 이루어지고 있기 때문에 어떤 기술을 어떻게 선택하여 공정을 설계할 것인가 하는 문제는 매우 복잡하고 어려운 과제이다. 공정설계 단계에서 유의해야 할 추진항목을 간단히 살펴보면 다음과 같다.

① **공정흐름도**(공정 구성도)
- 제조 및 조립공정의 시작부터 끝까지 공정별로 구성하고 공정별 4M(기계: machine, 재료: material, 방법: method, 인력: man)을 구체적으로 명시한다.
- 공정흐름도의 적합성 평가를 위한 체크리스트를 준비한다.

② **설비 검토 및 제작**
- 설계구상, 설계검토, 시제품 제작 등을 통하여 각종 설비 요구사항을 파악하고 적절한 설비로 공정을 구축한다.
- 설비 검토서, 설비 체크리스트, 설비 제작계획서 등을 참고한다.

③ **공정배치 계획도**
- 검사 포인트, 중간 수리장소, 부적합 재료저장소 등을 결정하기 위해 준비되어야 한다.
- 재료 이동 등 공간활용도가 높도록 최적화 되어야 한다.

생산 공정(Process)이란 원재료 노동 등의 투입(Input)요소를 제품 또는 서비스 등의 산출(Output)요소로 전환(Transfer)시키는 일련의 생산과정 내지는 절차를 말한다.

공정계획은 계획제품의 생산 또는 제조 기술을 선택하고 생산 작업의 표준을 설정하는 것이라고 할 수 있다. 따라서 생산 공정은 당해 계획사업의 제품 종류 및 특성에 따라 큰 차이가 날 수 있고 동일한 제품이라 하더라도 사업 주체별로 채택하는 기술 및 생산방식에 따라 다를 수 있다.

생산공정은 가공(조립), 운반(이동), 검사(시험), 정체(저장) 등의 활동으로 구성되는 바, 이들 활동의 내용을 간단한 기호를 사용한 공정도(Process Chart)로 작성·표시함으로써 생산공정의 설계 및 분석을 위한 유용한 도구로 활용되고 있다.

그러나 전체 공정에 대하여 아주 구체적이고 세부적으로 공정내용을 외부에 밝히거나 제시하는 것은 주의해야 한다. 왜냐하면 공정기술은 기업의 특급 노하우일 뿐만 아니라 사업계획서 및 기타 외부 보고서 등의 작성 및 사용 목적상 공정내용이 공개될 수도 있기 때문이다. 참고로 생산 공정도를 예시하면 **그림 7-15** 및 **그림 7-16**과 같다.

그림 7-15 제조 공정도 참고자료 -예시 ①-

공정번호				1			2	3		4	5	6	…N
공 정 명													…
작 업 명			1.1	1.2	1.3	2.1	3.1	3.2	4.1	5.1	6.1		…
사용설비													…
사용재료													…
공 정 관 리	주기												…
	관리방법												…
	기록양식												…
담 당 자													…
관련 표준													…

그림 7-16 제조 공정도 참고자료 -예시 ②-

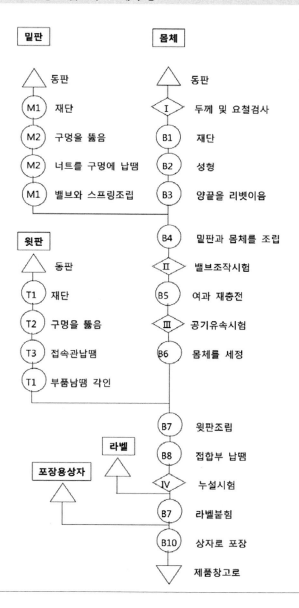

밀판

동판
M1 재단
M2 구멍을 뚫음
M2 너트를 구멍에 납땜
M1 밸브와 스프링조립

몸체

동판
I 두께 및 요철검사
B1 재단
B2 성형
B3 양끝을 리벳이음
B4 밀판과 몸체를 조립
II 밸브조작시험
B5 여과 재충전
III 공기유속시험
B6 몸체를 세정

윗판

동판
T1 재단
T2 구멍을 뚫음
T3 접속관납땜
T1 부품납땜 각인

B7 윗판조립
B8 접합부 납땜
IV 누설시험
B7 라벨붙힘
B10 상자로 포장
제품창고로

포장용상자

라벨

279

나) 기계설비 선정 및 공정능력 분석

공정문제가 결정되면 어떤 기계설비를 어떻게 사용할 것인가 하는 설비선
정의 단계로 진행된다. 기계설비의 선정은 생산능력, 설비의 경제성, 기존 설
비와의 대체문제, 전용 및 범용설비의 선택, 설비의 자동화 정도(노동집약적,
자본집약적) 등 기업경영에 많은 영향을 미치는 장기 전략적 과제로 매우 중요
한 의사결정 문제이다.

따라서 **표 7-27**과 같은 경제적인 측면 및 **표 7-28**과 같은 질적 측면을 고
려해서 계획되어야 한다.

표 7-27 기계 설비선정 시 고려사항(경제적 측면)

- 설비투자의 최소화
- 전체적 생산 소요시간의 단축
- 기존 공간의 효과적 활용
- 작업자의 안전 및 편익제공
- 생산량의 증가
- 작업 및 배치의 융통성 유지
- 자재 운반설비의 단순화
- 생산 공정의 균형
- 생산 지연현상의 감소
- 기계 및 보조 장치의 효율적 이용
- 공정 간 재고의 감소
- 환경변화에 대한 융통성 제공 등
- 설비투자의 최소화
- 전체적 생산 소요시간의 단축
- 기존 공간의 효과적 활용
- 작업자의 안전 및 편익 제공
- 생산량의 증가
- 작업 및 배치의 융통성 유지
- 자재 운반설비의 단순화
- 생산 공정의 균형
- 생산 지연현상의 감소
- 기계 및 보조 장치의 효율적 이용
- 공정 간 재고의 감소
- 환경변화에 대한 융통성 제공 등

표 7-28 기계 설비선정 시 고려사항(질적 측면)

- 생산 능력의 정도
- 요구되는 품질 수준
- 소요인력의 양과 질
- 사용의 편리성과 단순성
- 운전 및 유휴시간의 정도
- 수선 및 보전 가능성(기술, 부품의 가격 포함)
- 소요 원재료의 양
- 자재 운반 조건
- 가동준비의 난이도
- 설치의 난이도 및 결함 발생 정도
- 유틸리티(전력, 용수, 가스 등) 소요량
- 기계설비의 수명 및 잔존가치 등

이와 같은 절차를 거쳐 기계설비가 선정되면 그다음으로는 시장성 분석의 결과로 도출된 판매량에 대응할 수 있는 설비의 소요량을 추정하고, 생산 및 공정능력이 충분한지를 분석하여야 한다. 공정능력은 인적능력과 설비능력으로 나누어진다. 참고로 이들에 대하여 간략히 살펴보면 다음과 같다.

① 인적 공정능력

인적능력은 공정분석에서 파악된 노무공수를 토대로 하여 다음과 같이 계산된다.

인적능력 = 인원 수 × 능력 환산계수 × 실제(계획)가동시간 × 가동률

- 인원 수: 공정별 배치인원
- 능력 환산계수: 숙련공 기준 비숙련공의 능력환산율
  (예: 숙련공 1, 비숙련공 0.8)
- 실제(계획)가동시간: 생산능력 산출기간별 실제(계획)가동시간

(예: 실가동시간/월 = 실가동일(30일/월)

×가동시간(8시간/일) = 240시간)

• 가동률: 실적 또는 경험에 의한 가동비율

(예: 1일 실 가동수준 85%)

② 설비 공정능력

설비능력 또한 공정분석의 작업표준 설정결과 나타난 설비공수를 토대로 하여 다음과 같이 계산한다.

설비능력 = 설비대수 × 실제(계획)가동시간 × 가동률

• 실제(계획)가동시간: 실제(계획) 설비 가동시간으로 계산방식은 인적능력 계산의 경우와 동일함.
• 설비대수: 설비 소요량 추정 참조

③ 설비 소요량 추정

설비대수(소요량)는 전체 소요생산능력을 1대의 설비가 보유하고 있는 능력으로 나누어 구한다. 그러나 사실상 필요한 설비대수를 결정하는 데는 생산성, 효율 등 여러 가지 요인들을 고려하여야 하며 다수의 공정으로 다양한 제품을 생산한다고 하면 소요량 계산은 더 복잡해질 것이다. 여기에서는 간단한 계산사례를 제시하고자 한다.

ⅰ. 표준 설비시간 계산

$$Hs=\Sigma[Oj\ (Tj+Sj)+BjNj$$

Hs: 수요를 충족시키는 데 필요한 전체 표준 시간
Oj: 필요한 j 제품의 생산량
Tj: 제품 j 단위당 표준 가동 시간
Sj: 제품 j 단위당 표준 준비 시간
Bj: 제품 j 1Lot당　　 〃
Nj: 제품 j 생산 Lot 수
j: 생산제품 고유 번호

ⅱ. 실제 설비가동시간 계산

$$Ha=Hs/Ea.Pw.Em$$

Ha: 필요 실제 가동시간(추정)
Ea: 시스템 효율
Pw: 작업자 효율
Em: 기계 효율(보전, 고장 요소)

ⅲ. 필요 설비대수(소요량) 계산

$$Nr=Ha/Hc$$

Nr: 설비 소요량
Hc: 일정 기간 동안 필요 설비
단위당 작동 가능 시간

다음의 경우 "C&I 사" 는 몇 대의 기계가 필요하겠는가?

'C&I 회사'의 정보

- 주문(판매) 관련 정보
  - 생산 제품: A제품 1종류
  - 주문량: 매월 200단위
- 생산 관련 정보
  - 월 작업일수: 22일
  - 제품 1단위당 표준 기계가동 시간: 8시간
  - 제품 1단위당 기계 작업 준비시간: 0.5시간
  - 생산 로트 수: 제품 200개를 10로트로 나누어 생산함
  - 각 로트 작업 간 기계 조정시간: 4시간
  - 시스템 효율: 75%로 평가됨
  - 작업자 효율: 표준 속도(1.0)로 작업함
  - 기계 보수시간: 매일 48분 (기계효율=48분/8시간×60분=70%)

설비 소요량 추정

- 필요 설비대수 계산
 i 표준 설비시간 = 200(8+0.5)+4×10=1,740시간
 ii 실제 설비시간 = 1,740/(75%×1.0×70%)=2,035.1시간
 iii 설비 소요량 = 2,035.1시간/(22일×8시간)=11.56대

- 필요 설비대수 계산결과 검토 및 분석
 - 필요설비 계산 결과 11.56대로 산출되었음.
 - 약간의 비 가동시간(0.44대)을 가지고 12대를 보유하느냐
   작업자의 초과근무를 감안하여 11대로 하느냐의 의사결정문제가 발생됨.

☆ **최종 의사결정**
기계 1대를 초과 보유하는 비용 〈 초과근무로 인한 비용 = 12대 보유
기계 1대를 초과 보유하는 비용 〉 초과근무로 인한 비용 = 11대 보유

---

3) 작업방법 설계

작업방법은 넓은 의미에서 방법연구(method engineering) 또는 작업연구(work design)를 포함하는 개념으로 어떤 주어진 기능을 수행할 수 있는 가장 효율적인 작업방법 또는 시스템을 도출하기 위하여 기존의 공정이나 방법 또는 시스템을 분석하고 개선하는 문제해결 기능을 의미한다.

공정이나 작업방법 또는 시스템을 개선하기 위해서는 ① 제품설계 ② 작업장 ③ 작업자의 활동 ④ 작업순서 ⑤ 원재료 등과 같은 구성요소들을 과학적으로 분석하고 개선방안을 강구해야 한다.

방법설계는 제조원가 발생에 장기적으로 영향을 미치는 요소이기 때문에 사업 타당성 검토 과정 중 기술성 분석 단계에서 그 구성요소들이 적정하게 설계되었는지 빠짐없이 살펴보아야 한다.

방법연구 또는 작업연구 분야는 수많은 과제들을 미시적으로 다루는 부분이기 때문에 보다 심도 있는 분석내용이 필요한 경우에는 관련 전문서를 참

조할 필요가 있다.

4) 제품 및 공정개선

경제적 측면에서 경쟁력이 없는 기술은 기술로서의 가치가 없다고 할 수 있다. 제품설계는 공정설계에, 공정설계는 방법설계에 영향을 미치고 이들은 모두 제조원가의 고정비와 변동비 발생에 직접적인 원인이 된다. 따라서 제조원가의 최저점에 근접하는 경제적 설계가 이루어졌는지를 검토하는 단계가 필요하다.

설계단계에서뿐만 아니라 제품 및 공정설계가 완료되어 양산체제에 진입한 다음이라도 제품·공정·원료·부품의 설계 변경이나 수정을 통하여 원가 낭비요인을 제거할 수 있는 개선방안을 도출하고 시행할 수 있다. 이러한 취지에 사용되는 기법으로 대표적인 것이 가치분석(value analysis)과 가치공학(value engineering)이다.

이 기법은 1747년 미국 제너럴일렉트릭(GE)사의 마일즈(L.D. Miles)에 의하여 가치분석(VA)이라는 구매업무 개선의 한 방법으로 개발된 것이 효시이며, 그 후 1754년 미국 국방성이 이를 도입하여 가치공학(VE)이라는 명칭으로 국방제품의 시방단계에서부터 이 기법을 적용하도록 하면서부터 널리 보급되었다.

가치분석(VA)과 가치공학(VE)은 동의어로 보는 경우가 많으나 일반적으로는 제품이 생산되는 과정의 어느 단계에서 적용되는가에 따라 그 명칭이 구분되고 있다. 가치공학이 제품이나 공정의 설계에 중점을 둔다면 가치분석은 구매품(원재료, 부품 등) 또는 외주품 등에 대한 구매관리의 원가분석에 중점을 두는 기법이라고 할 수 있다.

따라서 기술성 분석과정 중 제품설계, 공정설계, 방법설계에 적용된 제반

사항에 대하여 개선의 여지가 있고 더 나은 개선방안이 도출될 수 있다고 판단되면 심층적인 검토·분석을 위하여 다시 처음의 단계로 되돌아가서 최적의 설계대안을 모색해야 한다. 가치공학에 대하여 조금 더 살펴보면 다음과 같다.

가) 가치공학(VE)의 정의

"가치공학이란 최적의 생애주기원가(Life cycle cost)로 필요한 기능을 확실히 달성하기 위하여 제품이나 서비스의 기능적 연구에 쏟는 조직적 노력"이라고 정의된다. 이를 좀 더 구체적으로 살펴보면 다음과 같다.

① 최적의 생애주기원가(Life cycle cost): 제품이 탄생하여 고객의 손에 넘어가 기대되는 기능을 달성하고 스크랩(scrap)이 될 때까지에 드는 모든 단계에서의 원가를 최소로 함.

② 필요한 기능을 확실히: 고객이 기대하는 기능의 요소에는 제품이 나와서 사용된 후 폐기될 때까지의 과정에서 필요한 신뢰성, 보전성, 안전성, 디자인 등 모든 것이 포함된다. 그러므로 가치공학은 고객이 필요하다고 인정하는 제품의 기능을 가장 싸고도 확실하게 달성하는 것을 추구하는 것임.

③ 제품이나 서비스: 가치공학의 사고방식은 제품뿐만 아니라 그 밖의 절차, 공정, 서비스 등에도 적용됨.

④ 기능적 연구: 기능을 중심으로 한 과학적 연구로서 가치공학의 중심을 이루는 개념임.

⑤ 조직적 노력: 가치향상에 필요한 모든 요소(경험, 지식, 정보, 인적 노력 등)를 시스템적으로 활용하여 팀 디자인을 함.

한편 이와 같은 정의와 더불어 가치공학은 다음과 같은 5가지의 원칙도 정립하였다.

① 사용자 우선의 원칙　　② 기능본위의 원칙
③ 창조에 의한 변경의 원칙　④ 팀 디자인의 원칙
⑤ 가치향상의 원칙

나) 가치의 의의

가치의 의미를 규정하는 것은 매우 어려운 일이다. 왜냐하면 가치라는 개념이 절대적인 것이 아니고 상대적인 것이기 때문이다. 사전에서 가치의 의미를 찾아보면 먼저 명사적 의미로는 '사물이 지니고 있는 쓸모', 그다음 철학적 의미로는 '인식주체의 주관과 대상이라는 객관 사이의 관계' 또는 '대상이 인간과의 관계에 의하여 지니게 되는 중요성' 등으로 기재되어 있다. 결국 가치는 그것을 정의하는 사람의 입장이나 동기, 태도, 장소 등에 따라 달라지는 개념임을 알 수 있다.

가치에 대하여 가장 관심이 크고, 관계가 깊은 경제학에서도 오래전부터 연구되고 있으나 명확한 정의를 내리고 있지 않으며, 일반적으로 다음과 같이 분류·정의되고 있다.

① 희소가치(scarcity value): 사물의 희소성으로 인하여 발생하는 가치개념. 예를 들면 이 세상에 그 수가 적고 가지고 싶어도 취득하기 매우 어려운 것들의 가치를 의미(골동품, 보석, 문화재 같은 것)
② 교환가치(value in exchange): 지금 가지고 있는 것과 앞으로 가지고 싶은 것의 비교에서 발생하는 가치개념. 소유자들끼리 상호 만족하는

정도로 바꿀 수 있다고 생각하는 가치를 의미함.

③ 코스트 가치(cost value): 제품을 만들어 파는 데 필요로 하는 모든 원가의 합계액.

④ 사용가치(use value): 사물이 가지고 있는 효용이 사람들의 사용욕구를 만족시키는 정도에 따라 발생하는 가치개념. 특정 사물이 사용되는 목적을 달성하는 척도에 의해 결정됨.

⑤ 귀중가치(esteem value): 사람들에게 소유하고 싶다고 생각하게 하는 부가적인 요소·특성이나 매력의 정도를 판단함으로써 발생하는 가치개념.

이와 같은 경제학적 입장의 여러 가지 가치개념과는 달리 가치공학(VE)에서의 가치의 개념은 특정 사물 자체에 대한 것이 아니라 그 사물이 가지고 있는 기능에 초점을 맞춘 것으로, 다음과 같이 제품이 요구하는 기능과 그 기능을 위하여 투입된 원가와의 관계에서 결정되는 가치를 의미한다.

가치(Value) = 기능(Function)/원가(Cost)
※ 기능: 특정 제품이 필요로 하는 기능 달성도
※ 원가: 투입된 총원가(비용)

다) 기능의 의의 및 종류

기능이란 목적달성의 역할, 수단, 사명이라 할 수 있다. 모든 제품이나 공정은 목적이 있으며 목적을 달성하는 기능을 가지고 있다. 따라서 목적을 달성하는 기능을 지니지 못하는 제품이나 공정은 존재가치가 없는 것이 된다. 왜냐하면 **그림 7-17**에서 보는 바와 같이 고객이 필요로 하거나 관심이 있는 것은 제품 그 자체가 아니라 제품이 가지고 있는 기능이기 때문이다.

가치공학(VE)은 필요기능을 최저의 원가로 달성하려는 활동이며 필요기능에 부족함이 있으면 보완하려고 한다. 보다 새로운 기능을 창출하여 기능향상과 가치향상을 추구하는 것이다. 기능의 종류를 살펴보면 **그림 7-18**과 같다.

그림 7-17 고객과 기업의 관계

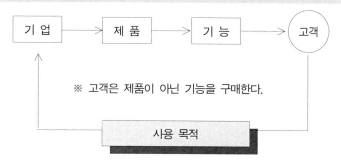

〈 기업은 생산을 통해 기능을 만든다. 〉

그림 7-18 기능의 종류

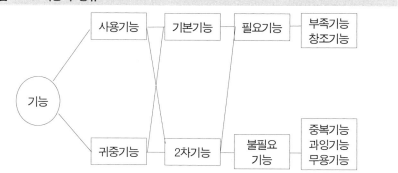

라) 가치공학의 실시단계(예시)

일반적으로 기업에서 생산되는 제품원가의 70~80%는 제품 및 공정설계 단계에서 결정된다고 한다. 왜냐하면 설계단계에서 발급된 시방(스펙)에 의해 재료와 부품의 구매 및 외주가공 등이 이루어지고 그 효율성에 따라 실제원가가 결정되기 때문이다.

그러므로 설계와 구매 및 공정 활동이 원가에 미치는 영향이 가장 큰 부분이 되며 따라서 그것이 곧 가치공학(VE)의 대상이 되는 것이다. 앞에서 언급한 바와 같이 가치공학의 원리는 기능과 원가와의 관계를 논리적으로 분석·추구하는 것이며 이를 기능적 연구라고도 한다. 기능적 연구의 실시단계를 요약하면 **표 7-29**와 같다.

■ 표 7-29 VE 실시(기능연구) 단계

기본 단계	VE 질문	세부 절차	연구내용
0. 사전 준비		활동계획 수립	테마 선정, 팀 편성, 일정계획 수립
1. 기능 정의	대상은?	VE대상의 정보수집	정통한 대상파악
	역할& 기능은?	기능의 정의	기능 명확화
		기능의 정리	기능구성 파악 및 계통도 작성
2. 기능 평가	원가는 얼마?	기능별 원가분석	상세한 원가계산
	가치는 어떤가?	기능의 평가	기능/원가
		대상 분야 선정	평가가 낮은 기능 분야 파악
3. 대안 작성	다른 방법은?	아이디어 발상	가치 있는 아이디어 발상 및 선택
	원가는 얼마?	개략 평가	아이디어 적용, 이점&결점 확인
	기능 달성도는?	구체화 · 조사	결점을 극복, 세련화 도모
	개선 후 원가는 얼마? 기능 달성도는?	상세 평가	- 실증데이터 조사 수집 - 최선의 대안 선정 - 개선효과의 명백화
		제안	- 최적안 채택 브리핑 - 활동 성과평가 - 발표&보고서 정리
4. 사후 관리		실시 · 가치보증	- 실시 및 결과평가 - 피드백

5) 입지 및 건설

가) 시설 입지

시설 및 공장의 입지는 기업의 장기적 경영의사결정 문제에 속한다. 왜냐하면 일단 입지가 선정되면 막대한 투자가 뒤따를 뿐만 아니라 장기적으로 제품원가에 영향을 미치는 여러 가지 요인과 밀접한 연관관계를 가지는 문제이기 때문이다.

입지의 선정은 공장입지라고 하는 개별적 문제가 아니라 '생산-수송-저장'이라는 기업의 총괄시스템 문제 중 가장 중요한 하드웨어적 요소가 된다. 따라서 전략적 차원에서 제품의 생산으로부터 최종소비자에 이르는 물류관리시스템(logistic system)의 개념과 기능을 감안하여 결정되어야 한다.

한편 입지문제는 어느 지역을 선택할 것인가 하는 광의의 입지(location) 개념과 그 지역 중 어느 지점을 최종 부지로 선정할 것인가 하는 협의의 입지(site) 개념을 모두 포함하기 때문에 오래 전부터 여러 가지 다양한 연구와 주장이 제기되어 왔다.

일반적으로 입지의사결정은 ① 입지 선정기준과 관련된 입지 적정성 문제 ② 입지 선정요인과 관련된 입지 타당성 문제 ③ 입지 선정기법과 관련된 입지 적합성 문제 등을 중심으로 전개되어 왔으며, 본서 제1장 및 제2장의 '사업의 요건'과 '사업화 가능성' 부분에서 이 문제를 포괄적으로 언급한 바 있다. 이와 같은 입지결정에 대한 문제를 심도 있게 검토·분석하자면 복잡하고 어려운 부분이 무수히 많으나 대부분의 공업입지론 연구는 경제적 측면을 중심으로 이루어지고 있다.

여기에서는 이상의 논의를 고려하여 입지결정요인을 **표 7-30**과 같이 질적 요소와 양적 요소로 대별하여 요약하고자 한다.

표 7-30 입지 결정의 제 요소

구분	관점	상세 항목	
질적 요소	자원 관점	- 노동력의 수와 질, 숙련도, 생산성 - 토지구입 여부 - 원재료 획득 가능성 - 하청업체와 노동력의 존재 여부 - 수송설비 ,도로, 항공, 철도 등 사회 간접자본 이용가능성 - 전력, 용수, 가스 등 유틸리티 획득 가능성 등	
	지역 사회 관점	- 해당 사업에 대한 수용태세 - 부지 단가 및 건설문제 - 환경, 기후, 학교, 주거 시설 - 세제, 기타 법규, 대 정부 관계 - 국토개발계획 등 지역사회 개발전략 등	
	경제적 관점	- 시장 형성 가능성 - 공해문제 - 노사관계 - 기타 등	
양적 요소	구체적 비용	- 부지 비용 - 원재료 및 연료 수송비 - 동력 및 용수비 - 노무비 - 공장 이전비용(유휴비용 포함) 등	- 임차, 구입, 건축비 - 제품 수송비 - 조세 및 보험료 - 구매비
	추상적 비용	- 노동력 획득의 경제성 - 노동조합의 태도 - 지역사회의 성장도 - 지방 법규 및 관습 - 생활환경 부적격으로 인한 기회손실 등	- 교육훈련의 난이 - 공장에 대한 지역사회의 태도 - 경쟁기업에 대한 영향력 - 기후 관련 비용

나) 공장 건설

시설 및 공장의 건축은 입지, 시설규모, 설비배치 등의 문제와 밀접한 관계가 있으며, 특히 시장성에 대응하는 생산·공급능력의 적절성 여부를 평가하는 사업규모의 타당성 분석과 관련하여 그 중요성을 갖는다. 건설에 대한 타당성 분석은 건설규모, 건설공정, 건설시기, 건설비용 등을 종합적으로 고려하여야 한다.

건설규모는 앞에서 살펴본 바와 같이 기계장치를 비롯한 생산 시설, 주건물 및 부속건물, 기타 제반 시설의 공간구조(넓이와 높이)와 관련된다.

건설공사 및 시기는 건설계획 및 공정에 무리가 없이 자재수급이 이루어지고 착공 및 준공시기가 적정하게 계획되고 추진될 수 있도록 설정되었는지를 검토하여야 한다.

건설비용은 착공이전비용(건설 조사연구비, 설계비, 창업비 등)과 건축공사비용(주 건물 및 시설, 보조건물 및 시설, 건설이자 등) 및 준공이후비용(감리비, 허가 및 등기비 등)을 모두 포함하여야 한다.

참고로 건물 신축에 필요한 고려항목을 살펴보면 다음과 같이 요약할 수 있다.

① 건축규모는 향후 매출규모, 투자비 등을 고려할 때 적정 수준인가?
② 시설 및 건물 배치가 생산 및 물류활동에 적합하게 설계되었는가?
③ 생산계획에 따른 시설 장치의 규모는 적절한가?
④ 생산성 향상을 위한 설비배치를 고려한 건설인가?
⑤ 특수설비(크레인, 차량운반구 등)의 설치가 가능한 구조인가?
⑥ 정밀가공과 관련된 진동, 충격발생 등의 요인을 고려하였는가?
⑦ 방음 및 보호벽 등은 필요한가?
⑧ 기업 내 조직 및 업무활동 간의 관련성을 고려하였는가?
⑨ 건물 신축과 건물임대와의 비용편익 분석을 실시하였는가?

6) 설비 배치

가) 설비배치의 의의 및 목적

설비배치는 공장 내의 기계, 설비 등을 장소적·시간적·비용적 측면에서 가장 효율적으로 배열함으로써 생산활동의 최적흐름을 실현하려는 장기적 생산계획 기능의 하나이다.

효율적인 설비배치는 제조·공학적 측면뿐만 아니라 작업자의 안전, 품질의 확보, 환경변화에의 대응 등 경영 전략적 차원에서도 매우 중요한 역할을 하게 되므로 신중한 접근이 요청된다.

이와 같은 설비배치의 목적을 요약하면 다음과 같다.

① 설비투자의 최소화
② 생산 소요시간의 최소화
③ 기존 면적의 효과적 이용
④ 작업자의 안전 및 편의제공
⑤ 작업 및 배치의 신축성 유지
⑥ 작업물 운반비용의 최소화
⑦ 운반설비의 단순화
⑧ 생산공정의 균형적 촉진
⑨ 조직구조의 효율적 유지

나) 설비의 흐름 및 배치의 종류

설비의 흐름 형태는 일반적으로 수평흐름과 수직흐름으로 대별된다. 수평흐름 형태에는 다음과 같이 기본적인 5가지 유형이 있으며 이들을 조합하여 여러 가지 다른 형태의 설비흐름을 개발할 수 있다.

① 직선형 흐름: 가장 단순한 형태의 흐름이다. 그러나 실제 공장에 적용할 때에는 보통 별도의 입하 및 출하인원을 두어야 한다.
② L자형 흐름: 일반적으로 직선형 흐름이 기존 설비 내에 수용 불가하거나 건설비가 직선형 흐름을 허용하지 않을 때 채택된다.
③ U자형 흐름: 입하 및 출하활동을 통합하기 쉽기 때문에 상당히 인기가 있는 흐름이다.
④ 원형(O)흐름: U자형과 유사한 원형흐름은 시작된 지점 바로 근처에서 흐름을 끝내고 싶을 때 적용된다.
⑤ 곡선형(S)흐름: 이 형태는 생산라인이 너무 길어서 여러 번 접어야할 때 사용되는 흐름이다.

수직흐름 형태는 단층 및 중층 건물에 다같이 적용된다. 콘베이어화한 물류흐름으로 인하여 머리 위의 공간을 활용하기 위한 수직흐름 형태의 배치설계가 대두되었다. 중층구조 건물의 경우, 층간의 이동형태(수직 혹은 경사면)에 따라 순행 또는 역행의 승강방식이 결정되고, 입구와 출구의 형태에 따라 여러 가지 다양한 흐름형태가 있을 수 있다.

설비배치의 종류는 배치의 흐름형태를 좌우하는 요소로서 대표적으로 제품별 배치와 공정별 배치로 나누어진다.

제품별 배치는 라인별 배치라고도 하며, 기계나 설비를 제품의 가공순서에 따라 미리 배치하여 고정시켜 놓은 형태를 말한다. 공정별 배치는 기능별 배치라고도 하며, 기계나 설비를 각각 비슷한 또는 같은 종류의 기능을 수행하는 것끼리 집합시켜 배치한다.

제품별 배치와 공정별 배치의 장·단점을 비교하면 **표 7-31**과 같다.

표 7-31 배치형태별 장·단점 비교

구분	제품별 배치	공정별 배치
장 점	- 배치가 작업순서에 대응하므로 원활하고 논리적인 라인이 생김. - 한 공정의 작업물이 다음 공정에 공급되므로 재공품이 감소함. - 단위당 총 생산 시간이 짧아짐. - 앞뒤 작업 간의 거리를 최소화하여 물자취급이 감소함. - 보통 단순작업 형태이므로 교육훈련이 쉽고 비용이 저렴함. - 단순한 생산계획 및 통제시스템이 가능함. - 재공품과 임시보관에 작은 공간이 점유됨.	- 기계의 이용률이 높아짐에 따라 기계의 수가 적어짐. - 특정한 임무를 위한 장비나 인원의 배정에 대한 융통성이 높아짐. - 기계에 대한 투자비가 비교적 적어짐. - 직무의 다양성으로 작업자에게 흥미와 만족감을 부여함. - 전문적인 감독이 가능함.
단 점	- 기계 하나가 고장나면 전 라인이 정지됨. - 제품설계가 변경되면 대규모 배치변동이 발생함(변동 곤란). - 생산 진도가 가장 느린 기계에 의해 결정됨. - 전문적이기보다 일반적인 감독형태임. - 이용률이 낮은 기계설비가 있을 수 있으므로 투자비용이 높아짐.	- 통상 라인이 길어지므로 원가 발생액이 커짐. - 생산계획 및 통제체계가 복잡해짐. - 총 생산시간(제품화 시간)이 길어짐. - 재공품 재고가 비교적 많아짐. - 투자자본이 공간과 재공품 재고에 묶이는 현상이 발생함. - 작업이 다양하므로 수준 높은 기술을 필요로 함.

다) 체계적 배치계획 기법

설비배치문제의 효율적 해결을 위하여 많은 종류의 체계적인 컴퓨터프로그램이 개발되었는데, 이들 중 가장 기본이 되는 기법이 머더(R. Muther)의 체계적 배치계획(SLP: systematic layout planning)이다. 「머더」는 설비배치계획 수립 단계를 다음과 같이 4가지 단계로 제시하고 있다.

① 설비배치 입지(location) 선정
② 개괄적 배치 안(overall layout) 수립
③ 세부 배치 안(detail layout) 수립

④ 설비 설치(installation)

위의 4가지 단계 중 ②와 ③의 단계가 체계적 배치계획(SLP)의 전체적인 골격이라 할 수 있다. 이를 도시하면 **그림 7-19**와 같다.

체계적배치계획(SLP)의 절차를 요약하면 다음과 같다.

① 입력자료 및 정보의 수집: SLP를 위해서는 제품(P)·수량(Q)·공정(R)·서비스(S)·시간(T)·등 여러 가지 정보자료가 필요하다.

② 흐름 분석: 위 ①의 자료 및 정보가 수집되면 이들의 흐름을 분석하게 된다. 원재료부터 제품이 완성되기까지의 흐름을 촉진하기 위한 배치가 설계된다. 설비배치에 영향을 주는 요소에는 다음과 같은 것들이 있다.

- 외부 운반설비   -제품 내의 부품 수
- 각 부품에 가해지는 작업의 수 및 작업순서
- 조립 부품 수   - 생산단위의 수
- 작업장 간에 필요한 흐름 - 작업공간의 크기 및 모양
- 공정의 영향   - 흐름형태의 유형
- 서비스 지역의 위치   - 생산부서의 위치
- 재료 보관   - 건물 등

③ 활동 분석: 활동분석이란 자재의 흐름 등과 같이 정량적으로 표시하기 어려운 여러 가지 활동의 관계를 활동관련표를 이용하여 정성적 요소들을 포함하여 평가하는 것이다. 평점은 A(절대적으로 중요), E(특히 중요), 중요(I), 보통(O), 중요 안함(U), 바람직하지 않음(X)으로 표시한다.

④ 설비 상호관계도: 위 ②와 ③의 절차가 끝나면 두 가지 결과를 절충하여 상호관계도(relationship diagram)를 작성한다. 상호관계도를 작성

할 때는 근접도의 필요성이 가장 큰 두 부분으로부터 시작하여 작은
부분으로 순차적으로 배치한다.

⑤ 공간소요 및 가용성: 필요면적과 가용면적의 균형을 도모하고, 면적
상호관계도(space relationship diagram)를 작성한다.

⑥ 배치안 평가 및 선택: 앞의 여러 단계를 거쳐 설비배치 대안이 개발
되었으면 수정요건과 현실적 제한사항 등을 고려하여 대안을 평가하
고, 최적대안을 선택하게 된다.

그림 7-19 체계적 배치계획(SLP)의 절차

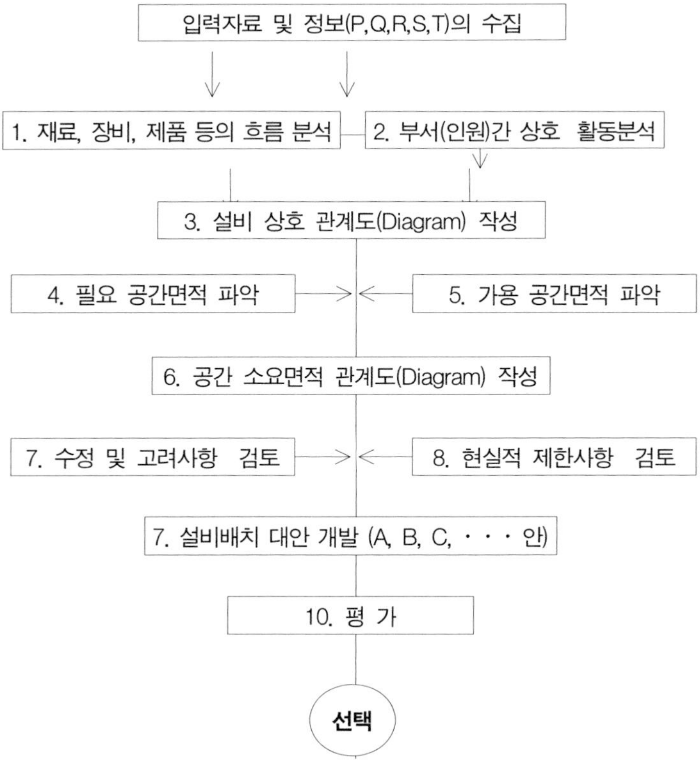

입력자료 및 정보(P,Q,R,S,T)의 수집

1. 재료, 장비, 제품 등의 흐름 분석 — 2. 부서(인원)간 상호 활동분석

3. 설비 상호 관계도(Diagram) 작성

4. 필요 공간면적 파악 >< 5. 가용 공간면적 파악

6. 공간 소요면적 관계도(Diagram) 작성

7. 수정 및 고려사항 검토 >< 8. 현실적 제한사항 검토

7. 설비배치 대안 개발 (A, B, C, ··· 안)

10. 평 가

선택

라. 제조원가의 추정

1) 제조원가 추정의 기본개념

기술조사, 즉 상세한 기술분석 단계를 거치는 과정 중에서 제품의 제조 및 생산과 관련된 각종 원단위가 도출된다. 제품설계와 관련된 재료 원단위, 공정설계와 관련된 기계설비 원단위, 방법설계와 관련된 노무 원단위 등이 그것이다. 그리고 입지·건설, 시설배치 등과 관련된 제반 원가 추정자료도 함께 수집된다.

이들 원단위에 단위당 가격(원가)을 적용하면 총 제조원가가 추계될 수 있는 것이다. 총 제조원가는 직접재료비, 직접노무비, 제조간접비의 합계액에서 재고 및 재공품의 액수를 감안하여 산출된다.

이를 도시하면 **그림 7-20**과 같다.

그림 7-20 제조원가 추정의 기본 개념 및 추정 내역 -사례-

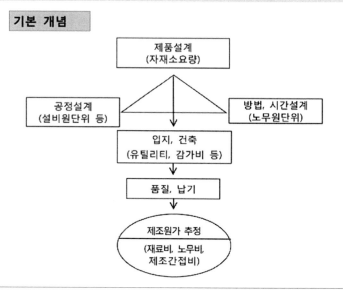

299

그림 7-20 제조원가 추정의 기본 개념 및 추정 내역 -사례-

추정 내역

구분	년 도					비고
① 시장 규모						
② 산업 생산능력						
③ 자사 생산능력(예상)						
④ 생산 능력기준 시장점유율(②÷③)						
⑤ 자사1차시장수요 (①×④)						
⑥ 상대적 경쟁(가동)지수						
⑦ 자사2차시장수요(⑤×⑥)						
⑧ 추정매출규모(Min ③or⑦)						
⑨ 판매단가						
⑩ 추정매출규모:(⑧이 량일 때) (⑧×⑨)						

2) 제조원가 추정사례

가) 직접재료비 추정

원재료 소요량은 제품설계를 기초로 하여 작성된 제품별 부품리스트(Parts List) 또는 자재명세서(Bill Of Materials) 등을 통하여 파악할 수 있다.

제품의 종류나 내용에 따라 다르겠지만 일반적으로 원부재료는 수많은 품목으로 구성되고, 급속한 기술진보에 따른 기술수명 단축과 더불어 원 부재료의 수명 또한 짧아지는 현상을 나타낸다. 따라서 기술성을 분석하고자 할 때 재료비 추정에 대비하여 중점분석(ABC분석)을 통하여 원단위의 변동 여부를 주의깊게 살펴보아야 한다.

원재료 소요량은 제품 원단위(제품단위당 소요량)를 파악하고 제품별 원단위와 생산(계획)수량을 곱하여 원재료소요량을 계산한다.

원재료 소요량＝원단위(제품단위당 원재료 소요량) × 제품생산 (계획) 수량

원단위는 기준(표준) 소요량과 이에 대한 손실률 또는 할증률 등을 감안하여 설정하여야 한다. 또한 순수원료나 소재가 아닌 중간부품 또는 부분품 (Sub Ass'y) 형태로 파악하여 활용할 수도 있다.

실무에 응용할 수 있는 재료비 추정 양식 및 세부 검토항목 사례를 살펴보면 표 7-32와 같다.

표 7-32 직접재료비 추정 양식 및 검토항목 -사례-

직접재료비 추정 양식

제품명:

재료 구분	재료명	규격	단위	기준 소요량	손실 (할증)율%	재료 원단위	단가	금액

직접재료비 세부 검토 항목

구분	세부 검토항목	관련 기법 및 자료
재료비	제품설계, 공정설계 단계에서의 재료비 절감 및 수율 향상	표준화, 가치공학, 제조 스펙설계, 재료 부품 구성표, 공정도 등
	견적 계산, 발주절차의 합리화 정도	구매 시방서, 구매시장조사, 발주처 선정 합리화 등
	발주 보관 중의 불량 및 감모·감손 방지	검사절차 합리화 및 수입검사기술 향상, 재고관리의 적정화 등
	공정 수율향상 및 불량률 절감	기술표준, 작업표준, 품질관리 기법의 활용 정도 등

나) 직접노무비 추정

직접노무비 추정은 기본적으로 공정 및 방법설계에 의하여 도출된 각종 기초자료들로 파악할 수 있다. 즉 제품생산에 필요한 인적 작업에 대하여 공정별, 사용기계 공구, 작업의 방법과 순서, 작업에 종사하는 노동의 등급 등을 고려하여 시간연구, 동작연구, 작업연구 등의 과학적·통계적 조사자료에 의하여 노무원단위가 설정되는 것이다.

기술성 분석을 위한 노무비 추정의 경우, 노무 원단위뿐만 아니라 노무 임률에 대해서도 주의를 기울여야 하는데 특히 부적절한 임율의 적용, 비적정 노동등급 사용, 직종별 기준임금의 차이 등의 문제를 고려하여야 한다.

실무에 응용할 수 있는 노무비 추정 양식 및 세부 검토항목 사례를 살펴보면 **표 7-33**과 같다.

표 7-33 직접노무비 추정 양식 및 검토항목 -사례-

직접노무비 추정 양식

제품명:

부품명	공정	기준 배치 인원	단위 작업 시간	연 작업 시간	기준 생산량	노무 원단위	임율	금액

직접노무비 세부 검토 항목

구분	세부 검토항목	관련 기법 및 자료
노무비	설계단계에서 가공방법의 표준화 및 간이화	표준화, 공용화, 가치공학 등
	제조기술 단계에서 가공방법의 개선	공정설계, 작업표준 등
	생산계획 단계에서 생산 소요시간, 공정 기간의 단축	생산계획, 일정계획, 롯트 계산, 부하조정 등
	공정 간의 작업배분, 진행관리에 의한 작업능률 향상	공정관리, 진도관리, 작업지시 및 할당 등

표 7-33 직접노무비 추정 양식 및 검토항목 -사례-

구분	세부 검토항목	관련 기법 및 자료
노무비	작업방법, 설비배치 등 작업개선에 의한 공수 및 대기시간	작업개선, 공정개선, 운반관리, 자동화 및 성력화 등
	설비 고장 및 작업대기 가동정지 감소	설비예방보전 등
	수율향상, 불량감소 등	품질관리, 실험계획법 등
	근로의욕 향상, 가동률 향상	교육훈련 적재배치, 인간관계 관리 등

직접노무비 세부 검토 항목

다) 제조간접비(경비) 추정

제조간접비(경비)는 제품의 생산을 위하여 소비된 원가 중 직접재료비와 직접노무비를 제외한 모든 제조원가(경비) 요소를 의미하며, 대부분 공정 및 방법설계와 관련되어 발생하는 경비와 생산지원 조직과 관련된 인적 및 물적 비용요소들로 구성된다.

원가회계상 생산 및 제조활동에 필요한 제반 경비의 비목은 여러 가지가 있으나 일반적으로 다음과 같이 분류된다.

① 지급경비: 실제 지급액이 수시로 발생되는 경비
   (예: 복리후생비, 여비교통비, 수선비, 접대비 등)
② 월할경비 월, 분기, 반기 또는 1년 등의 일정 기간 단위로 발생되는 경비
   (예: 보험료, 회비, 조세공과금, 구독료, 특허사용료 등)
③ 측정경비: 사용량을 계량기 또는 계측기를 이용하여 소비량을 측정하는 경비

(예: 전력비, 가스료, 수도료, 용수비 등)

④ 발생경비: 현금지출은 없으나 실제 발생의 경우에 원가로 계산하는 경비

(예: 감가상각비, 실사감모비 등)

실무에 응용할 수 있는 제조간접비 추정 양식 및 세부 검토항목 사례를 살펴보면 **표 7-34**와 같다.

표 7-34 제조간접비 추정 양식 및 검토항목 -사례-

제조간접비 추정 양식

제품명:

경비 계정과목	산출근거	금액

제조간접비 세부 검토 항목

구분	세부 검토항목	관련기법 및 자료
제조 경비	예산, 조업도(생산액) 등에 대응하는 경비의 관리	예산 대비 실적 관리시스템
	공구, 기구, 보조재료 소모품등의 낭비 제거	공구 및 기구관리, 보조재료 소모품 등의 입출고 관리 합리화
	공구 기구 보조재료 소모품 등의 감모 및 손모방지	창고관리
	유틸리티 비용 절감	설비관리, 작업관리
	생산지원을 위한 제 비용의 합리화, 간접 인건비 절감	조직관리, 사무관리

라) 재고 및 재공품 평가

원가회계상 제조원가는 재료비와 노무비 및 제조간접비(경비)의 합계액에

서 재고 및 재공품 평가액을 가감하여 산출한다. 이때 적용되는 재고 및 재공품 평가 방법을 살펴보면 **표 7-35** 및 **표 7-36**과 같다.

표 7-35 재고액 평가 방법 -사례-

구 분	연 도 별					비 고
	1	2	3	4	5	
Ⅰ. 제품						판매방법, 납기, 수량 등을 고려하여 안전재고 수량을 추정하고 제품 완성수량을 역산
2. 안전재고(00일분)	30	60	60	65	75	
① 당기판매계획수량	54	720	1,400	1,400	1,500	
3. 기초재고	0	30	60	60	65	
※ 당기제품완성수량	84	750	1,400	1,405	1,510	
Ⅱ. 재공품						제품생산 소요일 수, 원단위 등을 고려하여 완성량에 대한 안전 재공품 재고량을 역산
2. 안전재고(00일분)	20	38	40	42	50	
① 당기제품완성수량	84	750	1,400	1,405	1,510	
3. 기초재고	0	20	38	40	42	
※ 당기투입수량	104	768	1,402	1,407	1,518	
Ⅲ. 원재료						자재리드타임, 발주횟수 등을 고려하여 투입량에 대한 자재 안전재고량을 역산
2. 안전재고(00일분)	76	175	176	170	227	
① 당기투입수량	104	768	1,402	1,407	1,518	
3. 기초재고	0	76	175	176	170	
※ 당기매입수량	300	847	1,403	1,421	1,555	

표 7-36 재공품 평가 방법 -사례-

Ⅰ. 평균법: (기초재공원가+당기제조비용)

$$\times \frac{기말재공환산량}{(당기완성수량 + 기말재공환산량)}$$

Ⅱ. 선입선출법: (당기제조비용)

$$\times \frac{기말재공환산량}{(당기완성량 - 기초재공환산량 + 기말재공환산량)}$$

※ 완성량〈기말환산량:

$$(당기제조비용) + 기초재공원가 \times \frac{(기초재공환산량 - 완성량)}{기초재공환산량}$$

Ⅲ. 후입선출법

① 기초환산량〉기말환산량=기초재공원가×$\dfrac{기말재공품환산량}{기초재공품환산량}$

② 기초환산량〈기말환산량=

(기초재공품원가)+(당기제조비용×$\dfrac{기말환산량 - 기초환산량}{완성량 - 기초환산량 + 기말환산량}$)

4-3. 수익성 및 경제성 분석

가. 수익성 분석

1) 수익성 분석의 개념 및 분석절차

가) 수익성 분석의 개념

사업 아이템의 시장성과 기술성이 훌륭하여 성공적으로 생산과 판매가 이루어진다고 하더라도 기대수익 또는 목표이익이 발생되지 못한다면 그 아이템은 사업으로서의 가치가 없다고 할 수 있다.

앞의 '사업 타당성 분석 개요' 부분에서 언급한 바와 같이 아이템의 사업화를 추진하기 전에 사업의 성공가능성, 즉 목표이익 달성여부를 조사·검토하는 것이 사업 타당성 분석이고, 목표이익은 아이템의 매출을 통하여 발생되는 목표수익에서 제조 및 관리 운영에 필요한 허용비용을 공제하여 산출되므로 결국 수익성 분석은 사업 타당성 분석의 결론이자 목적이라고도 할 수 있다.

일반적으로 수익성이란 일정 기간의 경영성과를 의미하는 개념이며, 재무적 측면에서는 수익을 얻기 위하여 제품과 서비스로 전환된 투자자본(총자산)의 효율적 운용의 결과로 얻어지는 이익의 크기를 의미한다.

이와 같이 수익성 분석은 사업의 목표가 적정 이윤의 추구에 있다는 관점에서 시장성 분석과 기술성 분석을 통하여 획득한 정보·자료를 바탕으로 사업 소요자본의 규모를 결정하고 사업의 수익성을 추정한다. 이는 종합적인 경제성을 평가하는 데 필요한 사업의 현금흐름(Cash Flow)을 추정하는 활동을 의미한다.

나) 수익성 분석의 절차

수익성 분석은 앞에서 누차 언급한 바와 같이 시장성 분석결과에 의한 판매계획 수립과 이에 근거한 매출 추정(예상 수익) 및 기술성 분석결과에 의한 생산계획 수립과 이에 근거한 제조원가추정(예상 제조비용)을 전제로 한다.

그다음에는 판매전략과 생산전략 및 기타 관리전략을 제대로 추진하기 위한 경영관리 기본계획(비 유동자산 투자계획, 조직·인력계획, 연구·개발계획 등)이 체계적이고 합리적으로 수립되어 있는지를 상세히 검토해야 한다. 경영관리 기본계획은 흔히 일반관리 계획이라고도 하는데, 이 모든 계획에 소요되는 투자자금은 매출 실현과 관련된 판매비와 더불어 일반관리비 항목으로 추정재무제표에 집계된다.

각종 경영계획의 적정성을 분석·검토한 다음에는 이들 계획을 실현시킬 수 있는 자금(돈)이 얼마나 필요하며, 필요자금을 어떻게 조달할 것인가 하는 자금계획을 통하여 자금수급에 문제점이 없는지를 살펴보아야 한다. 기업경영에 있어서 혈액과도 같은 자금과 관련된 계획을 넓은 의미로는 재무계획이라고 하며, 재무계획은 자금계획과 이익계획으로 구성된다.

이상과 같은 절차가 끝나면 수익성을 분석하기 위한 재무제표, 즉 추정재무상태표와 추정손익계산서를 작성하게 된다. 추정수익 또는 추정손익은 일정 기간 동안의 경영성과를 나타내 주는 손익계산서와 일정시점의 재산상태를 표시하는 재무상태표가 작성되어야만 추정 가능하기 때문이다. 수익성 분석은 종합경제성 평가를 위한 재무정보, 특히 현금흐름(cash flow) 정보가 도출되면 종료된다.

이상과 같은 수익성분석의 절차를 도시하면 **그림 7-21**과 같다.

그림 7-21 수익성 분석의 절차

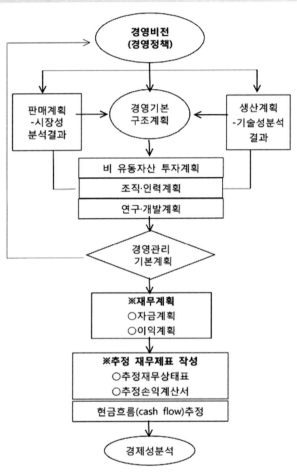

2) 경영관리 기본계획 검토

가) 비유동자산 투자계획

판매계획과 생산계획이 수립되면, 장기적인 경영비전 및 전략구상하에서 이 두 가지 부문계획을 종합하여 경영의 기본 구조계획을 수립하여야 한다. 이를 경영 기본계획 또는 경영관리 기본계획 이라고 할 수 있다.

경영기본 구조계획의 주된 내용은 계획사업과 관련하여, 경영부문(생산부문, 판매부문, 관리부문 등)이 사업을 원활히 운영해 나가기 위해서 반드시 필요한 시설·설비 등의 하드웨어와 소프트웨어(조직, 인력 및 제반 운용시스템)를 구축하는 것이 된다.

비유동자산 투자계획 중 유동자산 투자와 관련된 내용은 기술성 분석 과정에서 도출되는 정보자료를 기본으로 하여 검토하면 별 무리가 없다. 그러나 토지나 건물, 기계설비 이외에도 차량운반구, 집기비품 등의 유형자산이 있고, 기술성 분석에서 검토되지 않은 투자자산이나 무형자산 및 기타비유동자산 등도 있으므로 이들에 대한 계획 내용이 있는지 분석이 필요하다.

투자자산은 투자부동산, 장기투자증권 등 투자 목적으로 보유하는 특정 자산을 말하고, 무형자산은 영업권, 산업재산권, 개발비 등 기업회계기준상 모양(실체)이 없는 자산을 의미한다. 참고로 실무에 응용할 수 있는 비유동자산 투자계획 양식을 제시하면 **표 7-37**과 같다.

표 7-37 비 유동자산 투자계획 추정 양식 -사례-

구분	항 목	세부내역	수량	금액 (천 원)	투자예정 시기(년/월)	비고
투자자산	1. 투자부동산 2. 장기투자증권 3. 4.					
	합 계					
유형자산	1. 토지 2. 설비자산 3. 차량운반구 4. 집기비품 5.					
	합 계					
무형자산	1. 영업권 2. 산업재산권 3. 개발비 4.					
	합 계					
기타	1. 2. 3.					
	합 계					
총 계						

나) 조직 및 인력계획

(1) 조직계획

조직 및 인력계획은 경영의 소프트웨어를 결정하는 기본 구조계획이다. 경영 기본구조계획의 내용은 판매부문과 생산부문 및 일반관리부문(판매와 생산을 제외한 부문의 총칭)에서 사업을 운영해 나가는 데 필요한 하드웨어(시설, 설비 등)와 소프트웨어(조직, 인력 및 운용시스템)를 어떻게 준비해 나갈 것이며, 이들을 어떠한 방식과 수준으로 적절히 조정할 것인지를 결정하는 데 있다.

조직의 유형과 구조를 어떻게 설계할 것인가는 계획사업의 내용과 규모, 계획사업이 처한 상황변수, 조직특성 및 조직유효성 변수 등 여러 가지 요인에 따라 달라질 것이다. 기능 중심 조직이냐, 제품 중심 조직이냐 아니면 사업부제 형태를 취할 것이냐, 매트릭스 조직으로 갈 것이냐 등 조직설계와 관련된 문제에 대해서도 충분한 연구와 검토를 거쳐서 계획이 수립되었는지 살펴보는 것이 좋다.

조직계획과 관련하여 일반적으로 접근할 수 있는 방법은 계획제품의 종류가 많지 않고 규모가 그리 크지 않다는 전제하에 우선 제품 중심 조직 구조(몇 가지 제품을 담당하는 조직형태)를 기본으로 하여 판매부문, 생산부문, 관리부문의 기능별 조직구조를 채택하되 직접부문과 지원부문으로 나누어 조직구조를 설계하는 것을 들 수 있다(그림 7-22 참조). "사업은 사람"이라는 말처럼 사람이 모든 활동의 주체이지만 경영조직의 개념을 도입하여 개인이 아닌 조직적인 팀 또는 조직 활동단위가 사업을 수행해 나간다는 입장에서 조직을 설계하는 것이 필요하다.

그림 7-22 조직구조 계획-사례-

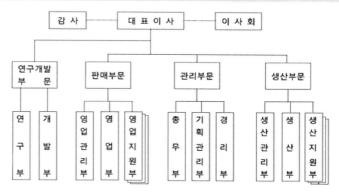

(2) 인력계획

오늘날과 같은 지식경영 시대에 인력계획에 대한 중요성은 더 이상 강조할 필요가 없다. 인력계획은 조직계획에 의거하여 경영 조직부문별, 직위 또는 직급별로 구분하여 소요인력을 파악하여 작성한다.

조직계획이 적절하게 수립되지 못하고, 조직 부문별 업무량이 제대로 파악되지 못한 상태에서 인력계획을 수립하고자 하면 단위조직이 너무 세분화하거나 불필요한 조직분화에 따른 조직단위 책임자(예를 들면 부장, 과장 등)의 인원이 늘어나 직위별 인력구성이 형편을 잃게 된다. 조직단위별 업무량 분석 및 단위 직무별 직무분석을 염두에 두어야 하는 이유가 여기에 있다.

직위 또는 직급별로 구분하여 인력계획을 작성하는 것은 계획사업의 내용과 규모는 물론 조직체계와 인력운영상 경영계층별(최고 경영층, 중간 관리층, 하부 감독층 및 실무 작업층 등) 인력구성의 적정성을 검토하고 분석할 수 있는 자료로 활용될 수 있기 때문이다.

인력계획 수립에서 고려해야 할 또 하나의 기본적인 요소는 조직체계와 부문별 업무분장 내용, 단위 직무별 업무량 및 직무수행 요건 등을 종합적으로 고려한 '직무분석'을 통하여 인력계획의 소수정예주의, 적재적소주의를 염두에 두어야 한다는 것이다.

실무에 응용할 수 있는 인원계획 및 인건비 추정 양식을 제시하면 **표 7-38**과 같다.

다) 연구 개발계획

연구개발 계획은 급속한 미래 환경변화에 대응하여 창업 또는 신규사업을 지속적으로 성장·발전시키고, 계속기업(Going concern)으로서 유지·존속시켜 나가기 위한 토대가 되는 경영 기본계획이다.

고객욕구의 다양화, 고급화와 더불어 기술혁신에 의해 가속화되고 있는 제품 수명주기(Product life cycle)의 급격한 단축은 종래의 지식·경험의 범주를 벗어나 새로운 지식과 기술에 근거한 신제품을 요구하고 있다. 현실적인 입장에서 한두 가지의 주력아이템에 의존하여 추진되는 창업 또는 신규사업의 경우에는 더더욱 미래 사업에 대한 연구·개발계획을 수립하고 이를 전략적으로 추진해 나가야 할 필요성이 높아지는 것이다.

■ 표 7-38 인건비 추정 및 인원계획 수립 양식-사례-

인건비 추정 양식

부 문	구분 및 직급	기 준 급 여 (월평균)	연 평균 급여액 (천 원)					법 정 복리비
			급 여	상여금	연월차 (제수당)	퇴 직 충당금	합 계	

기준 급여 및 법정복리비 산출근거

• 기준급여:
• 상여 및 제 수당:
• 법정복리비:

인력계획 수립 양식

부문별	구분 및 직위		1차 연도	2차 연도	3차 연도	비고
판 매 부 문	관리 지원 부문	임 원 부 장 과 장 사 원				
		계				
	직접 부문	숙련사원 비숙련원				
		계				

표 7-38 인건비 추정 및 인원계획 수립 양식-사례-

인력계획 수립 양식

부문별	구분 및 직위		1차 연도	2차 연도	3차 연도	비고
생산부문		계				
	관리지원부문	임　　원				
		부　　장				
		과　　장				
		사　　원				
		계				
	직접부문	숙련사원				
		비숙련원				
		계				
	소　　계					
관리부문	임　　원					
	부　　장					
	과　　장					
	사　　원					
	소　　계					
합　　　계						

　신제품·신기술 개발에 필수적인 연구·개발은 하루아침에 이루어지는 것이 아니므로 연구·개발에 대한 개념(Concept) 체계의 확립과 연구개발 과제를 선정하는 단계에서부터 결과를 기업경영에 활용하는 데까지 고려해야 할 요소들을 참고하여 계획을 수립하고 있는지 살펴보아야 한다. 연구개발의 개념과 절차를 예시하면 **표 7-39** 및 **그림 7-23**과 같다.

표 7-39 연구·개발의 개념

연구	기초연구	• 새로운 지식을 얻기 위한 이론적 실험적 연구 - 특정용도를 고려하지 않음 - 가설검증, 현상관찰 등을 통한 이론체계 형성	순수기초연구	일반적 기초이론 체계 형성을 위한 연구
			응용기초연구	실제적 응용을 목적으로 한 기초연구
	응용연구	• 특정 용도가 정해진 실용화 가능성의 연구 • 새로운 응용방법의 연구(기존제품)		기초연구 결과 활용
개 발		• 기초연구 및 응용연구 결과를 활용한 제품화 과정 - 특정의 목표를 가짐(성능·품질, 형상, 원가, 개발기간 등) - 신제품 설계 ~ 생산 process		

■ 그림 7-23 연구·개발의 절차 및 비용추정 양식 -사례-

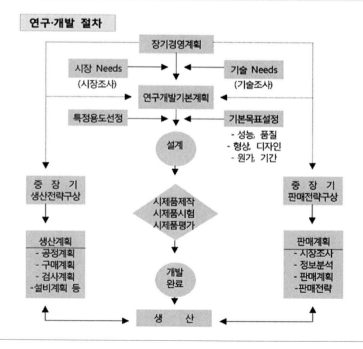

315

그림 7-23 연구·개발의 절차 및 비용추정 양식 -사례-

연구·개발비 추정 양식-예시				
연구과제명	기 간	개발비(천원)	개발주체	결과활용

3) 수익성 추정

가) 자금계획의 검토

(1) 자금계획의 개요

(가) 자금계획의 중요성

자금계획은 기본적으로 자금의 지출 또는 소요(자금 운용)와 자금의 수입 또는 조달(자금 원천)이라고 하는 자금수지에 대한 계획이다. 기업경영에 필요한 자금은 여러 가지 요인에 의하여 그 규모가 항상 변하게 되므로 기업자금의 순환상태 즉 수입과 지출 상황을 합리적으로 예상하여 대처해야 하고 이에 대한 계획을 가지고 있어야 한다.

자금계획에서 수입이라는 용어는 현금으로 받거나 예금으로 입금되는 것을 의미하고 지출이라는 것은 수입과 반대되는 개념이다. 발생주의 회계에서 말하는 수익과 비용과는 의미가 다르다는 것을 이해할 수 있어야 한다.

자금수지 계획은 자금수지의 과부족을 분명히 하고 그 원인에 따른 적절한 대책을 수립함으로써, 계획사업의 실현 가능성을 높이고 기업경영의 재무유동성과 수익성을 추구하기 위한 것이다.

사업을 하려면 자금(돈)이 있어야 한다. 참신한 아이디어나 아이템이 필요한 것은 틀림없는 일이지만 가장 중요하면서도 가장 제약적(Constrain)인 요소가 바로 자금이다. 자금은 자본(Capital)의 일종이며 광의의 자본은 화폐자본, 실물자본, 신용자본으로 나누어 지는데 그중에서 화폐자본을 통상 자금(돈)이라고 한다.

경영활동에 있어서 자금의 중요성은 두말할 필요가 없다. 한 순간이라도 혈액이 순환되지 않으면 사람이 죽듯이 기업도 자금이 순환되지 않으면 버티지 못한다. 경영 적자가 발생한다고 하여 금방 기업이 도산하는 것이 아니다. 경영이 흑자가 나더라도 혈액(자금)이 순환되지 않으면 일순간에 불행한 사태가 발생하게 되고 마는 것이다.

   (나) 자금계획의 체계

자금과 관련된 계획을 넓은 의미로는 재무계획 또는 자본계획이라고 하는데 이는 기업의 궁극적 목표라고 할 수 있는 재무유동성(지급 불능사태의 방지와 예방)과 재무수익성(자본투자 및 운용가치의 극대화)을 효율적이고도 효과적으로 관리하기 위하여 수립되는 계획이다. 재무계획은 자금계획과 이익계획으로 구성된다.

자금계획이란 자금유동성과 안전성을 합리적으로 유지하기 위하여 작성·수립되는 계획으로서 '재무구조계획'의 성격을 가지며, 자금 소요계획과 자금 조달계획으로 대별할 수 있다. 이익계획은 다음에 자세히 언급하겠지만 경영의 기본계획으로서 수익계획과 비용계획으로 구성되며 자금계획과 밀접한 연관관계를 갖는다.

실무에 응용할 수 있는 재무계획의 체계 및 자금계획 수립 양식을 예시하면 **표 7-40**과 같다.

표 7-40 자금계획의 체계 및 수립 양식 -사례-

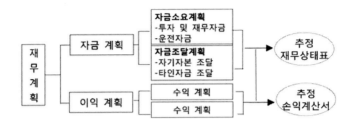

연차별 자금계획 양식

(단위: 천 원)

구분		내　　역	사업개시	1차 연도	2차 연도	3차 연도
자금소요	비유동자금	- 투자자산				
		- 유형자산				
		- 무형자산				
		소　계				
	재무자금	- 차입상환				
		- 배당지급				
		- 기　　타				
		소　계				
	운전자금	소요운전자금				
		소　계 (순증가분)				
		합　계 (A)				
자금조달	기본조달	• 자 기 자 금				
		- 납입자본				
		- 잉여자금				
		소　계 (B)				
		과 부족액 (A-B)				
	추가조달	① 투 자 지 원				
		- 유상증자				
		- 기　　타				
		② 융 자 지 원				
		- 사채발행				
		- 차　입				
		소　계 (C)				
		합　계 (B+C)				
자금 과 부족액D=(A)-(B+C)						
자금 과부족 누계액						

(2) 자금소요계획

(가) 비유동자산투자 및 재무자금 소요계획

비유동자산투자 및 재무자금 소요계획은 앞에서 언급한 여러 가지 계획에 소요되는 자금을 그대로 옮겨서 과목별로 집계하여 작성된다. 실무에 응용할 수 있는 자금 소요계획 수립 양식을 예시하면 **표 7-41**과 같다.

표 7-41 자금소요계획 수립 양식 -사례-

구 분		항 목	금 액(천 원)			
			사업개시	1차 연도	2차 연도	3차 연도
비유동자산 투자자금	유형자산	1. 토 지 2. 설비자산 3. 차량운반구 4. 집기비품 5.				
		소 계				
	무형자산	1. 영 업 권 2. 산업재산권 3. 개발비 4.				
		소 계				
	투자자산	1. 투자부동산 2. 장기투자증권 3.				
		소 계				
	합 계					
재무자금	1. 사 채 상 환 2. 차입금 상환 3. 배당금 지급 4.					
	합 계					
총 계						

(나) 운전자금 소요계획

운전자금은 운전자본(Working Capital)이라고도 하는데, 말 그대로 사업 활동을 수행하는 데 소요되는 고정시설자금 이외의 자금을 말한다. 운전자본의 개념은 총운전자본(Gross Working Capital)과 순운전자본(Net Working Capital)으로 구분된다. 순 운전자본의 구성은 다시 다음과 같은 두 가지 개념으로 구분될 수 있다.

첫째, 유동자산에서 유동부채를 뺀 순운전자본을 운전자금으로 보는 개념이다(순운전자본 = 순운전자금).

$$순운전자본 = 유동자산 - 유동부채 \quad\text{------------------} ①$$

둘째, 순운전자본 중에서도 일상적인 영업활동(구매 – 생산 – 판매)으로 인해 발생하는 항목인 순운영자본을 운전자금으로 보는 개념이다(순운영자본 = 순운전자금).

$$순운영자본 = (매출채권 + 재고자산) - (매입채무) \quad\text{------------} ②$$
$$\qquad\qquad\qquad ⓐ \qquad\qquad\qquad ⓑ$$

이 경우에는 일상적인 영업활동과 관련성이 높은 유동자산 항목인 선급금, 선급비용, 미수금, 미수수익 등의 금액을 ⓐ에 가산하고 유동부채 항목인 선수금, 미지급비용, 미지급금, 선수수익 등의 금액을 ⓑ에 가산할 수 있다. 참고로 실무에 응용할 수 있는 운점자금 소요계획 수립 양식을 예시하면 **표 7-42**와 같다.

■ 표 7-42 운전자금 소요계획 수립 양식 -사례-

구　분		금　　　액(천 원)				비 고
		사업개시	1차 연도	2차 연도	3차 연도	
※ 계획매출액						
1.매출채권	회전기간					
	금　　액					
2.재고자산	회전기간					
	금　　액					
3.매입채무	회전기간					
	금　　액					
운전자금 합계 (1 + 2 - 3)						
추가운전자금 (순 증 가 분)						

※ 운전자금 = 계획매출액 ÷ 365일 × 해당항목 회전일수
※ 추가운전자금 = (n차 연도 운전자금) - (n - 1차 연도 운전자금)

항목별 회전일수(1회전 기간)산출내역

항　　목	회전일수	비 고	항　　목	회전일수	비　고
1. 매출채권 - 외상매출 - 받을어음 2. 재고자산 - 제품(상품) - 재 공 품 - 원 재 료			3. 매입채무 - 외상매입 - 지급어음		

※ 회전기간 산출근거:

☑ 운전자금 소요액 추정방법

1. 회전율(회전기간)법

회전율(회전기간)법은 매출액과 각 운전자금 항목 간의 상관관계를 회전율 또는 회전기간(일수)으로 파악하여 운전자금을 추정하는 방법이다.

순운전자본 항목(유동자산 및 유동부채 해당과목)의 기말잔액 또는 평균잔액[(기초잔액 + 기말잔액)÷2]을 가지고 각 항목의 회전율(1회전기간)을 산출한 다음, 여기에다가 차기의 예정 매출액을 곱하여 항목별 소요자금액을 구하여 운전자금을 계산하는 방식이다.

회전율(회전기간)법에 의한 소요운전자금의 추정 절차는 다음과 같다.

가. 매출액 기준법

1) 실제 회전율 산출

- 순운전자본 항목별 회전율

$$= \frac{연간매출액}{운전자본항목금액(기말 or 평균잔액)} \quad\cdots\cdots ①$$

- 순운전자본 항목별 회전기간(일수)

$$= \frac{365일}{①} \quad\cdots\cdots ②$$

2) 항목별 소요금액 계산

- 항목별 소요자금액 $= \dfrac{차기예정매출액}{①}$ 또는

- 항목별 소요자금액 $= \dfrac{차기예정매출액}{365일} \times ②$

3) 운전자금소요액 추정

1회전 운전자금 = 유동자산항목 소요자금액(합계)
　　　　　　　　　 - 유동부채항목 소요자금액(합계)

4) 운전자금 추정사례

(단위: 백만 원)

과 목	유 동 자 산 평균잔액 (A)	회전율 (B)	소요자금 (회전율법) (C)	소요자금 (회전기간법) (D)	과 목	유 동 부 채 평균잔액 (A)	회전율 (B)	소요자금 (회전율법) (C)	소요자금 (회전기간법) (D)
현금예금	400	50회	500	〃	매입채무				

유 동 자 산					유 동 부 채				
매출채권				″	- 외상매입	1,500	13.3회	1,880	″
- 외상매출	2,000	10회	2,500	″	- 지급어음	2,000	10회	2,500	″
- 받을어음	2,400	8.3회	3,012	″	선 수 금	500	40회	625	″
재고자산									
- 원재료	1,200	16.7회	1,477	″					
- 재공품	1,400	14.3회	1,748	″					
- 제 품	2,000	10회	2,500	″					
선 급 금	600	33.3회	750	″					
합계	10,000		12,507	12,507		4,000		5,005	5,005

〈추가자료〉

당기실제매출액: 20,000백만 원/년 (E)

차기예정매출액: 25,000백만 원/년 (F)

■ 소요자금 계산절차

① 회전율의 계산: B=E÷A

② 차기소요자금계산: C=F÷B → 회전율법

③ 차기소요자금계산: D=(F÷365일) × (365일÷B) → 회전기간법

■ 차기운전자금 소요액(순증가분): 1,502백만 원

(12,507 - 5,005) - (10,000 - 4,000) = 1,502

나. 지출비용 기준법

지출비용 기준법은 과거 경험률 또는 산업표준 등을 활용하여 운전자금회전율(1회전기간)을 구하고 여기에다가 매출액 대신에 차기예정 총지출비용을 곱하여 소요운전자금을 추정하는 기법이다. 지출비용기준법에 의한 소요자금 추정 절차는 다음과 같다.

1) 운전자금 회전율 산출

• 운전자금회전율

$$= \frac{매출액}{매출채권 + 재고자산 - 매입채무} \quad \cdots\cdots\cdots\cdots ①$$

= 매출채권회전율 + 재고자산회전율 - 매입채무회전율

• 운전자금 1회전 기간(일수)

= 365일 ÷ 운전자금회전율(①) $\quad \cdots\cdots\cdots\cdots ②$

= 매출채권회전기간 + 재고자산회전기간 - 매입채무회전기간

2) 총지출비용의 추정

총지출비용(연간) = (총제조비용 + 판매비와 관리비 - 감가상각비 등 비자금지출비용) ③

3) 운전자금 소요액 추정

$$1회전운전자금 = \frac{③}{①} \text{ 또는 } \frac{③}{365일} \times ②$$

※ 연간 총지출비용을 계산하기 위해서는 매출원가, 제조원가, 판매원가 및 관리원가 등 향후 경영
활동을 위해 필요한 총원가를 비목별로 추정하여야 한다

■ 회전율(회전기간)법 활용 시 유의사항

회전율(회전기간)법은 전술한 바와 같이 개개의 운전자금 항목의 회전율(회전기간)을 사용하여
추정 매출액 또는 총지출비용에 따라 소요되는 필요 운전자금을 결정하는 방법이다. 따라서 적
용하는 회전율(회전기간)을 파악하는 방법이 가장 핵심적인 요소가 된다.

회전율(회전기간)을 파악하는 방법에는 기본적인 영업형태나 기술적인 측면에서 매출액과 운전
자금 항목 간의 상관관계를 분석하여 직접 추정하는 방법과 과거의 경험률 또는 산업지표를 활
용하는 방법의 두 가지가 있다.

회전율을 '직접 추정하는 방법'은 운전자금소요액의 추정이 너무 주관적이고 자의적이라고 할
수도 있겠으나 창업이나 신규사업의 경우처럼 실적회전율을 계산할 수 없는 경우에는 상당히
유용할 수 있다.

반면에 '경험률 또는 산업지표 활용법'은 회전율 추정방식이 간단하고 객관적일 수 있지만 계획
사업이 가진 특성을 고려하지 못한다는 단점도 있다.

따라서 창업이나 신규사업의 운전자금계획을 수립하는 실무 작업 시에는 두 가지 방법이 가진
장단점을 감안하고 당해 계획사업의 특성과 실정을 고려하여 운전자금을 추정하고 결정할 필요
가 있다.

2. 비율법

비율법은 매출액의 변동에 따른 운전자금 항목의 변동에 대한 과거의 자료를 통계적인 방법으
로 분석하여(상관관계분석 등) 매출액에 대한 운전자금 항목의 비율을 구하여 운전자금을 추정
하는 방법이다. 비율법에 의한 소요운전자금의 추정 절차는 다음과 같다.

① 매출액과 운전자금의 상관관계식 도출

② 차기 예정매출액의 추정

③ 소요운전자금 = ①의 식에 ②를 대입하여 계산

■ 비율법에 의한 운전자금 추정사례

(단위: 백만 원)

기간	매출액 (x)	매출 채권 (y)	재고 자산	매입 채무	매출채권의 경우(예)			
					$xi-\overline{x}$	$yi-\overline{y}$	$(xi-\overline{x})\cdot$ $(yi-\overline{y})$	$(xi-\overline{x})^2$
1	2,000	1,600	1,300	1,200	-1,040	-440	457,600	1,081,600
2	2,400	1,800	1,500	1,300	-640	-240	153,600	407,600
3	3,000	2,000	1,700	1,500	-40	-40	1,600	1,600
4	3,600	2,300	1,800	1,600	560	260	145,600	313,600
5	4,200	2,500	1,800	1,700	1,160	460	533,600	1,345,600
Σ	$\overline{x}$=3,040	$\overline{y}$=2,040					1,272,000	3,152,000

〈추가자료〉

차기 예정매출액 : 5,000백만 원

■ 상관관계식의 도출 (단순상관 ; $y=a+bx$)

매출액(x)과 운전자금항목(y)간의 상관관계식을 도출한다.

변동계수 b와 고정치 a는 다음과 같이 계산된다.

[Ⅷ-1. 보충설명(※ 비용분해방법) 참조]

$$b=\frac{\sum(xi-\overline{x})(yi-\overline{y})}{\sum(xi-\overline{x})^2} \qquad a=\overline{y}-b\overline{x}$$

① 매출액(x)과 매출채권(y)의 상관관계식을 구하면 다음과 같이 도출된다.

- b $= \frac{1,292,000}{3,152,000}=0.4099$

- a $= 2,040 - 0.4077 \times 3,040 = 2,040 - 1,246 = 774$

- 매출채권(y) $=774+0.4077 x$

② 위와 같은 방식으로 매출액(x)과 재고자산 및 매입채무의 상관관계식을 각각 구하면 다음과
같이 계산된다.

- 재고자산(y) $= 784+0.2272 x$

- 매입채무(y) $= 574+0.3046 x$

■ 소요자금 계산절차

(단위: 백만 원)

구 분	당 기(5기)	차 기	증 감
매출채권 (①)	2,500	2,843	343
재고자산 (②)	1,800	2,130	330
매입채무 (③)	1,700	2,077	177
운 전 자 금 (①+②-③)	2,400	2,876	476

① 매출채권: 774 + 0.4077 × (차기예정매출액)5,000 = 2,843
② 재고자산: 784 + 0.2272 × (차기예정매출액)5,000 = 2,130
③ 매입채무: 574 + 0.3046 × (차기예정매출액)5,000 = 2,077

■ 차기운전자금소요액(순증가분): 476백만 원

(343 + 330) - 177 = 476 또는 2,876 - 2,400 = 476

(3) 자금조달계획

투자 및 재무자금과 운전자금의 소요액이 추정되면 총 소요자금의 규모가 파악되므로, 자금을 얼마나 어떤 방식으로 조달할 것인가에 대한 계획을 수립할 수 있게 된다. 소요자본의 규모가 크든지 작든지 간에 자금조달 계획을 수립할 때에는 철저한 분석과 합리적인 판단에 의거, 적절한 시점에 필요자금이 조달될 수 있도록 신중을 기해야 한다. 그렇지 못하면 창업 또는 신규사업은 허망한 꿈이 되고 말기 때문이다.

대부분의 사업자들이 소요자금에 비해 보유하고 있는 자금이 매우 부족하여 자금조달에 고생을 하고 있는 것이 현실이며, 자금관리에는 항상 많은 문제가 발생하기 마련이다. 창업자금이나 신규사업자금을 충분히 보유하고 있다면 자금 부족으로 인한 경영상의 위험(유동성 위험)은 발생하지 않는 반면에 여유자금의 효율적 운영을 통한 재무수익성을 높이기 위한 문제가 발생된다.

경영활동이 일정 수준에 도달하면 기업의 신용이 증대되고 자금의 순환

속도가 증가되기 때문에 자금조달이 원천적으로 막힌다든지 매우 어렵게 되지는 않을 수 있다. 그리고 사업계획의 유연성이 높아 창업이나 신규사업의 규모를 유통성 있게 조정할 수 있다면 자금조달은 상대적으로 용이할 수도 있을 것이다. 그러나 이들 자금의 대부분을 단기차입금에 의존한다든지 구매 - 생산 - 판매의 일상적인 영업활동은 물론 자산을 획득하거나 처분하는 투자활동이나 자금의 조달과 상환 등에 관련된 재무활동의 계획과 집행이 균형을 잡지 못한다면 상당한 위험이 발생할 수도 있다.

기업경영에 있어서 소요자금은 경영활동상의 여러 가지 요인에 의하여 그 규모가 항상 변화하게 되며 소요자금의 조달방법에 따라서 원금상환 및 이자부담의 정도가 달라지기 때문에 전체 자금계획의 수립과 집행에 많은 영향을 미치게 되는 것이다. 그러므로 자금조달계획을 수립할 때에는 먼저 당해 계획사업에 있어서 자금(특히 현금·예금)의 수입과 지출이 어떻게 될 것인지를 예상하고 참조하여야 한다.

실무적인 작성순서로 보면 자금조달계획은 자금수지계획에 의한 자금의 수급상황을 조정하면서 작성된다. 자금수지계획과 연결시키면서 제1차적으로는 자기자금으로 충당하되 자기자금으로 부족한 자금에 대해서는 타인자금 조달계획을 세우면 된다. 타인자금 조달의 기본원칙은 지급능력(유동성)을 고려하여 가능한 한 장기 저리의 자금을 활용하는 것이다.

특히 창업 및 신규사업과 관련하여 정책적·제도적으로 지원되는 각종 지원자금에 대하여 주목할 필요가 있다. 지원자금의 종류와 규모, 지원내용, 활용가능성 여부 등에 대한 정보를 수집하고 구체적인 활용법을 모색하고 있는지 살펴보는 것도 필요하다.

실무에 응용할 수 있는 자금조달계획 수립 양식을 예시하면 **표 7-43**과 같다.

표 7-43 자금조달계획 수립 양식 -사례-

구 분		조달 계획				조달 금액(천 원)			
		조달 조건	금리	조달 일자	비고	사업 개시	1차 연도	2차 연도	3차 연도
자 기 자 금	• 납입자본 • 내부유보 • 유상증자 • 자산처분 • 기타								
	소 계								
타 인 자 금	• 사채발행 • 장기차입								
	소 계								
합 계									

나) 이익계획의 검토

(1) 이익계획의 개요

(가) 이익계획의 중요성

기업경영에 있어서 이익의 중요성은 새삼 언급할 필요조차 없다. 특히 이익이 없는 사업은 존재할 수 없고 존재하더라도 가치가 없다. 따라서 이익계획이 없는 사업계획의 작성은 계획으로서의 가치가 전혀 없는 무의미한 작업이라고 할 수 있다.

창업정신과 철학, 경영비전과 기본전략, 사업방침은 물론 창업과 신규사업 전개에 따른 보상, 투자위험의 감수에 따르는 금전적 보장, 장래의 성장발전을 위한 준비 등 모든 사업활동에 대한 계획이 완벽하게 수립되었다 하더라도 이익에 대한 계획이 없거나 불명확하다면 그것은 계획이 아니라 상상 또는 허구(Fiction)일 뿐이다.

그러나 아직도 이익의 계획에 대하여 혼란스러워 하는 경우를 종종 볼 수 있다. 이익계획에 대한 이해의 부족과 혼란은 대부분의 경우가 실제이익의 계산과 표시방식에 대한 고정관념에서 비롯된다. 다시 말하자면 많은 사람들이 매출액(또는 수익) - 비용 = 이익이라고 하는 전통적인 손익계산구조의 개념과 표현방식에 너무 익숙해져 있다는 데 있다. 이익은 경영활동의 결과적 수치인 매출과 비용에 따라 결정되므로 주어진 것으로 감수할 수밖에 없지 않느냐는 시각이 그것이다.

그러나 현대와 같은 지식경영의 시대에는 결과로서의 이익이 아니라 확보해야 하는 목표로서의 이익으로 그 개념이 바뀌어야 한다. 즉 목표이익(또는 필요이익)은 필요매출액 - 목표이익 = 허용비용이라는 계산구조하에서 결정되어야 하고 계획과 관리의 핵심적 대상으로서 이익계획이 수립·작성되어야 한다는 것이다.

구상하고 있는 아이템의 사업화가 가능하려면 얼마만큼의 이익이 보장되어야 하는지 또는 향후 당해 기업이 유지, 성장·발전하려면 얼마만큼의 이익이 필요할 것인지를 검토하는 이익계획이 현대적 기업경영 방식의 특징이기 때문이다.

(나) 이익계획의 체계

이익계획을 수립하는 데 있어서 작성 순서나 절차 또는 형식(이익의 표시방법)이 특별히 정해져 있는 것은 아니다. 실무적으로 사업계획서상에 나타나는 목표이익과 필요매출액 및 허용비용의 수치와 표시방식은 다음과 같다.

첫째, 기본적인 손익구조, 즉 필요매출액 - 목표이익 = 허용비용의 구성항목들이 서로 상관관계를 가지면서 수차례 시산되고 세부적인 검토·조정의 단계를 거친 이후에 최종 수치가 설정된다.

둘째, 목표이익이 설정되면 창업 또는 신규사업 주체가 향후 이익계획을 집행하고 관리·통제하는 데 편리한 방식이나 여러 이해관계자들의 이해와 편의를 도울 수 있는 도표·그림 등의 형태로 표시된다. 따라서 사업계획서에 표시되는 이익의 표시방법과 형식의 문제에 너무 얽매일 필요가 없다. 그 내용이 어떠한 과정과 절차를 거쳐 어떻게 결정 되었느냐가 중요하기 때문이다.

이익계획의 체계를 요약하면 **그림 7-24**와 같다.

그림 7-24 이익계획의 체계

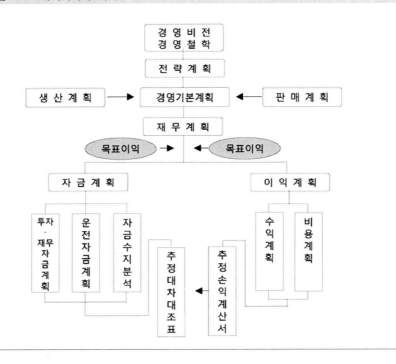

(2) 목표이익 설정방법

성장과 발전 또는 향상시키고자 하는 욕구는 모든 사람들이 가지고 있지만 똑같은 향상욕구에도 '최저수준 → 만족수준 → 최적수준 → 최대수준' 등 단계와 수준의 차이가 있다.

목표이익도 이와 같이 '최저목표이익 → 달성목표이익 → 추가목표이익 → 최대목표이익' 등으로 구분될 수 있다. 어느 정도의 수준에서 목표이익을 잡을 것인가는 사업 주체나 사업 아이템의 특성에 따라 각각 달라진다.

이하에서는 목표이익을 설정하는 몇 가지 방법을 요약·소개하고자 한다.

☑ 목표이익 설정방법

1. 매출액이익률법

이 방법은 매출액에 대한 이익률(혹은 마진율)을 가지고 목표이익을 계산한다. 매출액 이익은 통상 마진(margin)율이라고도 한다.

> 목표이익 = 총매출액 × 매출액이익률

■ 매출액이익률

$$= \frac{실제(기대)이익액}{실제(계획)매출액} \qquad \langle 1\text{-}① 식\rangle$$

$$= \frac{(매출액 - 비용)}{매출액} = \frac{매출액 - 변동비 - 고정비}{매출액}$$

$$= \frac{매출액 - 변동비}{매출액} - \frac{고정비}{매출액}$$

$$= \frac{한계이익}{매출액} - \frac{고정비}{매출액}$$

$$= 한계이익률(부가가치율) - 고정비 비율 \qquad \langle 1\text{-}② 식\rangle$$

■ 총자본이익률법

이 방법은 총투자자금(총자본)에 대한 수익률을 중심으로 하여 목표이익을 구하는 방식이다. 경제적 사업은 결국 투자자본에 대한 수익률의 정도에 따라 계획되고 결정되기 때문이다.

> 목표이익 = 총자본금액 × 총자본이익률

■ 총자본이익률

$$= \frac{실제(기대)이익액}{실제(계획)총자본액} \qquad \langle 2-①식\rangle$$

$$= \frac{이익액}{총자본} \times \frac{매출액}{매출액} = \frac{이익액}{매출액} \times \frac{매출액}{총자본}$$

$$= 매출액이익률 \times 총자본회전율 \qquad \langle 2-②식\rangle$$

3. 가중평균 자본비용법

이 방법은 타인자본비용인 이자상당액과 자기자본비용인 배당금, 임원상여금, 내부유보자금 등 처분가능 이익액을 모두 충당하는 데 필요한 가중평균 자본비용(Weighted Average Capital Cost)을 계산하여 목표이익을 정하는 방식이다.

> 목표이익(세전) = 총자본 × 가중평균 자본비용

■ 가중평균 자본비용

= 필요지급이자액+배당금+임원상여금+내부유보액 등

= 타인자본비용+자기자본비용

$$= \frac{타인자본}{총자본} \times 이자율(1-세율) + \frac{자기자본}{총자본} \times 자기자본비용$$

■ 자기자본비용: 일반적으로 ①(배당률+임원상여율+내부유보율), ②(무위험이자율+위험부담률) 혹은 ③(동종기업 자기자본 영업이익률+α) 등으로 추정한다.

(3) 이익계획의 내용

이익계획을 계획수립의 절차적(Process) 측면에서 살펴보면 ① 목표이익의 설정 ② 필요매출액의 산정 ③ 필요한 자금의 검토 ④ 허용비용의 계산 등의 과정으로 전개된다. 따라서 이익계획의 작성은 목표이익(필요이익)을 설정하는 작업으로부터 출발한다.

(가) 목표이익

목표이익은 ① 이익금액으로 제시하는 경우와 ② 이익비율로 제시하는 경우

두 가지가 있는데 이익률이나 이익액을 설정하기 위해서는 사업 추진주체의 의지, 동종 산업의 표준 등 이용할 수 있는 온갖 정보와 자료를 활용해야 한다.

목표이익을 설정하는 방식에는 여러 가지의 방법이 있다(※ 목표이익 설정방법 참조). 이들을 활용하여 계획사업의 실정에 적합한 방식인지를 검토하면 된다.

- 목표순이익: 매출액에 대한 필요(목표)이익률이나 기대이익률을 설정하고 이 비율을 판매계획의 연차별 매출에 곱하여 순이익액을 결정한다. 자금계획에서 도출된 총투자자금(총자본)을 바탕으로 이 금액에다가 기대수익률 또는 목표수익률을 곱하여 산정·계산할 수도 있다.

- 목표부가가치: 목표순이익과 동일한 방식으로 목표 부가가치율을 구하여 매출액에 곱하여 산정한다. 여기서는 부가가치의 개념을 부가가치 = 한계이익이라고 하는 개념과 동일한 것으로 보았다.

(나) 필요수익(매출) 추정

필요수익 또는 필요 매출액은 판매계획 또는 수익계획을 참조하여 매출형태별로 파악한다. 필요매출액은 사업추진주체가 기대하고 있는 목표이익으로부터 역산하여 계획된다는 의미를 잊지 않도록 강조하고 싶다.

(다) 허용비용(원가) 추정

이론적으로 허용비용은 필요매출액에서 목표이익을 차감하여 산출된다. 실무적으로는 비용계획을 참조하여 총비용을 집계한다. 총비용은 비용 행태별(변동비, 고정비)로 구분·표시되는 것이 유용하다. 비용을 행태별로 구분·파악하는 것은 이익관리는 물론 자금과 경영관리에 유용한 여러 가지의 지표를 도출하기 위해서이다.

이익계획 수립 양식을 예시하면 **표 7-44**와 같다.

표 7-44 이익계획 수립 양식 -사례-

구 분			금　액(천 원)			비고
			1차 연도	2차 연도	3차 연도	
목표 이익	1. 목표 순이익①=③-⑪					
	2. 목표부가가치②=③-⑦					
필요 수익 (매출)	매 출 액	1. 상 품 매 출 액				
		2. 제 품 매 출 액				
		3. 반제품등매출액				
		4. 용 역 매 출 액				
		소　　　계				
	기 타	1. 영업외수익				
		2. 기　　　타				
		소　　　계				
	합　　　계③					
허용 비용 (원가)	변 동 비 용	1.재료비(상품구입비)④				
		2.변동 인건비⑤				
		3.변동 경비⑥				
		-				
		소　　　계⑦				
	고 정 비 용	1. 고정 인건비⑧				
		2. 고정 경비⑨				
		-				
		소　　　계⑩				
	합　　　계⑪					
경영 지표	※ 총인원수⑫					
	1. 1인당 매출액⑬=③÷⑫					
	2. 1인당 순이익⑭=①÷⑫					
	3. 1인당 공헌이익⑮=②÷⑫					
경영 지표	4. 매출액순이익률⑯=①÷③					
	5. 매출액공헌이익률 　⑰=②÷③					
	6. 변동비율⑱=⑦÷③					
	※ 총인건비⑲=⑤+⑧					

표 7-44 이익계획 수립 양식 -사례-

구　　　　　　분	금　　액(천 원)			비고
	1차 연도	2차 연도	3차 연도	
7. 1인당 인건비⑳=⑲÷⑫ 8. 노동분배율㉑=⑲÷②				
※ 총자본㉒				
9. 총자본회전율㉓=③÷㉒				
10. 총자본이익률㉔=⑯×㉓				

다) 추정 재무제표 작성

　재무제표란 기업의 특정시점의 재무(재산) 상태와 일정 기간(회계 연도) 동안의 경영성과를 나타내주는 여러 가지 표(서류) 또는 보고서를 의미한다. 일반적으로 기업의 재무상태와 경영성과는 여러 이해관계자들에게 보고하기 위하여 사업 연도 말에 회계결산을 해서 만든다는 의미에서 '결산서'라고 부르기도 한다.

　재무제표를 이해하기 위해서는 회계에 대한 기초지식이 필요하다. 회계(accounting)는 말 그대로 '모아서 계산한다'는 뜻이다. 누가 무엇을 모아서 어떻게 계산할 것인가는 주체의 입장에 따라서 달라질 수 있는데, 이 주체를 '회계주체'라고 한다. 회계주체는 개인도 될 수 있고 가계, 모임, 기업, 정부 등 모든 활동의 단위조직체를 말한다.

　단위 조직체가 활동하기 위해서는 돈(화폐)이 필요하고, 또한 돈이 매우 중요하므로 경제활동을 비롯한 모든 활동의 결과를 화폐수치(돈의 액수)로 모아서 계산하게 되는데 이것이 곧 회계이다. 회계주체 중에서도 기업은 생산활동의 주체로서 영리를 추구하는 경제활동 단위이고 기업의 경제활동에는 관련된 이해관계자들이 많기 때문에 회계의 중요성이 더욱 높아지게 되는 것이다.

따라서 우리나라를 비롯한 많은 자본주의 국가에서는 기업회계와 관련하여 여러 가지의 제도(기업회계기준 등)를 제정하고 필요한 보고서를 의무적으로 작성하도록 하고 있는데, 이에 따라 작성하는 재무상태표, 손익계산서, 이익잉여금처분계산서(결손금처리계산서), 현금흐름표 등의 재무보고서를 재무제표라고 한다. 참고로 기업의 활동과 재무제표의 개념을 도시하면 **그림 7-25**와 같다.

그림 7-25 기업의 활동과 재무제표

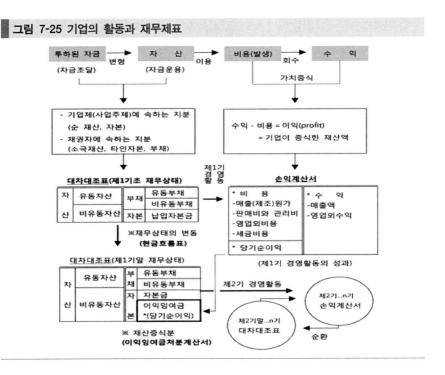

(1) 추정 재무상태표의 작성

재무상태표는 일정 시점 현재 기업이 보유하고 있는 경제적 자원인 자산과 경제적 의무인 부채, 그리고 자본에 대한 정보를 제공하는 재무보고서로서, 정보이용자들이 기업의 유동성, 재무적 탄력성, 수익성과 위험 등을 평가하는 데 유용한 정보를 제공한다.

기업의 재산 또는 자금이 어디서 어떻게 조달되었으며, 그렇게 조달된 자금이 지금 현재 어떤 상태(예: 현금·예금, 토지, 기계설비 등)로 기업에 남아 있는가를 나타내 주는 일람표가 재무상태표이기 때문에 재무상태표는 자금관리와 밀접하게 관련된다. 따라서 기업이 경영관리활동을 효율적으로 수행하기 위해서는 추정 재무상태표의 작성이 반드시 필요하다. 이를 좀 더 자세히 살펴보면 우선 사업개시 시점에는 개시 재무상태표가 작성된다. 개시 재무상태표의 '**자산부문**'은 비 유동자산 투자계획 등을 기초로 하여 해당 계정과목별로 유동자산과 비유동자산으로 구분하여 기재되고 합계 금액이 집계된다. '**부채와 자본부문**'은 자금계획에 의거하여 해당 과목별로 타인자금은 유동부채와 비유동부채로 나누어 부채에 기재되고, 자기자금은 자본금 란에 기입된다.

다음 1차 연도말 이후의 재무상태표는 영업활동의 결과 재무상태에 많은 변화가 발생되며 해당 회계 연도의 손익계산서와 현금흐름표 및 이익잉여금처분계산서(결손금처리계산서) 등으로 정리되고 개시 재무상태표와 대응하면서 재산의 증감을 고려하여 작성·보고된다.

추정 재무상태표를 작성하는 간단한 사례를 제시하면 **표 7-45**와 같다.

표 7-45 추정 재무상태표 작성사례 -에시-

구 분		개 시 재무상태표 차변	개 시 재무상태표 대변	추정 손익계산서 (활용자료①) 차변	추정 손익계산서 (활용자료①) 대변	추 정 현금흐름표 (활용자료②) 차변	추 정 현금흐름표 (활용자료②) 대변	기 말 추 정 재무상태표 차변	기 말 추 정 재무상태표 대변
자산	유동자산	200		① 5,000	② 4,500	⑩ 100	⑤ 300	500	
자산	비유동자산	800				⑧ 300	⑥ 100	1,000	
부채·자본	유동부채		200		③ 200	⑨ 200			200
부채·자본	비유동부채		300				⑦ 200		500
부채·자본	자본금		500						500
부채·자본	당기순이익				④ 300				300
합 계		1,000	1,000	5,000	5,000	600	600	1,500	1,500

추정손익계산서 (제1기)		차변	대변
	매 출 액		① 5,000
	총 비 용	② 4,500	
	법인세비용	③ 200	(미지급)
	당기순이익	④ 300	
	합 계	5,000	5,000

추 정 현금흐름표			차변	대변
	조달	당기순이익	⑤ 300	
	조달	감가상각비	⑥ 100	
	조달	융자(장기차입)	⑦ 200	
	운용	비유동자산구입		⑧ 300
	운용	단기차입금상환		⑨ 200
	운용	운전자금 충당		⑩ 100
	합 계		600	600

이하에서는 재무상태표와 관련된 기초적인 회계지식에 대하여 간략히 요약하고자 한다.

☑ 재무상태표 이해를 위한 기초 회계지식

1. 재무상태표의 기본요소

　가. 자산(Assets)

　　1) 자산의 의의 및 특성

　　　■ 의 의

　　　　자산이란 회계주체가 그 목적달성을 위하여 보유하거나 지배하고 있는 경제적 자원
　　　　(economic resources) 및 용역잠재력(service potentials)으로서 그 가치가 화폐수량
　　　　으로 측정 표시된 것을 말함.

　　　■ 특 성

　　　　① 미래의 효익 또는 용역잠재력에 대한 구체적인 권리가 존재해야 함.
　　　　② 권리는 특정의 개인 또는 기업에 발생한 것이어야 함.
　　　　③ 권리·용역에 대한 법적으로 강제할 수 있는 청구권이 존재해야 함.

　　2) 자산의 분류

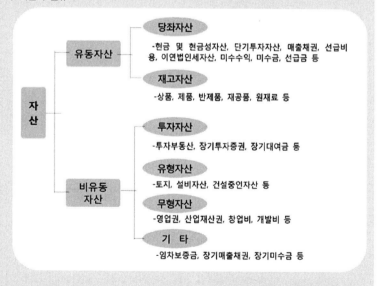

나. 부채

1) 부채의 의의 및 특성

- 의 의
  부채란 회계주체가 타인에게 금전, 재화 또는 용역 등을 제공할 의무(obligation)를
  의미함.

- 특 성
  ① 부채는 현재의 시점에서 존재해야 함.
  ② 부채에는 사회통념상의 의무도 포함됨.
  ③ 무조건적 상계권(unconditional right of offset)이 존재할 경우에는 부채가 발생되
     지 않음.
  ④ 만기일에 지급할 확정금액이나 지급시기를 현시점에서는 모르지만 미래의 특정시기
     에 지급해야 한다는 것이 합리적으로 예상 가능할 경우에는 부채로 인식해야 함.
  ⑤ 채권자가 특정의 개인 혹은 집단으로 확인될 수 없는 경우에도 부채로 인식해야 함.

2) 부채의 분류

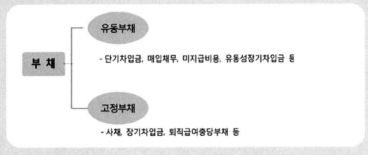

다. 자 본

1) 자본의 의의
  ① 자본(Capital)이란 회계주체(기업)의 자산가치에 대한 잔여 청구권을 말함.
  ② 자본은 구체적인 실체를 갖는 것이 아니고 추상적이고 계수적인 것임.
  ③ 자본의 원천은 기업 및 주주의 출자와 기업 활동결과로 나타난 순수익임.
  ④ 총자산 - 총부채 = 순재산액(net worth) → 자본

2) 자본의 분류(주식회사의 자본구성)

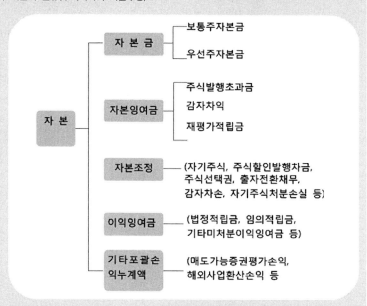

라. 자산·부채·자본의 회계등식

- 자　　산 - 부　　채 = 자　　본 ……………… ①
  A(Assets)　　L(Liabilities)　　OE(Owner's Equities)
  ① 식은 자본등식(Capital equation)
  →자본주체설

- 자 산 (A)　=　부 채 (L)　+　자 본(OE) ……………… ②
  ② 식은 대차대조표등식(balance sheet equation)
  →기업실체설

2. 재무상태표의 분석
   가. 재무상태표의 구조

자　산(자금운용)		부채 및 자본(자금원천)	
자\n산	Ⅰ. 유동자산\n　1. 당좌자산\n　2. 재고자산\nⅡ. 비유동자산\n　1. 투자자산\n　2. 유형자산\n　3. 무형자산	부\n채	Ⅰ. 유동부채\nⅡ. 고정부채
		자\n본	Ⅰ. 자본금\nⅡ. 자본잉여금\nⅢ. 자본조정\nⅣ. 이익잉여금\nⅤ. 기타포괄손익누계액

※ 재무상태표를 보는 요령
① 눈에 보이는 것(유동자산과 비유동자산)
　재무상태의 구조를 알기 위해 우선 '눈에 보이는 것'인 자산을 보면 유동자산과 비유동자산으로 나누어짐.
② 자산 기록의 순서(현금화 속도)
　자산 중에는 현금, 재고자산, 기계 등 여러 가지가 있으며 이것은 많은 계정과목으로 분류됨. 자산을 기재할 때는 현금화하는 속도의 순서에 따라 가장 빠른 것부터 위에서 아래로 기록하는 것임.
③ 유동자산과 비유동자산의 구분
　현금화되는 속도가 통상 1년 이내인 자산을 유동자산이라고 하고 설비자산(건물, 기계정치 등)과 같이 1년 이상인 자산을 비유동자산이라고 함.
④ 눈에 보이지 않는 것(부채와 자본)
　자산에 투자된 자금(돈)의 원천은 무엇일까? 그것은 타인자본(부채)과 자기자본(자본)으로 이루어짐.
⑤ 부채와 자본 기록의 순서
　기록하는 방법은 빨리 갚아야(반제해야) 할 돈인 부채를 맨 위에 적고 천천히 갚는 순으로 기록하는 것임. 이때에도 1년 이내에 갚아야 할 돈을 유동부채 그 이상을 비유동부채라고 함.
⑥ 이익금은 자본의 부에 들어 있다는 것을 주목해야 함.

나. 재무상태표의 분석
　※ 재무상태표를 분석하는 요령
　■ 재무상태표 분석의 기본 틀
　　① 유동자산과 비유동자산과의 관계: 자산구조의 안전성을 나타냄

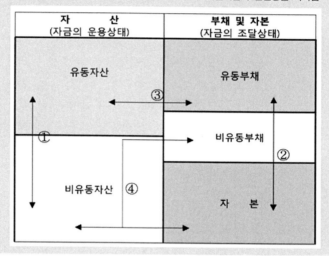

② 부채와 자본과의 관계: 자본구조의 안정성을 나타냄

③ 유동자산과 유동부채와의 관계: 지급능력의 안전성을 나타냄

④ 비유동자산과 자본 및 비유동부채와의 관계: 자본배분의 안전성을 나타냄

자 산 (자금의 운용상태)	부채 및 자본 (자금의 조달상태)
유동자산	유동부채
비유동자산	비유동부채
	자 본

(2) 추정 손익계산서의 작성

손익계산서는 일정 기간 동안의 기업의 경영활동 성과를 나타내 주는 재무보고서로서 기업의 경영성적표라고 할 수 있다. 일정 기간은 사업 연도 또는 회계기간을 말하며 보통 1년 단위로 하지만 경우에 따라서는 반기(6개월), 분기(3개월) 또는 1개월 등의 단위로 구분할 수도 있다.

일반적으로 기업회계기준에 의한 손익계산서는 발생주의(Accrual basis) 원칙에 의거하여 '수익'과 '비용'을 처리하고 손익을 계상하기 때문에 현금주의(Cash basis)에 의한 '수입'과 '지출'이라는 용어와는 그 개념이 다르다. 따라서 계획 사업의 특성상 대부분의 거래활동이 신용거래(信用去來)가 없는 현금거래 중심이라 하더라도 사업 주체들은 보다 정확하고 실질적인 경영수익의 파악을 위하여 손익계산서의 개념과 구조 및 작성방법을 이해할 필요가 있다.

일반적으로 추정손익계산서는 이익계획 부문의 수익·비용계획을 기본으로 하여 작성한다. 다만 앞에서 언급한 바와 같이 현금주의와 발생주의 원칙의 개념을 명확히 하고, 특히 비용의 추정에 있어서 감가상각비, 퇴직급여충당금전입액 등과 같은 비자금지출비용(발생경비)에 유념할 필요가 있다.

추정 손익계산서를 작성하는 간단한 사례를 제시하면 **표 7-46**과 같다.

■ 표 7-46 추정 손익계산서 작성사례 -에시-

손 익 계 산 서

(단위: 만 원)

과　　　　목	금　　액
I. 매출액	(1,000)
1. 총매출액	1,200
2. 매출에누리 등	△ 200
II. 매출원가	(700)
1. 기초 제품재고액	100
2. 당기 제품제조원가	**800** ◀
3. 기말 제품재고액	△ 200
III. 매출총손익	300
IV. 판매비와 관리비	△ 160
V. 영업손익	140
VI. 영업외 수익	10
VII. 영업외 비용	△ 50
VIII. 법인세차감전 순손익	100
IX. 법인세비용	△ 50
X. 당기순이익	50

제조원가명세서

(단위: 만 원)

과　　목	금　　액
I. 원재료비	(550)
1. 기초 원재료 재고액	100
2. 당기 원재료 매입액	600
3. 기말 원재료 재고액	△ 150
II. 노무비	50
III. 경비	110
IV. 당기총제조비용	810
V. 기초재공품재고액	60
VI. 합계	870
VII. 기말재공품재고액	70
VIII. 당기제품제조원가	**800**

이하에서는 손익계산서와 관련된 기초적인 회계지식에 대하여 간략히 요약·설명하고자 한다.

◤ ☑ **손익계산서 이해를 위한 기초 회계지식**

1. 손익계산서의 기본요소
   가. 수익 비용 및 손익
   1) 수익과 비용
   ① 수익(revenue)이란 기업이 일정한 회계기간 동안에 고객에게 제공한 재화나 용역의 가치를 화폐수량으로 표시한 가격총계를 말함.
   ② 비용(Expense)이란 수익을 얻기 위한 재화나 용역의 사용 또는 소비를 의미하며 일정한 회계기간에 직접, 간접으로 기업의 영업활동과 관련되어 시장에 판매되는 재화나 용역의 흐름에 따라 소멸된 원가를 말함.

   2) 손익의 의의
   ① 회계상 손익이란 이익(profit)과 손실(loss)을 말함.
   ② 이익(profit): 경영활동의 결과로 자본의 증가
      손실(loss): 경영활동의 결과로 자본의 감소
   ③ 손익: 일정한 기간 동안 총수익에서 총비용을 차감한 순차액

   3) 수익과 비용의 분류
      ■ 수익의 분류

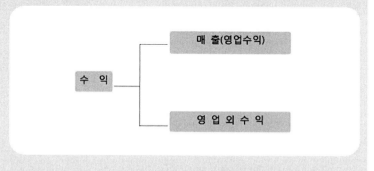

■ 비용의 분류

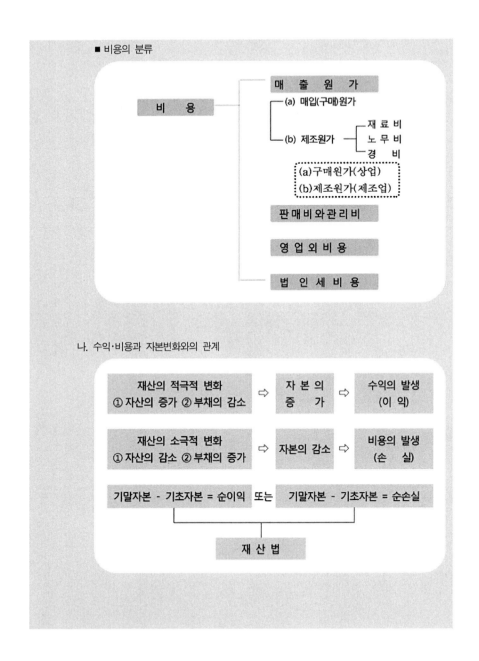

나. 수익·비용과 자본변화와의 관계

다. 수익·비용의 회계등식

손익등식(손익계산서 등식)

총비용(E) + 순이익(P) = 수익(R)

총비용(E) = 수익(R) + 손실(L)

→ 손 익 법

2. 손익계산서의 분석

가. 손익계산서의 구조

> 매 출 액
> - 매출원가
> **매출총손익**
> - 판매비와 관리비
> **영업손익**
> + 영업외수익
> - 영업외비용
> **법인세 비용공제전 손익**
> - 법인세 비용
> **당기순이익(손실)**

※ 손익계산서를 보는 요령

① 재무제표의 쌍벽을 이루는 것이 재무상태표와 손익계산서이다.

② 재무상태표는 사람의 체격에 비유할 수 있다. 그 체격을 가지고 노력한 성과를 나타내는 것이 손익계산서인 것이다.

③ 손익계산서는 일정 기간의 경영성과를 나타내는 것으로 재무상태표에 표시되는 '당기순손익'의 내역(명세서) 역할을 한다. 사람에 비유하면 그 사람의 이력서라고 할 수 있다.

나. 손익계산서 분석

※ 손익계산서를 분석하는 요령

■ 손익계산서 분석의 기본 틀

• 구성비율(백분율) 분석

회계 연도별 매출액을 100%로 하여 매출액과 각 구성항목 간의 구성비율(백분율)을 산출, 경영성과를 분석한다.

- 추세비율 분석

  기준 연도 손익계산서의 각 항목을 100%로 하여 그 후속 연도의 항목별 추세비율을 산출, 수익성 동향을 분석한다.

- 동태비율 분석

  매출액에 대한 각종 이익의 비율을 산출, 매출수익성을 분석한다.
  - 매출액 총이익률(생산효율성)
  - 매출액 영업이익률(영업효율성)
  - 매출액 경상이익률(관리효율성)
  - 매출액 세전이익률
  - 매출액 당기순이익률(종합경영성과)

- 수지비율 분석

  수익과 비용 간의 비율을 산출, 영업상태 및 비용관리의 효율성을 분석한다.
  - 총 수지비율(총수익 대 총비용)
  - 영업수지비율(영업수익 대 영업비용)
  - 매출액 대 매출원가율
  - 매출액 대 변동비율(고정비율) 등

4) 현금흐름 추정

가) 현금흐름표의 개념 및 현금(자금)흐름 추정

자금계획을 통하여 일정 기간(회계기간) 동안 계획사업에 필요한 자금의 수입 및 지출이 집계되고 자금의 과부족액이 계산되어 자금수지의 적정성 여부를 검토하기 위한 회계보고서가 작성된다. 이것을 통상 '자금수지계획표' 또는 '자금수지계산서'라고 한다.

자금수지계산서는 우리나라의 현행 제도적 회계기구(기업회계기준)에서 재무상태표 및 손익계산서와 더불어 기본적 재무제표의 하나인 '현금흐름표'라는 명칭으로 반드시 작성하도록 하고 있는데, 이러한 사실은 자금수지 상황이 기업경영에 있어서 얼마만큼 중요한 비중을 차지하고 있는지를 단적으로 나타내는 증거이기도 하다.

자금수지계산서에 있어서 '자금'의 개념을 현금·현금성자산으로 본다면 '현금흐름표'와 '자금수지계산서'는 말만 다를 뿐 내용은 똑같은 것이 된다. 따라서 현금흐름 추정은 현금흐름표의 작성을 통하여 파악되는 것이다.

현금흐름표는 기업의 현금흐름을 나타내는 표로서 현금의 변동내용을 명확하게 보고하기 위하여 당해 회계기간에 속하는 현금의 유입과 유출내용을 적정하게 표시하는 회계보고서(재무제표)이다.

현금흐름을 추정하는 기본구조는

① 영업활동으로 인한 현금흐름 ② 투자활동으로 인한 현금흐름 ③ 재무활동으로 인한 현금흐름으로 구분하여 표시하고, 이에 기초의 현금을 가산하여 기말의 현금을 산출하는 형식으로 되어 있다.

나) 현금흐름표의 작성방법

※ '기업회계 기준'에 의한 현금흐름 추정요령

① 영업활동으로 인한 현금흐름

- 영업활동이라 함은 일반적으로 제품의 생산과 상품 및 용역의 구매·판매활동을 말하며, 투자활동과 재무활동에 속하지 아니하는 거래를 모두 포함한다.
- 영업활동으로 인한 현금의 유입에는 제품 등의 판매에 따른 현금유입(매출채권의 회수 포함), 이자수익과 배당금수익, 기타 투자활동과 재무활동에 속하지 아니하는 거래에서 발생된 현금유입이 포함된다.
- 영업활동으로 인한 현금의 유출에는 원재료, 상품 등의 구입에 따른 현금유출(매입채무의 결제 포함), 기타 상품과 용역의 공급자와 종업원에 대한 현금지출, 법인세(토지등 양도소득에 대한 법인세 제외)의

지급, 이자비용, 기타 투자활동과 재무활동에 속하지 아니하는 거래에서 발생된 현금유출이 포함된다.

- 영업활동으로 인한 현금흐름의 표시방법
  - '직접법' 또는 '간접법'으로 표시
  - 직접법이라 함은 현금을 수반하여 발생한 수익 또는 비용항목을 총액으로 표시하되, 현금유입액은 원천별로, 현금유출액은 용도별로 분류하여 표시하는 방법을 말한다. 이 경우 현금을 수반하여 발생하는 수익·비용항목을 원천별로 구분하여 직접 계산하는 방법 또는 매출과 매출원가에 현금의 유출·유입이 없는 항목과 재고자산·매출채권·매입채무의 증감을 가감하여 계산하는 방법으로 한다.
  - 간접법이라 함은 당기순이익(또는 당기순손실)에 현금의 유출이 없는 비용 등을 가산하고 현금의 유입이 없는 수익 등을 차감하며, 영업활동으로 인한 자산·부채의 변동을 가감하여 표시하는 방법을 말한다.
- 현금 유출이 없는 비용 등은 현금 유출이 없는 비용, 투자활동과 재무활동으로 인한 비용을 말한다.
- 현금 유입이 없는 수익 등은 현금 유입이 없는 수익, 투자활동과 재무활동으로 인한 수익을 말한다.
- 영업활동으로 인한 자산·부채의 변동은 영업활동과 관련하여 발생한 유동자산 및 유동부채의 증가 또는 감소를 말한다.

② **투자활동으로 인한 현금흐름**
- 투자활동이라 함은 현금 대여와 회수활동, 유가증권·투자자산·유형자산 및 무형자산의 취득과 처분활동 등을 말한다.
- 투자활동으로 인한 현금 유입에는 대여금 회수, 단기투자자산·유

가증권·투자자산·유형자산·무형자산 처분 등이 포함된다.

- 투자활동으로 인한 현금 유출에는 현금 대여, 단기투자자산·유가증권·투자자산·유형자산·무형자산 취득에 따른 현금유출로서 취득 직전 또는 직후의 지급액 등이 포함된다.

③ 재무활동으로 인한 현금흐름

- 재무활동이라 함은 현금 차입 및 상환활동, 신주발행이나 배당금의 지급활동 등과 같이 부채 및 자본계정에 영향을 미치는 거래를 말한다.
- 재무활동으로 인한 현금 유입에는 단기차입금·장기차입금의 차입, 어음·사채 발행, 주식 발행 등이 포함된다.
- 재무활동으로 인한 현금 유출에는 배당금 지급, 유상감자, 자기주식 취득, 차입금 상환, 자산 취득에 따른 부채 지급 등이 포함된다.

이상에서 기업회계기준에 의거하여 현금흐름표를 작성·표시하는 방법에 대하여 개괄적으로 설명하였다.

'직접법'과 '간접법' 중에서 계획사업의 자금관리 목적에 비추어 보다 더 효율적으로 활용할 수 있는 것을 선택하면 된다. 일반적으로 이익과 현금(자금)의 관계를 파악하기에는 간접법 방식이 좋고 현금수지를 추정하기 위한 목적에서는 직접법이 상대적으로 이해하기 쉽다고 할 수 있다.

또한 작성·표시방법 측면에서도 정교한 수지계획을 필요로 하지 않고 회계에 대한 기초지식이 부족한 경우에는 '직접법'이 유용한 반면에 기업회계와 재무제표에 대한 상식이 풍부한 경우에는 '간접법'이 '직접법'에 비해 간편한 방법이 될 수도 있겠다.

참고로 아이템의 종합 사업 타당성 분석을 위한 수익성 및 경제성 분석에 필요한 현금흐름 추정자료를 도출하기 위한 실무적 방편(수단)으로, 현행 우리나라 기업회계기준에서 규정하고 있는 직접법에 의한 '현금흐름표' 방식을 변형, 수정한 현금흐름표(자금수지예상표) 양식을 예시하면 **표 7-47**과 같다.

▌표 7-47 추정 현금흐름표 작성양식 -예시-

구		분	금 액(천 원)		
			1차 연도	2차 연도	3차 연도
자금의 원천 / 현금유입	1. 영업활동으로 인한 유입	① 매출 등 수익활동으로부터의 유입액 ② 이자수익 유입액 ③ 배당금수익 유입액 ④			
		소 계 (a)			
	2. 투자활동으로 인한 유입	① 단기투자자산의 처분 ② 유가증권 처분 ③ 토지처분 ④			
		소 계 (b)			
	3. 재무활동으로 인한 유입	① 단기차입금의 차입 ② 사채발행 ③ 보통주발행 ④			
		소 계 (c)			
	계 (d) = (a + b + c)				
자금의 용도 / 현금유출	1. 영업활동으로 인한 유출	① 매입 및 종업원에 대한 유출액 ② 이자비용 유출액 ③ 법인세의 지급 ④			
		소 계 (e)			
	2. 투자활동으로 인한 유출	① 현금의 단기대여 ② 유가증권 취득 ③ 토지의 취득 ④ 개발비 지급 ⑤			

■ 표 7-47 추정 현금흐름표 작성양식 -에시-

구　　　　　　　분		금　　액(천 원)		
		1차 연도	2차 연도	3차 연도
	소　　　　계 (f)			
3. 재무활동으로 　　인한 유출	① 단기차입금의 상환 ② 사채의 상환 ③ 유상감자 ④			
	소　　　　계 (g)			
계 (h) = (e + f + g)				
합　　　　계	자금의 과부족(d - h)			
	자금의 과부족 누계액			

나. 경제성 분석

1) 경제성 분석의 개념 및 분석절차

사업 아이템에 대한 투자(안) 또는 사업계획(안)은 한정된 자원을 가지고 기대이익 또는 목표이익을 달성하기 위하여 제품이나 서비스를 생산·판매하고자 하는 전략적 경영활동이다. 이러한 경영활동의 최고 지도원리는 최소의 투입으로 최대의 효과를 낼 수 있도록 효율을 향상시키는 것이며, 효율성의 대표적 지표로는 생산성과 경제성을 들 수 있다.

일반적으로 생산성은 최소의 투입(input)으로 최대의 산출(output)을 가져오는 물리적 효율(산출량/투입량)을 나타내는 지표이며, 흔히 최소의 희생으로 최대의 효과를 낳는다고 하는 경제성은 투입과 산출을 화폐단위로 표시한 경제적 효율(판매가치/투입원가)을 나타내는 지표로 정의된다.

투자(안)의 형태가 대체투자이든, 신규사업 투자이든 간에 그 궁극적 목적은 사업의 출자자인 주주의 자산가치를 증대시켜 주는 데 있다. 주주의 자산

가치를 증대시켜 줄 수 있는 경우란, 그 투자가 이루어질 때 예상되는 현금수입의 현재가치가 현금지출의 현재가치보다 클 때에만 가능하다. 이와 같이 기대되는 총 이윤과 총 투자액의 현재가치를 비교·분석하여 투자(안)을 평가하는 것을 경제성 분석이라고 한다.

경제성 분석에 있어서 현금 수입과 지출 금액 및 수입과 지출의 시점을 나타내는 개념을 투자(안)의 현금흐름(cash flow)이라고 하는데 실무적으로는 추정 현금흐름표의 작성을 통하여 파악된다. 수익성 분석 과정에서 아이템의 사업계획에 대한 자금수지, 즉 현금흐름 자료가 도출되면 이를 바탕으로 경제성 분석에 들어가게 된다. 이상과 같은 경제성 분석 절차를 예시하면 **그림 7-26**과 같다.

그림 7-26 경제성 분석의 절차

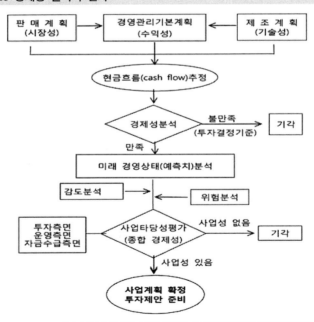

2) 경제성 분석을 위한 기본적 사고와 요소

가) 기본적 사고

(1) 수익과 위험(Revenue&Risk)

경제적 의사결정 과정에서 가장 중요한 변수를 들자면 두 가지가 있는데 수익과 위험이 그것이다. 따라서 경제성을 평가하고자 할 때는 반드시 이 두 가지 요인에 대한 타당성을 검증해야 한다.

왜냐하면 투자자산의 가치는 그 자산이 얼마만큼의 수익을 창출할 수 있느냐(수익창출력) 하는 것과 그러한 수익의 획득가능성이 어느 정도까지 확실하느냐(수익창출 가능성 즉 위험) 하는 두 가지 요인에 의해 결정되기 때문이다.

즉 어떠한 자산 또는 사업에 투자를 고려할 때에는 그 투자로 인하여 미래에 획득할 수 있는 수익의 크기와 수익의 실현에 따르는 위험을 추정하여 이론가치를 계산해본 후, 수익을 취득하기 위해서 현재에 지출해야 할 투자가액을 이론가치와 비교하여 이론가치가 투자가액보다 크다는 확신을 가질 수 있을 때 투자의사결정을 하게 되는 것이다.

예시: 기계설비 구입의 경우

매입가격(투자비용) 〈 미래수익(이론가치) → 투자

그러므로 수익과 위험을 어떠한 척도로 어떻게 측정할 수 있느냐 하는 문제와 어떠한 방법으로 이론가치를 측정할 수 있는가 하는 문제를 해결할 수 있는 능력을 갖추는 것이 경제성을 평가하기 위해서 우선적으로 고려해야 할 과제가 되는 것이다.

- 수익
  - 개념: 투자에 대한 대가로 얻게 되는 보상 즉, 과실을 의미
  - 측정: 화폐단위의 순현금흐름(Net Cash flow)으로 측정
- 위험
  - 개념: 기대되는 수익과 실제로 실현된 수익액 사이에 차이가 발생할 가능성
  - 측정: 분산 또는 표준편차로 측정

(2) 화폐의 시간적 가치(Time Value of Money)

- 개념
  - 화폐는 시간의 흐름에 따라서 그 가치를 달리한다는 것을 화폐의 시간적 가치라고 한다(시간 = 돈).
  - 경제성의 평가 및 분석이란 현재의 투자금액(현금유출)과 투자로 인하여 발생되는 미래투자수입(현금유입)을 비교하는 것이다(투자가치가 있다는 것은 미래에 예상되는 투자수입이 현재의 투자금액보다 크다는 것을 의미함).
  - 투자의 이론가치는 투자의 결과로써 장래에 얻게 될 미래화폐액들의 현재가치의 합으로 정의된다. 따라서 투자가치를 적절히 평가하기 위해서는 무엇보다 먼저 미래투자수입(현금유입)의 가치가 현재시점에서 볼 때 얼마인가를 판단하여야 한다(미래 예상되는 투자수입은 현재가 아닌 미래의 상이한 시점에서 발생하기 때문임).
  - 화폐의 시간적 가치는 다음과 같은 이유에서 발생한다.

시간속성: 0시점의 10원 〉 1시점의 10원

- 시차선호(유동성선호): 미래보다는 현재를 선호하는 경향
- 수익성 창조: 화폐는 새로운 투자를 가능하게 하여 수익성을 창조

- 미래 불확실성: 미래는 불확실성으로 인하여 위험이 존재
- 구매력 감소: 인플레로 인하여 구매력 감소의 가능성이 있음

• 미래가치와 현재가치
- 미래가치

  현재의 일정금액이 일정 기간 후에 그 가치가 얼마로 될 것인가를 알아보려는 것을 미래가치계산(Future value) 또는 복리계산(Compound value)이라고 하며 다음과 같이 계산된다.

○ 일괄지불복리계수 (부표1 참조)		○ 다회지불(연금)복리계수 (부표3 참조) (※ 역수는 감채기금계수임)
$F = P(1+i)^n$	F: 미래가치 P: 현재가치 A: 연금액 i: 이자율 n: 기간	

예시: 원금 100,000원을 연리 10%로써 정기예금 했을 때 3년 후, 5년 후의 미래 가치는?

$$F_3 = 100,000(1+0.1)^3 = 100,000(1.3310) = ₩133,100$$

$$F_5 = 100,000(1+0.1)^5 = 100,000(1.6105) = ₩161,050$$

- 현재가치

  현재가치 또는 현가(present value)는 미래에 발생할 일정금액을 현재시점에서의 가치로 평가한 금액을 말한다. 그러므로 현가계산은 미래가치계산과 서로 역의 관계에 있는 개념이며 다음과 같이 계산된다.

○ 일괄지불현가계수 (부표2 참조)		○ 다회지불(연금)현가계수 (부표4 참조) (※역수는 자본회수계수임)
$P = \dfrac{F}{(1+i)^n} = F(1+i)^{-n}$	F: 미래가치 P: 현재가치 A: 년금액 i: 할인율, 투자거부율 n: 기간	

예시: 이자율이 10%일 때 3년 후, 5년 후의 100,000원은 현재가치로 얼마인가?

$$P_3 = 100,000/(1+0.1)^3 = 100,000(0.75131) = ₩75,131$$

$$P_5 = 100,000/(1+0.1)^5 = 100,000(0.62092) = ₩62,072$$

나) 기본적 요소

(1) 현금 흐름(Cash flow)

• 개념

경제성을 평가하는 데 있어서 투자 수익은 그 투자로부터 기대되는 순현금흐름으로 인식되고 측정되어야 한다(회계적 이익보다 현금흐름이 화폐가치를 보다 잘 반영해주기 때문임).

• 현금흐름 계산의 개요
 - 현금 유입:
   투자 규모가 결정되고 그 규모를 통하여 생산량이 추정되면 판매가격을 가정하여 매출액(판매수입)이 예측되고 이 판매수입은 현금의 유입액이 된다.
   • 유입합계(A)=순매출액(총매출액-매출에누리-매출환입)+잔존가치처분

액+마지막 연도의 운전자본잔액

- 현금 유출:

  현금 유출은 투자에 필요한 모든 현금지출을 가리키며 이는 다음과
  같이 계산된다.

  · 유출합계(B)=기초투자액+제조원가+판매비+일반관리비+운전자본순
    증가액

  ※ 현금유출에 포함시켜서는 안 되는 항목 = 감가상각비, 지급이자 등 금융비용,
    배당금, 기타 비자금지출비용 등

- 현금흐름 = 유입합계(A) - 유출합계(B)

• 현금흐름 계산(납세 후 증분현금 흐름 기준)

계산공식

$$\triangle CF = (\triangle S - \triangle C - \triangle D)(1-t) + \triangle D$$
$$= \triangle NI + \triangle D$$
$$= (\triangle S - \triangle C)(1-t) + t \cdot \triangle D$$

△CF: 납세 후 증분의 현금흐름
△C: 비용 증가액(감가상각비 등, 금융비용 제외)
△S: 매출수익 증가액   t: 법인세율
△D: 감가상각비 등 증가액   NI: 회계 상의 순이익

• 고려사항

- 금융비용(지급이자)은 불포함

- 운전자본의 추가투자는 고려함

- 잠식비용(erosion cost)을 고려함(새로운 투자안이 기존 투자 사업의 현금흐름
  을 잠식하는 경우)

- 매몰원가(sunk cost)는 고려하지 않음(매몰원가는 과거에 발생한 비용으로,
  현재시점의 투자안을 채택하거나 기각하기 위한 의사결정에 의해 변경될 성질의
  것이 아니기 때문에 제외)

- 감가상각비는 법인세 감면효과(tax shield)가 존재하므로 현금흐름에 영향을 줌(감가상각의 방법에 따라 각 회계 연도의 감가상각액이 달라지므로 이로 인한 감세효과도 또한 달라지게 됨)
- 매각손실, 매각이익의 처리: 비유동자산을 장부상의 가치와 다르게 처분하였을 때 손실 혹은 이익이 발생함(이는 세금의 차이를 가져오므로 현금흐름 변화를 고려하여야 함)

계산공식

$$CF = SV - (SV - BV) \cdot t$$

SV: 매각대금　　BV: 자산의 장부상 가치

예시: 창신기업(주)은 신제품 생산에 필요한 기계를 구입하고자 한다. 이 기계의 구입으로 향후 5년 동안 연간 5백만 원의 매출량 증가가 예상되고 생산에 소요되는 재료비와 노무비 합계는 연간 3백만 원이고, 경비는 연간 5십만 원이다. 이 기계의 구입가격은 2백 5십만 원이고, 내용 연수 5년에 정액법으로 감가상각하기로 한다.(법인세율 40%, 요구수익률 10%). 이 기계 구입의 경제성을 검토하시오.

※ 계산: $\triangle CF = (\triangle S - \triangle C - \triangle D)(1-t) + \triangle D$
　　　　　$= (5,000 - 3,500 - 500)(1-0.4) + 500$
　　　　　$= 600 + 500$
　　　　　$= 1,100$ (천원)
　　$\triangle CF$ 요약: (-2,500 + 1,100 + 1,100 + 1,100 + 1,100 + 1,100)

(2) 할인율(Discount rate)과 자본비용(Capital cost)

• 개념

할인율이란 자본 이용에 대한 최소한의 대가로서 자본 비용을 의미하며, 최저필수수익률, 요구수익률, 자본환원율, 보상율이라고도 한다. 할인율이 문제가 되는 것은 매기 추정된 순현금흐름의 크기를 이것으로 할인하여 현재가치를 계산해야 하기 때문이다.

• 할인율의 계산(추정)

할인율 계산에 있어서 가장 논리적이며 많이 쓰이는 추정방법은 가중평균자본비용 방식이다. 자본비용은 투자자금의 조달이 부채(D)와 자기자본(E) 두 가지 원천으로만 되었다면 다음과 같이 개별자본 비용을 자본구성에 따라 가중 평균한 가중평균자본비용(WACC)을 구하여 이용한다.

계산공식

$$k = WACC = kd(1-t)(\frac{D}{D+E}) + ke(\frac{E}{D+E})$$

kd = 타인자본비용(부채이자율)   t = 법인세율
ke = 자기자본비용   D = 총부채   E = 자기자본

※ 가중방법(자기자본)

• 시장가치 기준

  - 시간보상율(무위험이자율 Rf: 대용값 정기예금이자율 등)

  - 위험보상율(시장수익률 Rm: (Rm-Rf)·β)

• 장부가치 기준

예시: 창신기업(주)는 다음과 같은 자본구성과 원천별 자본비용을 보이고 있다. 가중평균자본비용(WACC)은 얼마인가? (법인세율 40%)

자 본 원 천	금 액	구 성 비 율	자 본 비 용
타인자본	60억	60%	10%
보 통 주	40억	40%	20%
합 계	100억	100%	

※ 계산: 가중평균자본비용
  k = WACC = 10%(1-0.4) (60/100) + 20%(40/100) = 11.6%

3) 경제성 분석·평가 방법

가) 전통적 방법

(1) 평균이익률법

이 방법은 회계적수익률법이라고도 하며, 투자로 인한 연평균 회계적 순이익과 연평균 투자액의 비율을 구하여 투자결정하는 방법을 말한다.

의사결정기준은 투자안의 평균수익률(연평균순이익/연평균 투자액)이 기대 평균수익률을 상회할 때 투자결정을 하게 된다.

(2) 자본회수기간법

이 방법은 투자에 의해서 얻어질 수 있는 이익이 최초의 투자액을 회수하는 데 걸리는 기간을 산출함으로써 투자결정하는 방법이다.

산출된 회수기간이 사업추진 주체가 정한 최대기간보다 짧을 때 경제성이 있는 것으로 보며, 대체로 회수기간이 빠르면 빠를수록 좋은 것으로 본다.

예시: 창신기업(주)는 A안과 B안의 투자계획을 고려하고 있다. 자료를 참고하여 전통적 방법과 현금흐름 할인법으로 구분하여 평가하시오.

• **기본 자료**
① A, B 투자안은 모두 1,000원의 투자를 필요로 한다.
② 이 회사의 자본비용은 10%이다.
③ 투자안 A, B로부터 유입되는 각 순이익은 다음과 같다.
④ 순이익은 감가상각공제 전이면서 납세 후 금액이다.

투자안 년	A투자안 순이익	B투자안 순이익
1	₩ 500	₩100
2	400	200
3	300	300
4	100	400
5	-	500
6	-	600

전통적 방법에 의한 경제성 분석·평가 예시를 풀이한 결과는 **표 7-48**과 같다.

표 7-48 경제성 분석·평가 예시 풀이(전통적 방법)

(1) 회수기간법
   ※ 회수기간(payback period): 순이익에 의해서 당초의 투자원금을 회수하는 데 소요되는 기간
   ※ 분석·평가
   • A 투자안: ₩1,000 - 500 - 400 - (100) = (2년 4개월)
   • B 투자안: ₩1,000 - 100 - 200 - 400 = (4년)
   ※ 투자의사결정
   ▶ A안이 B안보다 단기이므로 A안 수용

(2) 평균이익률법
   ※ 평균이익률(average rate of return): 투자안의 내용연수 기간의 평균투자액에 대한 예상 연평균이익률

※ **분석·평가**

A 투 자 안			B 투 자 안		
납세후이익	감가상각비	상각후이익	납세후이익	감가상각비	상각후이익
500	250	250	100	167	₩(67)
400	250	150	200	167	33
300	250	50	300	167	133
100	250	(150)	400	167	233
		300	300	167	333
			500	167	433
			600	167	1,078
	$\dfrac{\frac{300}{4}}{\frac{1,000}{2}}=\dfrac{75}{500}=15\%$			$\dfrac{\frac{1,078}{6}}{\frac{1,000}{2}}=\dfrac{183}{500}=37\%$	

   ※ 투자의사 결정
   ▶ A안 < B안이므로 B안 수용

나) 현금흐름할인 방법

(1) 내부수익률법(internal rate of return method)

내부수익률법(IRR)은 투자보수율이라고도 하며, 어떤 투자의 결과로 기대되는 미래 현금유입(cash flow)의 현가와 그 투자에 들어가는 현금유출(cash outflow)의 현가를 동일하게 만드는 이자율(할인율)을 말한다.

공식(내부수익률)

$$\sum_{t=0}^{n} \frac{I_t}{(1+r)^t} = \sum_{t=0}^{n} \frac{O_t}{(1+r)^t}$$

It = 기간의 현금유입   t = 기간
Ot = 기간의 현금유출   r = 내부수익률

내부수익률법에 의한 의사결정기준은 내부수익률법(IRR)이 사업추진 주체가 바라고 있는 최저필수수익률(minimum required rate of return method)보다 크면 투자가치가 있다고 평가한다.

(2) 순현재가치법(net present value method)

순현재가치(NPV)는 어떤 투자로부터 발생되는 현금유출입을 그 기업의 최소한도의 기대수익률(K)로 할인하여 현재가치로 산출하고 현금유입의 현가에서 현금유출의 현가를 뺀 순차액을 의미한다.

순현재가치법에 의한 의사결정기준은 현재가치가 영(0)보다 크거나 같을 경우에는 투자안을 채택하고, 투자안이 복수일 경우에는 순현재가치의 크기 순에 따라 결정하게 된다.

$$NPV = \sum_{t=0}^{n} \frac{I_t}{(1+K)^t} - \sum_{t=0}^{n} \frac{O_t}{(1+K)^t}$$

I = 기간중 현금유입   O = 기간중 현금유출
t = 기간   K = 자본비용 (기대수익률)

현금흐름할인법에 의한 경제성 분석·평가 예시를 풀이한 결과는 **표 7-49** 및 **표 7-50**과 같다.

■ 표 7-49 경제성 분석·평가 예시 풀이(순현재가치법)

※ 분석·평가

	A 투자안			B 투자안		
	순현금 유입	이자계수 (10%)	현금유입의 현가	순현금 유입	이자계수 (10%)	현금유입의 현가
1	500	0.71	455	100	0.71	71
2	400	0.83	332	200	0.83	166
3	300	0.75	225	300	0.75	225
4	100	0.68	68	400	0.68	272
5				500	0.62	310
6				600	0.56	336
	현금유입의 총 현가	1,080		현금유입의 총 현가		1,400
	당초 투자지출	-1,000		당초 투자지출		-1,000
	순현가	80		순현가		400

• A 투자안의 순현가 = ₩ 80
• B 투자안의 순현가 = ₩400

※ 투자의사결정

▶ 창신기업(주)의 A, B 투자안은 모두 순현가가 정(+)값을 가지므로 A, B 투자안이 독립적이라면 두 투자안 모두 수용
▶ 두 투자안이 상호배타적인 것이라면 A안<B안이므로 B안은 수용, A안은 기각

표 7-50 경제성 분석·평가 예시 풀이(내부수익률법)

※ 분석·평가

	4%			10%			15%		
	이자계수	현 가 A	B	이자계수	현 가 A	B	이자계수	현 가 A	B
1	0.76	480	76	0.71	455	71	0.87	435	87
2	0.72	368	184	0.83	332	166	0.76	304	152
3	0.87	267	267	0.75	225	225	0.66	178	178
4	0.86	86	344	0.68	68	272	0.57	57	228
5	0.82		410	0.62		310	0.50		250
6	0.77		474	0.56		336	0.43		258
총현가		1,201	1,775		1,080	1,400		774	1,173
순현가		201	775		80	400		(6)	173

	20%			24%			32%		
	이자계수	현 가 A	B	이자계수	현 가 A	B	이자계수	현 가 A	B
1	0.83	415	83	0.81	405	81	0.76	380	76
2	0.67	276	138	0.65	260	130	0.57	228	114
3	0.58	174	174	0.52	156	156	0.43	127	127
4	0.48	48	172	0.42	12	168	0.33	33	132
5	0.40		200	0.34		170	0.25		125
6	0.33		178	0.20		168	0.17		114
총현가		713	785		863	873		770	670
순현가		(87)	(15)		(137)	(127)		(230)	(310)

- A 투자안의 내부수익률 = 10%+5%×[80/ 80-(- 6)] = 14.65%
- B 투자안의 내부수익률 = 15%+5%×[173/173-(-15)] = 17.60%

※ 투자의사결정
▶ 창신기업(주)는 10%의 자본비용을 사용하고 있으므로 A, B 투자안이 독립적인 것이라면 두 투자안 모두 수용
▶ 창신기업(주)의 투자안이 상호배타적인 것이라면 A안<B안이므로 B안은 수용, A안은 기각

(3) NPV법과 IRR법의 비교

• NPV법과 IRR법의 관계

IRR은 현금유입의 현가와 현금유출의 현가를 같게 하는 할인율이었는데, 이를 NPV법의 관점에서 보면 순현가를 0으로 하는 할인율이 된다.

$$\text{IRR법: NPV} = \sum_{t=1}^{n} \frac{CIt}{(1+r)^t} - \sum_{t=0}^{n} \frac{COt}{(1+r)^t} = 0$$

순현가는 할인율(k)이 증가할수록 줄어드는데 NPV=0이 되는 할인율은 IRR(r)이 된다.

• 양방법의 상충

NPV법이나 IRR법은 독립적 투자안을 심사할 때 모두 동일한 투자 결정이 이루어져 서로 상충되지 않으나 상호배타적인 복수 투자안을 비교·평가할 때는 서로 상충되는 결론에 도달하는 경우가 있다. 상호배타적인 복수 투자안에 대해 서로 상충되는 경우는 ① 현금흐름의 양상이 다른 경우 ② 투자규모가 서로 크게 다른 경우 ③ 투자의 내용 수명이 서로 다른 경우 등 세 가지로 나누어 볼 수 있다.

양방법이 서로 상충되는 결과가 나타나는 근본 이유는 NPV법과 IRR법의 재투자 수익의 가정(reinvestment assumption)이 상이하기 때문이다 (NPV법은 자본비용 수준으로, IRR법은 내부수익률 수준으로, 현금유입액을 각각 재투자할 수 있음을 가정하고 있음).

• NPV법의 우위성

이상과 같이 서로 상반되는 결론이 제시될 경우, 일반적으로 NPV법이

다음과 같은 근거에서 우수한 것으로 평가되고 있다.

첫째, 재투자수익률의 가정에서 자본비용으로 재투자할 수 있다는 가정이 더 현실적이고 단일의 재투자율이 적용되므로 합리적이다.

둘째, 기업가치의 극대화가 투자결정의 목표인바, NPV법에 의하여 측정되는 순현가는 바로 투자로부터 발생될 절대부의 증감액을 나타내므로 가장 적절하다고 할 수 있다(IRR이 높다고 해서 반드시 좋은 투자안은 아님).

셋째, IRR법은 시행착오법에 의해서 구해지고, 복수의 IRR이 구해지는 경우와 IRR이 부재인 경우가 있어서 기술적인 문제점이 많다.

넷째, NPV법은 가치합산원칙(Value additivity principle)이 적용되지만 IRR법은 적용되지 않는다.

$$NPV(A) + NPV(B) = NPV(A+B)$$

$$IRR(A) + IRR(B) \neq IRR(A+B)$$

4) 미래 경영상태 분석

가) 손익분기점 분석

손익분기점(BEP: Break Even Point) 분석은 신규사업의 기대 목표이익이 수익이나 비용의 증감에 따라 어떻게 변화하는지를 파악하기 위한 간편하면서도 유용한 경영분석기법의 하나이다.

또한 손익분기점 분석은 아이템의 사업 타당성을 분석할 때 수익·비용 및 이익의 상호관계에 따라 계획사업이 향후 이들 변수들에 의해 어떠한 영향을 받을 것인가를 예측하는 감도분석의 한 방법으로 활용되기도 한다.

신규 사업계획은 기존 사업계획과는 달리 계획과 관련된 불확실한 요소들을 미리 예상 또는 가정하여 수립되는데, 미래의 상황이 계획을 수립할 때 추정 내지는 가정한 바와 똑같이 전개된다는 보장이 있을 수는 없는 것이다.

따라서 판매수량이나 판매단가 등 매출액의 증감에 영향을 미치는 요소들과 재료수량이나 가격, 작업시간이나 임율, 경비의 증감 등 비용에 영향을 미치는 요소들이 향후 계획사업의 전반적인 경영상태에 어떤 문제점과 위험요인으로 작용할 것인지를 파악해 볼 필요가 있는 것이다. 사업 추진주체가 이와 같은 위험요소나 문제점을 사전에 파악하고 이에 대한 대처계획을 수립하는 것은 계획사업의 타당성과 신뢰성을 높이는 의미 있는 일이 된다.

손익분기점 분석은 활용목적에 따라 경영관리에 유용한 여러 가지 지표를 제공해 주지만, 특히 이익계획 분석과 관련하여 계획사업의 유연성을 높일 수 있는 방안을 제공해 준다. 하나의 예로써 손익분기점율($\frac{손익분기점매출액}{계획매출액}$)을 들 수 있다. 이 비율은 경영탄력성을 의미하고 경영안전율(1 - 손익분기점률) 산출을 통해 계획사업의 미래위험에 대한 여유 또는 유연성을 파악할 수 있게 된다.

참고로 손익분기점 분석표를 예시하면 **표 7-51**과 같다.

표 7-51 손익분기점 분석표

구 분	기호 및 산식	1차 연도	2차 연도	3차 연도
판 매 량	Q(S/p)			
매 출 액	S(Q×p)			
변 동 비	V			
총 공 헌 이 익	M=S-V			
단위당공헌이익	AM=M/Q			
고 정 비	F			
순 이 익	Л=M-F			

표 7-51 손익분기점 분석표

구 분	기호 및 산식	1차 연도	2차 연도	3차 연도
공 헌 이 익 률	m=M/S			
손 익 분 기 점 매 출 액	$BEP_1=F/m$			
손 익 분 기 점 판 매 량	$BEP_2=F/AM$			
손익 분기점율	BEP, $R_1=BEP_1/S$			

☑ 손익분기점 분석을 위한 기초 회계지식

1. 손익분기점을 계산하는 방법

　가. 손익분기점 매출액을 구하는 방법(공식)

　　※기본공식: 매출액(S) = 총비용(TC) = 고정비(F) + 변동비(V)

$$S=F+V에서 \quad S=F+\frac{V}{S}\times S$$

$$S-\frac{V}{S}\times S=F \quad S(1-\frac{V}{S})=F$$

$$S=\frac{F}{1-\frac{V}{S}} \quad \cdots\cdots\cdots\cdots\cdots ①$$

　나. 손익분기점 매출량을 구하는 방법(공식)

　　매출액(S) = 판매량(Q)×제품단가(p)

　　총비용(TC) = 고정비(F) + [변동비(V) = 판매량(Q)×단위당변동비(υ)]

　　　S=F+V에서 　Q×p=F+Q×υ

　　　(Q×p) － (Q×υ)=F, 　Q(p - υ)=F

$$Q=\frac{F}{p-v} \quad \cdots\cdots\cdots\cdots\cdots ②$$

이와 같은 방식으로 손익분기점을 구하려면 결국 기본공식에서 보는 바와 같이 비용 계획에 의한 총비용이 고정비와 변동비로 나누어져 있어야만 가능하다. 총비용을 변동비와 고정비로 나누는 것을 비용의 행태별 분류 또는 비용분해라고 한다.

2. 비용분해 방법

계획사업에서 발생하는 총비용을 조업도(생산량, 판매량, 매출액 등)와 관련하여 분류하여 보면 조업도와 관계없이 일정 기간 고정적으로 발생하는 고정비와 조업도에 비례하여 증감·변동되어 발생되는 변동비로 대별할 수 있다.

비용 중에는 조업도와 관련하여 변동은 하지만 비례적이지 않은 비용(준고정비 또는 변동비)도 있을 수 있으나 손익분기점 분석의 기본적 가정이 총비용을 고정비와 변동비로 양분하는 것이므로 이에 따르는 것이다.

몇 가지 비용분해 방법을 설명하면 다음과 같다.

가. 총비용법

이 방법은 간편법으로 불리기도 하는데, 세부적인 비용분해를 하지 않고 두 기간 이상의 비용총액과 매출액의 차이를 산출하여 분류한다. 고정비의 증감이 없고 변동비율이 변화하지 않는다는 전제하에서 다음과 같이 계산한다.

① 2기의 매출액과 총비용을 비교한다.
② 변동비율을 계산한다(총비용증가분÷매출액증가분)
③ 매출액×변동비율=변동비
④ 총비용 - 변동비 = 고정비

• 계산사례

(단위: 천 원)

구 분	제1기	제2기	증감차액	비 고
매출액 총비용	10,000 7,000	12,000 10,000	2,000 1,000	※ 변동비율 $\dfrac{1,000}{2,000}=0.5$
- 변동비	5,000	6,000		1기 변동비: 10,000×0.5=5,000 2기 변동비: 12,000×0.5=6,000
- 고정비	4,000	4,000		1기 고정비: 7,000 - 5,000=4,000 2기 고정비: 10,000 - 6,000=4,000

나. 통계적 분해법(최소자승법)

이 방법은 매출액과 총비용에 대한 과거의 자료를 토대로 통계적인 방법으로 상관관계를 분석하여 최소자승법에 의해 변동비율을 구하는 방법이다.

단순상관 $y = a + bx$를 활용하여 매출액을 x, 총비용을 y, 고정비를 F, 변동비율($\frac{V}{x}$)

을 ʋ라 하면 $y = F + ʋ \cdot x$ 의 상관관계식을 구할 수 있고, 이 식에서 다음과 같은 방법으로 변동계수(변동비율) ʋ와 고정상수(고정비)를 구한다.

$y = F + ʋx$(①식)에서 양변에 x를 곱하면

$xy = Fx + ʋx2$(②식)이 된다. ①식과 ②식에서 정규방정식

$\Sigma y = nF + ʋ\Sigma x$(③식), $\Sigma xy = F\Sigma x + ʋ\Sigma x2$(④식)을 도출

③식과 ④식을 연립방정식으로 풀면 된다.

$$F(b) = \frac{\Sigma x \cdot \Sigma y - n\Sigma xy}{(\Sigma x)^2 - n\Sigma x^2} \quad \text{또는} \quad \frac{\Sigma(xi - \bar{x})(yi - \bar{y})}{\Sigma(xi - \bar{x})^2}$$

$$ʋ(a) = \frac{\Sigma y - b\Sigma x}{n} \quad \text{또는} \quad \bar{y} - b\bar{x}$$

다. 개별비용법

개별비용법은 장부기술법, 개별법, 비목법, 계정법 등으로 불리기도 하는데, 총비용을 구성하는 모든 비용 항목을 각 비용 항목마다 개별적으로 고정비와 변동비로 분류·정리하는 방법이다. 비록 완전한 비용분해 방법이라고 할 수는 없지만 비용분해 방법 중에서 가장 실무적인 방법이어서 이용도가 높다.

그러나 비용 중에는 '준고정비'나 '준변동비' 같은 혼합적인 성격의 항목도 많으므로 개별비용 항목의 성격을 결정할 때에는 감각적인 판단에만 의존할 것이 아니라 과거의 통계적인 관찰, 계획사업의 특성 등을 고려하여 실정에 맞는 적정비율로 안분하여 고정비와 변동비로 분해하는 것이 바람직하다.

왜냐하면 이와 같은 방식으로 혼합비용 과목을 개별항목별로 분해하면 오차가 서로 상쇄되어 예상 외로 정확한 손익분기점을 산출할 수 있는 비용분해가 되기 때문이다.

참고로 개별비용법에 의한 '비용분해 기준' 사례를 제시하면 다음과 같다.

개별비용 분해 기준표 -예시-

비용 항목	분해 고정	분해 변동	금액 합계	금액 고정비	금액 변동비	비용 항목	분해 고정	분해 변동	금액 합계	금액 고정비	금액 변동비
I. 제조직접비						III. 판매비와 관리비					
1. 직접재료비						1. 판매비					
- 재료비		○				- 판매원급료	△	△			
- 매입부품비		○				- 운반비	△	△			
2. 직접노무비	△	△				- 보험료	△	△			
3. 직접경비						- 광고선전비	△	△			
- 외주비						- 판매수수료		○			
- 특허권료	○					- 대손상각		○			
II. 제조간접비						- 잡비	○				
1. 간접재료비						2. 관리비					
- 보조재료비		○				- 임원급여	○				
- 소모기구비	△	△				- 사무원 급료	○				
- 소모품비	△	△				- 복리후생비	△	△			
2. 간접노무비						- 수선비	△	△			
- 직접공 간접비용	○					- 사무용품비	○				
- 간접공 임금	○					- 여비교통비	○				
3. 간접경비						- 통신비	○				
- 복리후생비	△	△				- 접대비	○				
- 감가상각비	○					- 감가상각비	○				
- 지급임차료	○					- 세금과 공과	○				
- 보험료	○					- 보험료	○				
- 수선료	△	△				- 잡비	○				
- 수도광열비	△	△				IV. 지급이자와					
- 재고감모손실	○					할인료	○				
- 연구비	○					- 지급이자 등					

주) ○: 고정비나 변동비로 직접 분류가 가능한 비용
　　△: 고정비나 변동비가 함께 혼합되어 있는 비용으로 회사 실정에 따라 구분할 것

3. 손익분기점 분석 사례

손익분기점 유형별 대책 -예시-

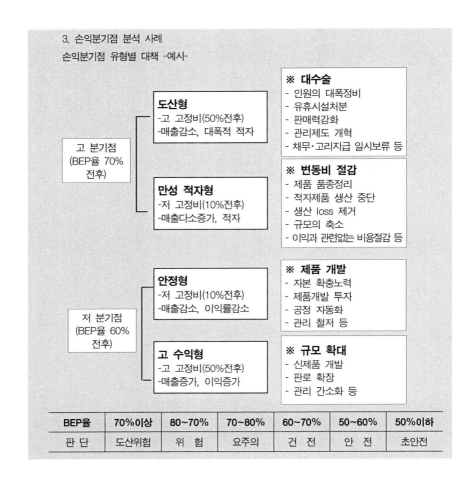

BEP율	70%이상	80~70%	70~80%	60~70%	50~60%	50%이하
판 단	도산위험	위 험	요주의	건 전	안 전	초안전

나) 수익성요인 분석

기업의 자본수익성은 유동성, 활동성, 생산성과도 밀접한 관계가 있으며 일반적으로 투자수익성 혹은 투자수익률(ROI: Return On Investment)이라고도 한다. 수익성은 총투자자본에 대한 이익의 비율, 즉 자본이익률을 의미한다. 수익성요인 분석은 매출액이익률과 총자본회전율을 활용하여 계획사업의 수익성(총자본이익률)에 영향을 미치는 각종 요인을 파악하는 것을 말한다. 따라서 구성 항목별로 당해 계획사업의 자체 비율뿐만 아니라 동종 유사업계의 평균비율(혹은 표준비율)도 조사하여 비교·분석할 수 있어야 한다. 동종업계와의 비교를 통하여 수익성에 증감변동을 주는 핵심요인이 무엇인가를 발견하는 것은 계획의 조정은 물론 실제 사업추진에 있어서도 매우 의미 있는 일이 될 것이다.

수익성은 매출액이익률(마진율)과 자본회전율(운용효율)에 의하여 결정된다.

$$\frac{이익}{총자본} = \frac{이익}{매출액} \times \frac{매출액}{총자본}$$

※ 수익성요인 분석 요령

- 총자본이익률: 계획사업의 각 연도별 추정재무제표를 참조하여 총자본에 대한 순이익률이나 경상이익률을 계산한다. 유사 동종업계 평균비율은 관련 산업지표(경영분석자료)를 참조한다.

$$총자본\ 순(경상)이익률 = \frac{순(경상)이익액}{총자본} \times 100\%$$

- 매출액이익률: 추정손익계산서상의 매출액과 이익금액을 비교하여 비율을 산출한다.

$$매출액\ 순(경상)이익률 = \frac{순(경상)이익액}{매출액} \times 100\%$$

  - 매출액 대 매출원가비율: 매출원가는 상업의 경우에는 총 매입

원가, 제조업의 경우에는 총 제조원가를 의미하고 총원가를 구성하는 항목별[재료(상품매입)비, 노무비(또는 인건비), 경비]로 매출액과의 관계비율을 계산한다.

- 매출액 대 판매비·관리비 비율: 동일 요령
- 매출액 대 지급이자 비율: 동일 요령

- 총자본회전율: 총자본은 총자산과 같은 의미를 지닌다. 총자본 또는 총자산을 구성하는 항목의 운용효율이 높으면 높을수록 자본 수익성은 좋아진다.

$$자본(자산)회전율 = \frac{매출액}{해당자본(자산)금액} \, (회)$$

- 매출채권 매입채무 및 재고자산회전율: 동일 요령

단, 재고자산은 재고항목(제품, 재공품, 원재료)별로 계산하여 기재한다.

- 비유동자산회전율: 비유동자산회전율 계산방식도 위와 같고, 유사 동종업체에 대한 회전율을 파악하는 것은 모든 경우와 동일하다.

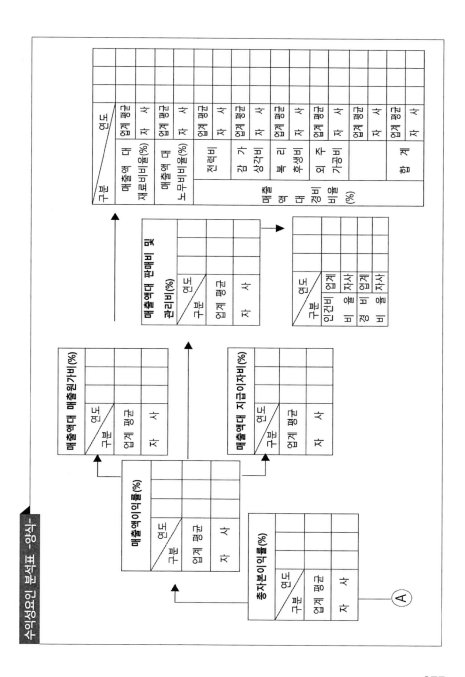

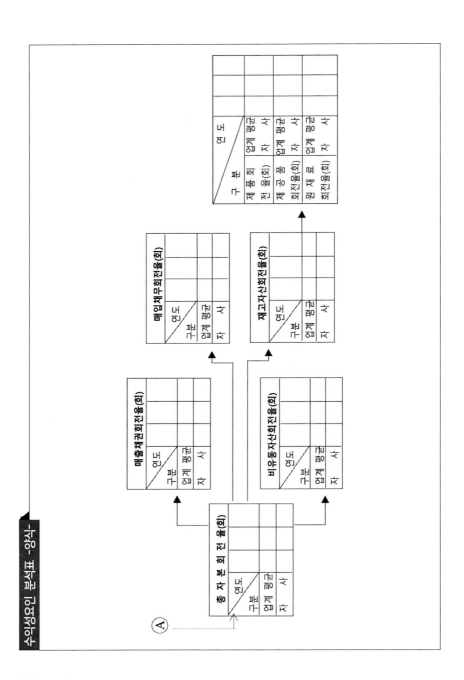

수익성요인 분석표 -양식-

5) 감도 및 위험 분석

가) 감도 분석

감도 분석(sensitivity analysis)은 민감도 분석이라고도 하며, 투자안을 분석할 때 투자안의 결과에 영향을 주는 가정이나 변수 등을 검토하여 이들의 변동이 투자안의 기대치에 어떠한 변화를 미치는가를 분석하는 기법이다.

감도분석의 가장 일반적인 방법은 투자안으로부터 기대되는 낙관적 수치, 비관적 수치 및 평균 기대수치를 추정하는 것이며 현대와 같이 환경변화가 극심하고 불확실성이 높은 상황에서는 매우 유용한 방법이 된다. 참고로 현금흐름할인 방법을 이용한 감도분석 사례를 예시하면 다음과 같다.

예시: 현금흐름할인 방법을 이용한 감도분석 요령

• 기본공식:

$$CFt = [\ S0(1+g)t \ \cdot \ (SOMt)\ ]\ [\ (Pt - Vt) - FC\ ]\ (1-t) + Dept$$

  CFt: t 기의 현금흐름
  S0: 기준 시점에서의 산업의 매출량(시장 규모)
  g: 산업수요 성장률(시장 성장률)
SOMt: t기의 당해기업의 시장 점유율(시장 점유율)
  Pt: 판매가격
  Vt: 단위당 변동비
  FC: 총 고정비
  t: 법인세율
Dept: 감가상각비 등

• 자료 및 계산:

창신기업(주) 현금흐름 예상표

(단위: 백만 원)

연　　도	0년	1~10년
투 자 액	150	
1. 수익		375
2. 변동비		300
3. 고정비		30
4. 감가상각비		15
5. 법인세공제전이익(1-2-3-4)		30
6. 법인세		15
7. 순이익(5-6)		15
8. 운영현금흐름(4+7)		30
순 현 금 흐 름	-150	30

주) 1) 감가상각비: 투자액에 대한 10년간 정액법 상각(잔존가치=0)
　　2) 법인세율: 50%
　　3) 자본비용: 10%로 가정

사례 기업의 현금흐름 예상표를 기초하여 순현금흐름의 현가(NPV)를 계산해 보면 34.3(백만 원)이 된다.

$$NPV = -150 + \sum_{t=1}^{10} \frac{30}{(1.10)^t} = 34.3$$

순 현금흐름의 현가(NPV)가 영보다 크므로(NPV>0) 이 신규사업은 경제성이 있을 수 있다. 그러나 이 사업에 대한 투자 의사결정은 시장성장율, 시장점유율 등 여러 가지 변수들을 고려하고 예측(감도 분석)하여 이루어져야 할 것이다.

감도 분석 및 의사결정

창신기업(주) 변수별 감도분석 예측표								
변 수	측	면		NPV (백만 원)		
	비 관	기 대	낙 관	비 관	기 대	낙 관
시장 규모	7백만	10백만	11백만	+11	+34	+57
시장 점유율	0.004	0.01	0.016	-104	+34	+173
판매 단가	3,500원	3,750	3,800	-42	+34	+50
단위당 변동비	3,600원	3,000	2,750	-150	+34	+111
단위당 고정비	40백만 원	30백만 원	20백만 원	+4	+34	+65

사례 기업의 '변수별 감도분석 예측표'는 시장규모, 시장점유율, 판매단가, 단위당 변동비 등의 주요 변수에 대해서 낙관적(optimistic)인 측면과 비관적(pessimistic)인 측면에서 본 현가(NPV)를 보여 주고 있다. 현가가 낙관적일 때와 비관적일 때의 차이가 큰 것을 알 수 있는데, 특히 시장점유율과 단위당 변동비에 따라 계획사업의 성패가 큰 영향을 받는다는 것으로 나타나고 있다. 이와 같이 감도분석은 투자안의 경제성 분석·평가에 있어서 간과할 수

없는 부문임을 알 수 있으며 특히 환경변화가 극심하고 불확실성이 높은 상황에서는 더더욱 분석의 필요성이 높다고 할 수 있다. 따라서 중요한 투자안의 경제성 평가 시에는 감도분석에 대한 여러 가지 통계적인 기법과 전문서적을 참고하여야 한다.

나) 위험 분석(Risk Analysis)

(1) 위험의 의의 및 측정

• 위험의 의의

어떠한 사건에 있어서 그것의 미래 예상되는 상황은 그 사건이 발생할 가능성의 정도에 따라 다음과 같이 구분된다.

- 확실성: 미래에 발생할 상황이 명확하게 알려진 상태
- 위험: 투자안으로부터 얻게 될 결과에 대해 부분적 정보만을 가지고 있기 때문에 오직 확률분포만으로 예상할 수 있는 상황
- 불확실성: 미래에 얻게 될 결과에 대해서 전혀 알 수 없는 경우로, 주관적인 추정만이 있을 수 있는 상황

그러나 투자결정에 있어서 위험과 불확실성의 의미상의 차이는 일반적으로 구분하지 않고 있다. 실제로 위험이란 여러 가지 상황하에서 투자안으로 얻게 될 미래 현금흐름의 변동성(variability)으로 정의되고 있다(위험이란 실제 결과(actual outcomes)가 예상하였던 결과(expected outcomes)와 다를 가능성을 의미함).

• 기대수익률과 위험의 측정
- 기대수익률의 측정

투자안이 지니고 있는 경제성의 정도는 수익률의 확률분포에서 평균

적인 수익률을 계산하여 평가하는데 이를 기대수익률(expected rate of return)이라고 한다. 기대수익률은 다음 식과 같이 각 상황별로 발생 가능한 수익률에 그 상황이 발생할 확률을 구한 다음 이의 합을 구하여 계산한다.

$$E(R) = \sum_{i=1}^{n} P_i \bullet r_i$$

    E(R): 기대수익률
    ri: i 상황에서 발생가능한 수익률
    Pi: i 상황이 일어날 확률(n개의 상황)

- 위험의 측정

투자안이 지니고 있는 위험의 정도는 미래투자수익률의 변동성을 의미한다. 변동성의 크기는 미래 수익률의 확률분포의 분산도(dispersion)를 이용하여 측정한다. 그러나 미래 수익률의 확률분포는 미래수익률에 영향을 미치는 모든 요인을 고려하여 미래상황을 추정해야 하기 때문에 매우 어렵고 불확실하므로 일반적으로 투자안의 과거수익률 동향을 관찰하여 확률분포를 작성하고 이로부터 분산을 계산하여 위험을 평가한다(확률분포의 분산도를 측정하는 방법으로 가장 많이 사용되는 것은 표준편차(standard deviation)와 분산(variance)임).

$$\sigma^2 = \sum [r_i - E(R)]^2 \cdot P_i$$

$$\sigma = \sqrt{\sum (r_i - E(R))^2 \cdot P_i}$$

σ^2: 수익률의 분산

σ: 수익률의 표준편차

r_i: 발생 가능한 수익률

$E(R)$: 기대수익률

(2) 위험 분석(Risk Analysis)의 방법

• 위험조정할인율법(RADR: Risk Adjusted Discounted Rate Method)

위험조정할인율법은 투자안의 위험 정도를 할인율에 반영한 위험조정 순현가(Risk Adjusted NPV)를 계산하고 이에 의하여 위험을 분석하는 방법이다.

그러나 투자주체의 위험에 대한 태도에 따라 위험조정할인율이 달라지기 때문에 객관성이 결여되기 쉽고 현금흐름 분포에 대한 고려가 없다는 단점이 있을 수 있다.

$$NPV = \sum_{t=1}^{n} \frac{CF_t}{(1+k)^t} - I_0$$

k(위험조정할인률) = Rf(공급리) + α(위험보상률)

I0 = 투자안

- 확실성등가법(CEQ: Certainty Equivalent)

불확실한 현금흐름에 대해 동일한 효용을 제공하는 확실한 현금흐름의 크기를 구한 다음 이를 무위험이자율로 할인한 순현가를 구하여 투자안의 위험을 분석하는 방법이다.

불확실한 기대현금흐름과 동일한 효용을 제공하는 확실한 현금흐름(확실성등가)과의 비율을 확실성등가계수(Certainty Equivalent Coefficient)라고 한다.

$$NVP = \sum_{t=1}^{n} \frac{\alpha_t \cdot CF_t}{(1+R_f)^t} - I_0$$

$$\alpha_t = \frac{CEQ_t}{CF_t}$$

α: 확실성 등가계수

CEQt: t기의 현금흐름의 확실성 등가

CFt: t기의 기대현금흐름

05 | 공익성 분석

🎁 5-1. 간접 수익성 분석

가. 간접수익성 분석의 개요

1) 간접수익성 분석의 필요성

개별기업의 신규사업 또는 신규 투자안에 대한 사업 타당성 분석 중 수익성 및 경제성 분석은 '계획사업' 수준의 경제적 수익성만 고려할 뿐 범위를 넓혀 국민 경제적 수준의 간접수익성까지 종합적으로 분석하고 있는 경우는 흔하지 않다.

그러나 필요 시에는 계획사업의 추진으로 인해 발생하는 사회·경제적 제반 영향을 공익적 측면에서 간접수익까지 포함하여 사업 타당성을 분석·평가할 필요성이 있는데 이를 통상 공익성 분석이라고 한다.

2) 간접수익성의 내용

간접수익성은 투자안의 총 간접수익에서 투입 및 운용 관련 비용을 공제한 '순 간접수익'으로 측정되며, 이때 직접수익성 측정에 반영된 수익과 비용은 제외된다.

간접수익의 측정에 포함되는 주요 항목으로는 신규사업 또는 신규투자안이 ① 타 산업에 미치는 전·후방 관련 효과 ② 고용효과 ③ 훈련효과 ④ 자산가치 증가효과 ⑤ 기타 관련효과 등을 들 수 있다.

순 간접수익에 포함되는 주요 항목에 대한 보다 구체적이고 세부적인 추정내용에 대해서는 관련 전문서를 참조하기 바란다.

참고로 '순 간접수익 추정표' 양식을 예시하면 **표 7-52**와 같다.

구 분		금 액 (단위:)			비고
		1차 연도	2차 연도	3차 연도	
I. 간 접 수 익	1. 관련 부문 순소득 증가 2. 고용수익 3. 훈련수익 4. 자산가치 증가 5.				
	합계(1)				
II. 간 접 비 용	1. 투자비 2. 연간 운영비 3. 4.				
	합계(2)				
III. 순 간접수익 ; (1)-(2)					

나. 순 간접수익의 추정

1) 관련 부문 순소득 증가분의 추정

가) 계획사업 건설단계(Construction phase): 후방 관련 효과

건설기간 중 소요되는 건설자재 및 기타투입 중 국내조달 분은 관련 산업의 이윤을 창출하므로 간접수익에 포함된다.

나) 계획사업 생산단계(Operating phase): 전·후방 효과

생산 제품의 공급과 국내 원재료 이용의 양 측면에서 관련 부문의 순소득을 유발하므로 간접수익으로 파악할 수 있다.

2) 고용 수익

건설 및 가동기간 중 신규 추가고용 인력은 사회 간접수익으로 볼 수 있다.

3) 훈련 수익

고용 노동자의 훈련으로 인해 증가된 수익력(공식훈련 + 직장 훈련)은 사회 간접수익으로 볼 수 있다.

4) 자산가치의 증가 또는 감소

신규사업의 착수 및 건설은 사업입지 주변의 토지나 건물 및 기타자산의 가치에 상당한 영향을 미치므로 사회 간접수익으로 볼 수 있다.

5) 기타 간접수익

기타 간접수익은 환경개선, 오락, 서비스 질의 향상, 소요시간 절약, 타사업의 비용절감 또는 수입의 증대, 안전성의 향상, 국방에의 기여 등을 들 수 있다. 그러나 세수의 증대 등 소득의 이전 지출은 간접수익으로 보지 않는다.

6) 간접 투자비용 및 간접 운영비용

순 간접수익의 추정 시 '계획사업'과 관련하여 불가피하게 발생하는 간접 투자비용과 간접 운영비용을 간접수익의 합계액에서 차감하여야 할 항목이다.

📦 5-2. 국민 경제적 효과분석

가. 국민 경제적 효과분석의 필요성

개별기업의 신규사업 또는 신규 투자안의 수익성은 이상에서 살펴본 바와 같이 '기업수준'의 직접수익과 '국민 경제 수준'의 간접수익을 종합한 총수익성으로 측정·평가하는 것이 합리적이라고 할 수 있다. 그러나 종합 수익성과의 중복계산에도 불구하고, 좀 더 확장된 관점에서 국민경제 전체에 특히 중요한 효과를 미치는 사항을 포함하여 종합적인 사업 타당성을 분석·검토할 필요성이 대두된다.

나. 주요효과 분석

1) 부가가치 효과

부가가치란 기업이 타 기업으로부터 구입한 생산물에 노동과 자본을 투입하여 창출한 제품의 증식된 가치를 말한다. 부가가치의 산출방법을 보면 다음과 같다.

- 가산법: 인건비+금융비용+임차료+조세공과+감가상각비(대손상각 포함)+ 당기순이익
- 공제법: 순매출액 - 외부구입가치
  ※ 투자단위당 부가가치 = 연간 부가가치/총 투자액

실무적으로 우리나라의 동종 타 기업에 대한 부가가치 지표는 한국은행의 통계자료 '기업경영분석'을 참고할 수 있다.

2) 국제수지 효과

'계획사업'의 수출액 또는 수입 대체액에서 소요된 외화비용을 차감하여

다음과 같이 계산한다.

- 수출액 = 수출량×수출단가
- 수입대체액 = 수입대체량×수입단가

계획제품의 총수입량(수출용 원자재 도입분 제외)이 계획사업 생산량보다 클 경우에는 생산 전량을 적용하고 그 반대의 경우에는(총수입량-기존업체 생산량)을 계획사업의 수입 대체량으로 적용한다.

외화비용은 도입원재료, 개보수부품, 기술지도료, 원리금상환액, 배당송금 등 외화로 지불되는 금액을 계상한다.

수출의 경우, 외화가득액과 수입대체까지 포함한 국제수지는 다음과 같이 계산한다.

- 국제수지=(수출액+수입대체액)-외화비용
  ※ 투자 단위당 국제수지효과 = 연간 국제수지/총 투자액

3) 고용효과

간접수익 중 고용수익과는 구분되는 개념으로 '계획사업'의 건설 및 운영 기간 중 고용되는 인원규모를 파악하고자 하는 것으로 간접수익 중의 고용수익과는 구분되는 개념이다. 투자 단위당 고용효과는 다음과 같이 계산된다.

※ 투자단위당 고용효과 = 투자단위 금액(예: 백만 원)당 정상가동 시 고용인원 수의 비율로 산출

4) 승수효과

'계획사업'에 의하여 유발되는 경제활동의 정도, 즉 투자가 국민소득에 미치는 효과를 투자의 승수효과라 한다. 승수효과는 다음과 같이 표시된다.

- 투자승수 = [국민소득(ΔY) / 신규투자(ΔI)]
  - 생산기준 승수효과
  - 부가가치 기준 승수효과 등

VIII 사업화 계획의 수립

01 | 계획의 개념

💎 1-1. 계획의 의의와 목적

가. 계획의 의의

우리 속담에 '무책이 상책'이라는 말이 있고, 병법 36계라는 책에 보면 '36계책 중 달아나는 것이 상책'라는 말도 있다. 옛말 틀린 것 하나도 없다는데 이는 계획을 세우지 않는 것이 제일 좋은 것이고 설사 필요하다고 하더라도 계획을 세우지 않고 줄행랑을 놓는 것이 최고라는 말이 아니겠는가?

> "식자우환이고 '아는 것이 병'이라고 사업과 계획에 대해서 공부를 하고 강의를 듣고 보니 (듣기 전에는 어쨌거나 사업을 해봐야 되겠다고 마음먹었는데…) 많이 망설여지는군요. 다시 한번 곰곰 생각해 봐야 되겠습니다."

상담실이나 강의장에서 많이 듣는 얘기이다. 우스갯소리겠지만 그럴 때마다 다시 한번 "인간이란 무엇을 하고자 하는 데 있어서 어떤 일(혹은 사업)을 찾는 데서 출발하는 것이 아니라 어떤 견해(혹은 입장)에서 출발한다"는 드러커(P. F Drucker)의 말을 상기한다.

'소사성대', '심모원려'라는 말도 있다. 무책이 상책이라는 말은 상황 대응적, 임기응변의 활용을 통한 부분적, 국지적 개념의 전투(실행)적인 측면의 개념이지, 종합적이고 체계적인 전략(계획) 부문에 관련된 것이 아님이 분명하다.

삼십육계 줄행랑 또한 이것저것 35계의 모든 계책을 동원하여도 그것이 잘 안 통하는 상황에서 채택되는 임기응변적 계책(진 것처럼 위장하여 달아나는 패전계)이지 처음부터 전투에서 질까 봐서 도망가는 것을 말하는 것은 아니다.

인간이 경제활동을 계속하는 한, 그리고 자아실현을 위한 인간의 성취노력이 멈추지 않는 한, 독립하여 자기 자신의 사업을 하고 싶다는 '사업에의 꿈'은 산업사회 전반에서 전개되는 일반법칙이다.

해마다 수많은 사람들이 창업에 도전하고 있으며 수많은 기업들이 적극적으로 신규사업을 추진하고 있다. 그들 중의 일부(극히 소수임)는 산업사회의 영웅이 되어 뉴스의 초점이 되기도 하지만 대다수의 경우 실패와 좌절의 쓴 잔을 마시고 실의와 비탄에 빠진다.

그 이유는 무엇일까? 소망이나 의욕에 앞서서 현실을 너무 무시한 것은 아닐까? 주도면밀한 준비(계획)를 하지 않은 데 그 이유가 있는 것은 아닐까? 일단 벌여 놓기만 하면 차차 배워가면서 사업을 할 수 있으려니 생각했던 것은 아닐까? 문제가 눈덩이처럼 커진 것을 발견했을 때에는 이미 늦은 경우가 많다. 불행한 결과를 사전에 막기를 원한다면 사전준비(계획)야말로 큰 도움이 될 수가 있을 것이다.

계획이란 무엇인가?

계획이란 어떤 일을 추진함에 있어 부여된 사명, 임무 또는 목표를 달성하기 위해서 앞으로의 사태를 예측하고 그 처리절차나 방법, 순서 등을 미리 정하는 것이다.

나. 계획의 목적

어떤 일을 하고자 할 때, 왜 계획을 세우는가? 계획을 수립하는 목적은 어디에 있는가? 계획은 부여된 사명, 임무 또는 목표를 달성하기 위하여 세운다. 따라서 부여된 목표 또는 임무가 무엇인가에 따라 그 수단적 의미를 가지는 계획은 당연히 달라진다.

계획은 목표와 관련하여 발생할 향후의 상황을 예측하기 위하여 세운다. 급변하는 상황에 대처하여 어떤 사태가 벌어질 것인가를 예견하여 위험을 피하고 나아가 성장·발전하기 위한 방향을 설정하는 것이 계획이다. 계획은 미래에 발생할 상황의 처리절차나 방법, 순서 등을 현재의 상황에서 미리 정해두는 것이다. 따라서 현재의 방식을 조정, 정리하는 목적을 내포하고 있다. 계획의 전제조건은 목표설정이다. 따라서 '목표' 또는 '사명'을 잘 정의하면, 전체적으로 원하는 결과를 달성하는 데 필요한 주요 핵심활동을 선택하고 설계하며, 그 처리절차나 방법을 모색할 수 있을 것이다.

목표란 무엇인가?

목표란 허용된 시간과 비용이라는 제약조건하에서 달성하고자 하는 특정의 측정 가능한 성취상태를 말한다. 그렇기 때문에 목표는 **표 8-1**에서 보는 바와 같은 목표와 구성요소를 고려하여 설정되고 기록되어야 한다.

표 8-1 목표의 설정과 구성요소

목표의 설정

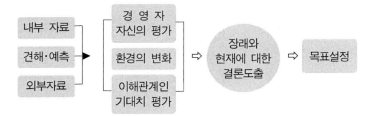

목표의 구성요소(SMART 목표)

- 특정의 달성 가능한 성취(Specific)
  ⇒ 세부적이고 특정한 목표일 것(집중적임)
- 측정가능한 결과(Measurable)
  ⇒ 양으로 측정될 수 있는 기준일 것, 구체적 결과에 이르는 수단
  (제한적임)
- 실천지향적(Action - Oriented)
  ⇒ 실천할 수 있는 것일 것. 행동할 수 있고 결과를 만들 수 있어야 함
  (실행성 기준)
- 현실적(Realistic)
  ⇒ 실제적이고 달성 가능할 것(정확성, 가능성 기준)
- 시간 및 자원제약적(Time and Resource Constrained)
  ⇒ 비용 및 시간 제약적 상황에서 행동기간을 정할 것
  (허용된 자원의 범위, 허용기한의 의미)

🔹 1-2. 계획의 체계와 종류

전략 또는 목표(SMART 목표)를 구체화하고 그것을 실현하기 위한 수단 체계가 '계획'이다.

기업에서 해마다 수립하는 연도 경영계획 또는 실행 예산계획의 역사를 거슬러 올라가면 최초의 경영계획인 창업사업계획이 나타나게 된다. 창업사업계획은 장기적이고 전략적인 측면에서 경영의 기본구조계획이 된다. 창업이념과 철학을 포함한 장기 전략적(Long - Term Strategic) 사고기준하에서 창업과 경영의 목표와 비전이 제시된다.

장기 비전을 토대로 하여 사업 초기연도(1~3년)의 목표기준으로서 사업계획과 제품계획에 대한 계수계획이 주어진다. 이와 같은 입장에서 창업사업계획은 중기적인 운영계획(Operation Planning)의 성격을 가진다. 장기 전략계획에서 채택된 목표와 전략을 실현하기 위한 자원의 배분과 실행 기본계획이 수립되는 것이다.

마지막으로 창업사업계획은 단기적이고 전투적인 실동계획, 업무진행계획으로 이어진다. 창업개시 연도의 부문별 행동기준으로서 연도 경영계획이 예산계획(Budgeting Planning)으로 나타나게 되는 것이다.

현대 지식사회에서 경영계획 없이 생존할 수 있는 기업은 아무데도 없다. 새로운 사업구조와 경영체질의 창조와 혁신을 촉진하기 위해서 '계획의 전략화'가 특별히 요청되고 있는 것이다.

참고로 계획의 체계와 종류를 살펴보면 **표 8-2**와 같다.

표 8-2 계획의 체계와 종류

계획의 체계

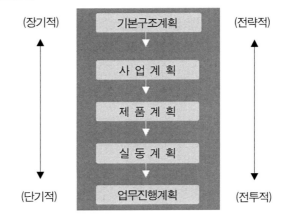

(장기적) ↕ (단기적)

기본구조계획 → 사 업 계 획 → 제 품 계 획 → 실 동 계 획 → 업무진행계획

(전략적) ↕ (전투적)

계획의 종류

■ **단기계획과 중장기 계획**
  - 단기계획: 일반적으로 1개 사업연도 이하의 계획
  - 중장기계획: 단기 이외의 기간계획(3년, 5년, 10년)

■ **종합계획과 부문계획**
  - 종합계획: 이익계획, 사업계획, 전사계획
  - 부문계획: 경영부문별 기능계획(생산, 판매계획 등)

■ **구조계획과 업무계획**
  - 구조계획: 라인 신설, 신제품 개발, 경영혁신 계획 등 경영전반에 걸쳐 중장기적으로 영향을 미치는 계획(창조성이 특히 요구됨)
  - 업무계획: 실시계획(구조계획의 집행 측면)

02 | 계획의 수립

🎁 2-1. 계획 수립 방법

계획은 문서로 기록·작성되어야 한다. 그래야만 실천계획으로써 설정된 목표와 그에 따라 도출된 행동목표가 통합될 수 있는 것이다.

'구슬이 서말이라도 꿰어야 보배'라는 속담이 있다. 아이디어가 아무리 우수하다고 하더라도 그것이 실행 가능한 계획으로 통합되어(문서화) 실행되지 않으면 모든 것이 공상의 수준에서 그치고 말기 때문이다.

계획은 목표를 달성하는 데 필요한 수단의 선택과 결합과정이라고 할 수 있다. 반드시 과학적이고 합리적인 절차를 따라야만 목표가 달성되는 것은 아니지만 기본적이고 체계적인 접근방식이 무시되어서는 안 된다. 과학적, 합리적으로 계획을 수립하기 위한 절차, 즉 순서와 요령을 정리하면 다음과 같다.

가. 계획의 목적

계획수립 시에 제일 먼저 생각해야 할 일은 무엇 때문에 계획을 세우는가를 분명히 해야 한다.

- 무엇이 문제이고, 무엇이 문제가 아닌가를 분명히 한다.
- 무엇을 성취하려고 하는지 그 목적을 명시한다.
- 달성하고자 하는 목적의 상황을 분명히 한다.
- 최종 목적과 당면 목적을 구분한다.
- 기회이득(얻은 것)과 기회손실(잃은 것)을 고려한다.

나. 현황파악

계획목적에 비추어 적절한 사실을 구체적으로 수집 파악하는 것이 중요하다.

- 전체의 구도를 그리고, 목적 달성에 영향을 미치는 다음과 같은 요인을 결정하여 항목별로 관계사실을 빠짐없이 질서정연하게 파악한다.
  - 사람에 대해⋯ 인원, 지식, 기능, 태도 등
  - 물품에 대해⋯ 설비, 기계, 원재료 등
  - 시간에 대해⋯ 기간, 시기, 기한 등
  - 장소에 대해⋯ 장소, 구역, 범위 등
  - 경비에 대해⋯ 예산, 원가, 사용한도 등
  - 방법에 대해⋯ 실시 및 통제의 방법과 종류
- 이 경우 표면적으로 파악하지 말고 이들 각 요인의 중요도를 설정하고 5W1H를 활용하여 중점적으로 사실을 수집한다.
- 사실과 의견을 정리·구분하고 의견에 대해서는 뒷받침이 되는 사실을 파악한다.
- 편견, 선입관을 없앤다.
- 자신의 사명, 임무, 입장, 능력 등을 고려하여 사실을 파악한다.

다. 사실분석

목적달성에 필요한 관계사실(요소)을 분석하고 평가해야 한다.

- 관계사실을 정리, 구분하고 분석한다.
- 인과관계나 기타 관련성을 연결시키면서 심층적으로 분석·평가한다.
- 사실을 해석·추리하고 새로운 사실을 발견한다.
- 생각이 경솔해지지 않도록 계획의 골격이 머릿속에 그려질 때까지 생각한다.

- 적절한 분석기법을 사용하고 활용한다.
- 정보입수의 코스트, 타이밍을 생각한다.

라. 대안탐색 및 계획작성

분석·평가된 관계사실(요소)을 바탕으로 계획항목의 체계(골격)를 세우고 몇 가지의 계획(안)을 수립한다.

- 몇 가지 안을 세우고 그 가운데서 선택하는 방식으로 한다.
  - 5W1H로 빠짐없이 구체적으로
  - 변화에 대응할 수 있도록 유연성을 가지고
  - 창조력을 발휘하여 조직화된 계획이 되도록
  - 실행, 조직, 조정, 통제에 대하여 검토하고
- 실행에 대한 일정계획이 되도록 한다.

마. 계획결정

몇 가지 계획안 중에서 최적 안을 선택·결정하려면 어떻게 해야 하는가를 검토한다.

- 기업의 목적 방침과 합치되는가?
- 정확성, 경제성, 신속성, 용이성, 안전성에 대해서는 어떤가?
- 계획이 관계자에게 미치는 영향은 어떤가?
- 지나치게 강압적이 아닌가, 소극적이 아닌가?
- 저항 배제의 방안은 있는가?
- 결단의 시기로서 적절한가?
- 실행의 시기로서 적절한가?

2-2. 계획 수립 시 유의점

가. 계획 저해요인 체크

- 무리인 줄 알면서 계획을 작성하지 않았는가?
- 욕심만 앞서서 실태를 무시한 계획을 세우지 않았는가?
- 책임소재가 불명확하지 않은가, 조직화되지 않은 것은 아닌가?
- 기초 데이터(Back Data)가 부족하지 않은가?
- 지나치게 낙관적인 관측이나 비관적인 관측은 없는가?
- 라이벌에 대한 과대평가나 과소평가는 없는가?
- 예측기술이 부족하지 않은가?
- 정보해석이 불충분한 경우는 없는가?
- 휴먼에러(Human Error)는 없는가?

  (잘못 봄, 잘못 들음, 잘못 말함, 잘못 생각함, 잘못 기억함, 잘못 실시함)

나. 과학적 접근 여부 검토

- 문제점 파악(문제성격의 명확화)
- 목적의 명확화(목표 설정)
- 정보수집(사실 파악)
- 현상분석(사실 분석)
- 계획(안)의 작성(최적 대안 탐색)
- 계획의 조정 및 평가(대안의 평가·조정)
- 계획 확정(최적 대안 선정)
- 실시(추진일정 검토)

03 │ 사업계획서의 필요성

🎲 3-1. 기본적 필요성

'계획'의 일반적인 목적에 비추어 볼 때 사업계획의 수립은 두말할 필요도 없이 보다 효과적이고 효율적이며 경제적으로 사업을 추진하기 위함일 것이다.

> 凡事 豫則立 不豫則廢… 事前定則 不困…
> …범사 예즉립 불예즉폐… 사전정즉 불곤…
>
> 모든 일은 미리 대비를 하면 이루어지고 대비하지 않으면 실패하는 것이다. (…)
> 일을 하기 전에 그 일을 할 만한 준비를 하여 두면 곤란을 당하는 일이 없게 된다….
> ― 중용, 성론 성과 정치

오늘날의 기업은 사회적 기관으로서 경제적 책임뿐만 아니라, 사회적 책임을 다해야 할 수밖에 없고, 더 나아가 기업의 도덕성과 기업 시민의식도 새로운 책임으로 대두되고 있는 실정이다.

기업이 이와 같은 책임과 의무를 제대로 수행하기 위해서는 수익성이 선행되어야만 가능하고, 사업의 요소와 요건을 포함하는 희소한(부족한) 경영자원에 대한 경제적인 활용계획이 필요할 수밖에 없다는 사실에 주목해야 한다.

현실적으로도 사업계획서의 작성은 이제 상식이 되고 있으며 많은 사람들이 그 필요성을 강조하고 있고, 실제로 모든 경영자들이 이에 동의하고 있다. 사업계획서의 기본적 필요성을 요약하면 **표 8-3**과 같다.

표 8-3 사업계획서의 기본적 필요성

감정적 편견의 억제에 기여	감상적(자아도취적) 아이디어 또는 경험에 의존하는 주먹구구식 계획의 제거를 돕는다(예: SWOT 분석 등 분석기법활용).
사업에 대한 헌신도의 시험	창업자의 자기사업에 대한 헌신도는 완벽한 계획으로 나타난다 (상당한 시간과 노력이 소요되며 그것이 척도가 된다).
계획 및 조치의 정당성을 입증	구체적, 세부적 사업계획(체계적 접근)은 계획 및 아이디어의 정당성을 입증하여 현실감과 성공가능성을 높여준다.
사업 아이디어의 도상(圖上) 검증	도상연습은 중대한 실수를 문서상에 국한시켜 적은 비용으로 수정 가능하게 하여 사업의 성공률을 높인다.
전후(前後) 일관성 있는 전략으로 발전	계획을 문서로 작성하는 것은 사업과 관련된 구성요소들을 재검토, 재인식할 수 있어 핵심 성공요소들이 모순되지 않게 조화, 결합시킨다(향후 전략구상이 가능하다).
타인의 감동과 신뢰성의 제고	훌륭하게 작성된 사업계획서는 설득력 있는 문서로서 이해관계인의 관심을 유도하고 창업자가 희망하는 이미지와 일치될 수 있어 신뢰감을 얻는다.

3-2. 업무적 필요성

사업계획서의 업무적 필요성은 사업계획서의 사용목적 또는 용도에 따른 구분이라고 할 수 있다.

사업계획서는 기본적으로 기업 내부의 경영관리에 유용한 기초자료로 활용하기 위하여 작성되며, 부차적으로 자본의 조달, 사업의 승인, 개별법에 의한 인·허가 등과 관련하여 외부기관에 제출하기 위한 대외적(특수 용도) 목적을 위하여 작성된다.

계획수립은 경영자, 관리자들의 필수 고유업무이지만 반드시 혼자서만 하는 것이 아니다. 창업멤버 경영구성원 또는 기업에 참여하는 이해관계자들의 토론과 타협과 합의에 의하여 목표달성을 위한 기본적인 규칙과 세부 활동 및 필요한 조치를 미리 강구해 두는 것이다.

이와 같이 경영관리용(대내용) 사업계획서는 미래의 변화를 예측하여 미리 준비하는 과정에서 자연스럽게 기업 구성원의 아이디어를 수렴할 수 있고 경영에 대한 공통인식을 창출하는 등 계획수립 참여에 따르는 효과를 얻을 수가 있다.

그리고 구상하고 있는 사업의 형성요소를 파악하여 기업의 설계 역할을 하고, 사업구조와 경영체질의 강화, 목표설정에 의한 단기적 행동지침 및 부분업무 수행의 적합성 판단 등에 대한 기준을 제시한다.

특수 목적의 대외제출용 사업계획서는 경영관리용 사업계획서를 기본으로 하여 이를 변형, 응용함으로써 특수 용도에 맞는 계획서가 도출되는 것이다. 사업계획서의 업무적 필요성을 요약하면 **표 8-4**와 같다.

표 8-4 사업계획서의 업무적 필요성

기준설정의 효과

조 직 전 체 측 면	관 리 자 측 면	부 하 측 면
• 무질서의 배제 • 기술, 시스템의 누적과 전승 • 합리화, 효율화의 기초 • 조직운영의 유연성 확보 • 로테이션의 용이 • 신뢰관계의 확립 • 전달, 커뮤니케이션의 용이 • 의사통일의 용이 • 평가기준의 명확화	• 업무수행 가능량의 추정자료 • 문서에 의한 지시 가능 • 경영관리의 통제와 조정 • 개선 필요부문의 파악 자료 • 교육 필요점 파악 자료 • 기준에 의한 평가 가능	• 기대 수준, 목표의 명확 • 업적에 대한 자기 판단 가능 • 자발적 행동유도 • 자기계발의 자료 • 개선 필요점의 파악 자료 • 후배 지도 자료

계획수립 참여의 효과

계 획 측 면	관 리 자 측 면	부 하 측 면
• 여러 가지 각도에서 검토할 수 있으므로 계획이 세련되었다.	• 관리자와 부하의 대화가 성립되며 상호 간에 신뢰관계가 생긴다.	• 관리자와 같은 입장에서 생각할 수 있다. • 계획달성의 기대수준을 파악

표 8-4 사업계획서의 업무적 필요성

계 획 측 면	관 리 자 측 면	부 하 측 면
• 전원의 지혜를 결집시킬 수 있다(담당자도 동원할 수 있다). • 계획 그 자체에 구체성이 생긴다. • 계획이 합리적이게 되고 무절제가 배제된다. • 창조적인 계획이 만들어진다. • 계획 내용의 질이 높아진다. • 계획을 달성하는 목적방침 및 방법 순서가 명확해진다.	• 목표, 상황의 공유화가 가능하다. • 상부로부터의 계획 강요가 없어진다. • 실행에 대한 협력을 얻을 수 있다. • 계획에 대한 부하의 이해, 납득, 관심을 높일 수 있다. • 관리능력을 육성할 수 있다. • 관리자의 시간을 효과적으로 사용할 수 있다.	할 수 있다. • 관리자의 지시가 없어도 업무에 자발적으로 대처할 수 있다. • 자기의견, 아이디어가 채택된 기쁨이 있다. • 업무수행의 기준, 판단의 근거가 된다. • 자기역할을 인식할 수 있고 결과에 대해 자기평가를 할 수 있다. • 경영사이클(PDCA)을 원활히 돌릴 수 있다.

04 | 사업계획서 작성의 기본 방향

4-1. 전략 적합성 측면의 기본 방향

사업의 근본이 좋으면 사업전략은 성공적이고, 사업의 근본이 건전하지 못하면 사업전략은 성공적일 수 없다. 건전한 전략이란 가장 명쾌한 전망을 제시하여 주고 자신 있게 좋은 결과를 기대할 수 있는 전략을 말한다.

사업계획서를 작성하는 기본 방향 또는 전제조건은 일반적으로 사업의 근본이 되는 아이템이 어떠한지를 따져보고 그것이 사업다운 올바른 사업 아이템인가를 분석한 후 그 타당성을 검토하는 일이다.

타당성이 검증되지도 않은 사업 아이템을 가지고 사업계획서를 작성한다는 것은 '사상누각'과 다를 바가 없다. 따라서 제7장 사업 타당성 분석의 '전략 적합성 분석'에서 살펴본 바와 같이 전략 적합성을 갖는 아이템을 사업계획서로 구체화하는 작업이 요구되는 것이다.

🔲 4-2. 사업화 가능성 측면의 기본 방향

사업 아이템이 사업화되기 위해서는 사업화에 필요한 인적, 물적 요소 측면에서 타당성을 지녀야 한다. 즉 사업 아이템이 사업 추진주체의 역량에 맞느냐 하는 문제이다. 다시 얘기하면 경영자가 사업을 제대로 할 수 있는 능력을 갖추고 있으며, 사업의 핵심요소와 요건을 준비하고 요소 간의 결합을 적절하게 도출해 낼 수 있느냐에 대한 검토가 우선되어야 한다는 것이다.

전략적 측면에서 아무리 훌륭한 창업을 구상한다 하더라도 사업착수에 따르는 핵심요소(사업자, 사업자금, 사업 아이템)가 적정시점(Timing)에 준비, 공급되지 못하고, 핵심요건(입지, 형태, 규모)을 해결하는 데 장기간이 소요된다면 그 사업은 때를 놓친 그림의 떡이 되고 만다.

사업화 가능성 측면에서 사업계획 수립의 기본 방향 또한 제7장 사업 타당성 분석의 '사업화 가능성 분석'에서 살펴본 바와 같이 핵심 요소와 요건을 충분히 갖출 수 있을 때 아이템에 대한 사업계획서 작성에 착수하는 것이 합리적이고 현실적인 대안이 된다고 할 수 있다.

🔲 4-3. 경제적 측면의 기본 방향

창업사업이나 신규사업이 사업방향(Direction)과 사업시점(Timing)을 잘 맞추었다고 하더라도 궁극적으로 수지타산이 맞지 않는다면, 그것은 경제적 사업으로서의 가치가 없어진다. 기업은 자선사업을 하는 기관이 아니기 때문이다.

적정한 투자 경제성의 확보와 더불어 이를 달성하기 위한 시장성과 기술성, 수익성과 경제성 및 공익성을 만족시킬 수 있는 구체적이고 현실적인 방법과 기술이 있느냐, 즉 사업의 경제적 결과(수지)를 어떻게 기대하며 그와 더불어 사회적 책임(공익성)도 수행할 수 있는가에 대한 종합적인 경제적 타당성 검토를 바탕으로 한 사업계획이 필요하다는 것이다.

그 구체적 내용에 대해서는 제7장 사업 타당성 분석의 '경제적 타당성 분석'에서 살펴본 바와 같이 시장성, 기술성, 수익성 등 분석하는 과정에서 도출된 세부적 항목들을 참고하면 될 것으로 판단된다.

💼 4-4. 기본 방향과 사업계획의 연계

사업계획서 작성실무는 지금까지 살펴본 바와 같은 전제조건 내지 기본 방향을 토대로 하여 이루어져야 한다.

구체적인 사업계획 항목별 작성요령은 뒤에서 논의하기로 하고 여기에서는 제7장 사업 타당성 분석의 '분석의 체계'에서 살펴본 바와 같은 개념적 흐름도를 제시코자 한다.

기본 방향 또는 전제조건이 무시된 사업계획서는 아무런 의미가 없음을 인식하고 기본적인 흐름을 따라 체계적으로 접근해 나가는 것이 사업계획서 작성의 기본이 된다.

그림 8-1 사업 타당성 분석과 사업계획의 연계

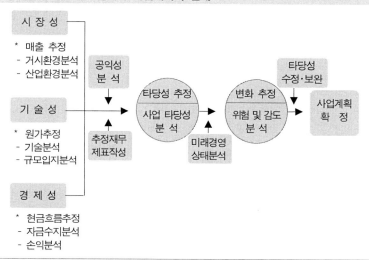

◈ 기본 방향과 사업계획의 연계를 위한 체크포인트

사업계획서 작성 세부명세서와의 관련

경제성 분석	시장성 분석	기술성 분석

1. 원부자재(원료) 명세서	• 원부자재 조달 현황
	  - 공급 및 생산업체
	  - 공급단가 및 기본주문량
	  - 유통체계 및 마진율
	  - 조달기간 및 조달능력
	  - 대금결제 조건 등
	• 수입처, 단가의 분석
	  - 수입국가별 가격분석
	  - 수입기타조건
	   (선적, 납기, 관세 등)
	• 외주가공 현황
	  - 외주업체리스트 및 선정
	  - 대금 결제조건
	  - 납기조달능력
		• 공정별, 제품별 투입 요소 파악
		  - 투입량 결정(단위당)
		  - 투입흐름 분석
		  - 외주품목의 결정
		• 주문량 크기 결정
		
		• 외주업체 기술적 지원 능력
		 (제품의 품질)

경제성 분석	시장성 분석	기술성 분석

2. 노무비 및 인건비 명세서	• 동종업계의 노무비 수준
	 - 주요 경쟁업체의 인력 현황
	 - 인당매출액
	 - 복지시설 및 제도
	 - 상여금, 퇴직급여충당금
	  비율
	 - 인센티브제의 도입 여부
	• 동종업체의 조직현황
	 - 조직체계
	 - 집권화, 분권화
	 - 조직체계의 변화 추이
	 - 매출신장에 따른 관리,
	  영업부의 변화 추이
		• 공정별 투입인력 산출
		 - 공정별 소요시간
		 - 생산능력 분석

3. 감가상각비명세서	• 투자규모 및 생산능력 파악 - 투자규모 대비 매출액비율 추이 • 감가상각비 산정 방법 - 내용연수 • 무형자산 (창업비, 개업비 규모) • 집기비품 산출 (전화, FAX 등) • 차량운반구 및 유지비	• 적정생산설비 규모 추정 • 설비투자 계획
4. 제조경비명세서	• 동종업체의 비용발생 내역 및 금액 분석 - 매출액 대비 각 비용의 비율 - 투자규모 대비 각 비용의 비율 • 연구개발비 투자 추이	• 유틸리티(동력, 광열수도 등)분석 • 공정LAYOUT분석 및 공정물류비 • 설비기준 및 운용관리 - 자동화 수준 - 보수관리 - 적정 소모품비 산정 - SET-UP COST 조사

경제성 분석	시장성 분석	기술성 분석
5. 판매비와 관리비명세서	• 동종업체의 판촉활동 조사 - 방법(매체, 시기) - 소요액(접대비 포함) - 투입인력 - 인센티브, 리베이트 비율 - 기타 영업활동에 대한 지원책 • 유통체계 및 마진율 분석 • 동종업체의 매출액: 인건비 비율 - 적정투입인력 산정 - 직무분장 및 권한 • 물류비 조사	
6. 영업외 비용 명세서	• 동종업체 및 경쟁업체의 재무구조 - 부채비율 - 외부자금 조달 현황 (조달원천, 금리, 상황조건, 주거래 은행, 금액, 시설, 운전자금 등) • 기술도입 현황 - 기술료 지급현황 - 기술도입 필요성 (공여국, 공여범위, 기타조건)	• 기술도입의 활용도 및 효과분석
7. 총 제조원가 명세서 (※1. 원재료부문 참조) (※2. 노무비부문 참조) (※3. 감가비부문 참조) (※4. 제조경비부문 참조)	• 재고량 수준조사 • 수요자의 주문 성향 - 주문량(크기) - 시점(계절적 형태) - 조달기간 - 회수	• 생산계획의 형태 주문 및 계획생산의 장단점 분석 • 공정별 재공품 투입량 및 흐름분석

경제성 분석	시장성 분석	기술성 분석
8. 추정손익계산서 작성 　가. 매출액	• 원자재, 재공품 　- 가격동향 　- 수급동향 　- 업체동향 　- 수입동향 • 경쟁업체의 현황조사 　- 매출액 추이(점유율 분석) 　- 대체품목의 매출액 추이 　- 시장규모, 용도별 규모 　- 침투가능한 용도별 시장규모 　　추정 　- 주요 납품처 조사 　- 납품조건 　- 판매가격(판매조건)의 추이 　- 유통체계별 가격 마진율	• 품질보증인증 　- 시험검사성적서 작성 • 제품기술수준의 추이
	• 판매전략 　- 판매 방법 및 판매경로 　　(직판, 직영, 대리점, 총판, 　　할부, 리스판매 등) 　- 영업망 구축현황 　- 대리점 운영체계 계약조건 　- 영업부 운영체계(내부관리) 　- 시장역할 분담도 • 외상매출금 관리현황 　- 대금결재 방법 　- 회수율 및 대손율 • 수출현황 　- 수출국 　- 수출가격, 수량 　- 방식: OEM방식, 직수출 　- 지원기관 • 상품판매(외주가공품 판매) 　- 구입처 및 구입가격	

경제성 분석	시장성 분석	기술성 분석
나. 매출원가	(※ 7. 제조원가 부문 참조) • 제품재고량 수준 조사 • 재고유지비, 조달기간, 기회비용 조사	
다. 판매비와 관리비	(※ 5. 판매비와 관리비 부문 참조)	
라. 영업외비용	(※ 6. 영업외비용 부문 참조)	
마. 법인세 등	• 세제상의 혜택 및 문제점	
9. 현금흐름표 가. 영업활동(손익)에서 조달되는 현금·예금 나. 재무활동(자산)에서 조달되는현금·예금 다. 투자활동(부채자본)에서 조달되는 현금·예금		
10. 추정재무상태표의 작성 * 자본조달과 운용 * 순운전자본의 증감 ※ 순운전자본= 기말순운전자본-기초순운전자본 • 기말운전자본= 기말유동자산-기말유동부채 • 기초순운전자본= 기초유동자산-기초유동부채	• 매출체권, 매입채무 현황 - 월별, 계절별 추이 - 자금조달 및 운용 방법 • 업계 운전자금의 현황	

05 | 사업계획서 작성 시 유의사항

🔷 5-1. 사업계획서 작성 기준

사업계획서는 구상하고 있는 사업에 대한 사업 추진주체의 구체화된 의지를 체계적으로 정리, 기술한 매우 중요한 자료이다.

체계적으로 작성된 사업계획서는 사업의 성공 가능성을 높여줄 뿐만 아니라 부족한 경영자원 또는 사업의 핵심요소 및 요건을 보완하고 이해관계자들의 관심과 지원을 유도하는 데 있어서 결정적인 자료가 될 수 있다.

이와 같이 사업계획서는 내부경영 관리용뿐만 아니라 대외적 특수 목적을 위한 용도로도 사용될 수 있기 때문에 다양한 외부 지원 그룹과의 연결수단으로의 기능을 갖는다. 따라서 이들의 이해를 돕고 계획사업의 신뢰성을 높이기 위하여 정확하고 객관적인 근거자료의 제시는 물론, 전문성과 독창성을 갖춘 보편타당한 내용으로 작성되어야 하는 것이다.

이상과 같은 관점을 충족시킬 수 있는 사업계획서를 작성하려면 상당한 전문지식과 신빙성 있는 근거자료의 수집 및 명백한 작성 기준이 있어야 될 것이다. 일반적으로 유의해야 할 사업계획서 작성 기준을 요약·제시하면 다음과 같다.

❯❯ 사업계획서 작성 기준

> ### ① 결론에 대한 자신감 및 명료성
> 사업계획의 종합 결론으로서 설득력 있는 내용으로 간단·명료하게 작성한다.
>
> ### ② 주요 내용의 강조 및 핵심성
> 주된 생산 제품만 기술하며 부수적이고도 다양한 생산 제품에 대한 기술은 가급적 피한다.

③ 장래성
향후 기술개발 가능성과 사업의 발전 잠재력을 강조한다.

④ 사업 주체의 경영능력 강조
인력 및 경영진의 이력을 기술한다.

⑤ 제품 및 기술의 이해 가능성
전문적인 용어의 사용은 피하며 단순하고도 보편적인 설명으로 이해시킬 수 있도록 한다.

⑥ 객관성 기준
근거가 불충분한 자료 혹은 비논리적인 추정은 피한다.

⑦ 위험 대처능력 및 탄력성
계획 사업의 잠재된 문제점과 향후 발생 가능한 위험 요소를 기술하고 그에 대한 대안을 제안한다.

⑧ 정확성과 조달 가능성
자체 조달 가능 자금의 내역과 규모를 정확히 표현한다.

📦 5-2. 사업계획서 작성 순서

사업계획서는 본질적으로 사업을 계획적으로 추진하고 그 진척사항을 추적, 확인, 통제하기 위한 수단, 즉 내부경영관리 목적에서 작성되는 것이지만 그 외에도 여러 가지 다양한 특수 목적 용도로 작성될 수 있다.

작성 목적이 분명히 정해진 경우라 하더라도 사업 추진주체가 막상 사업계획서를 작성하려고 하면 전문지식과 경험의 부족, 관련 자료의 미비, 시간상의 촉박 등 여러 가지의 이유로 인하여 많은 곤란을 겪게 된다. 따라서 사업계획서 작성 실무에 들어가기 전에 미리 준비해 두어야 할 사항과 효율적인 작성 순서를 잘 알아두면, 불필요한 시간과 노력의 낭비를 줄일 수 있고 경제적으로 비용을 절감할 수도 있다.

사업계획서를 보다 쉽게 작성하기 위한 실무적인 순서를 요약·제시하면 다음과 같다.

📎 사업계획서 작성순서

1. 작성 목적에 따른 기본 방향 설정
2. 소정 양식 유무 검토 (순서 1 및 기관별)
3. 계획의 체계 및 목차 설정
4. 필요 정보 및 자료 수집
5. 계획서 서식(양식) 구상 및 확정
6. 사업계획서 작성 실무
7. 편집, 인쇄 및 완료 제출

📦 5-3. 사업계획서 검토 기준

전술한 바와 같이 사업계획서는 전략적 측면, 사업화 가능성 측면 및 경제적 측면에서 그 타당성이 검토된 후 작성되어야 하며, 그와 같은 내용이 계획서상에 기록문서(문자 또는 숫자)로 표시되어야 한다.

또한 사업계획서 작성 기준에 부합하는 내용과 작성 목적에 맞는 형식과 체계를 갖추어야 한다. 사업계획서가 작성되면 계획내용이 신뢰성과 타당성, 즉 유의성을 가질 수 있도록 하기 위하여 사업계획서 작성자는 다음과 같은 사항에 대하여 다시 한번 검토할 필요가 있다.

1. 수치의 정확성과 타당성
2. 기대 수익률의 정도
3. 경영 능력의 고양(정직과 성실, 경험, 성취도, 정열, 사업동기 등)
4. 차별화된 특수성
5. 시장 지향적 이미지
6. 자금 회수 방법의 명기 등

06 | 경영관리용(기본모델) 사업계획서

6-1. 사업계획서(기본모델)의 개요

가. 기본모델의 취지 및 체계

사업의 성공을 위한 고정적이고 정형적인 경영전략과 계획이 있을 수 없듯이 표준화된 사업계획서의 내용과 형식 또한 있을 수가 없다. 사업의 목적과 성공의 목표수준이 다르고 목적에 따라 선택 가능한 계획수단이 달라지기 때문이다.

본서의 여러 곳에서 강조한 바와 같이 사업계획은 사업의 성공을 위한 사업자 또는 창업자의 독창적인 의지의 표현이며 그것은 곧 본질적으로 경영관리 그 자체를 위한 내부관리용에서부터 출발하는 것이다.

그러나 아무리 독창적인 사업계획서라 하더라도 사업계획 작성의 기본 방향에서 살펴본 바와 같이 기본적으로 갖추어야 할 내용과 형식은 반드시 갖추어야 할 것이며, 실무적으로도 여러 가지로 부족한 경영자원의 충족과 보완을 위하여 사업계획의 내용과 형식에 대해 세심하게 고려해야 할 것이다.

이와 같은 입장에서 보편타당하게 실무에 활용할 수 있는 **그림 8-2**와 같은 형식의 사업계획서 기본모델을 하나의 예시로 제안하고자 한다. 기본모델은 제조업을 중심으로 구성한 것이지만 다른 업종도 그 내용과 순서를 조정, 가감하여 활용하면 큰 무리가 없을 것으로 생각된다.

그림 8-2 사업계획서(기본모델)의 체계

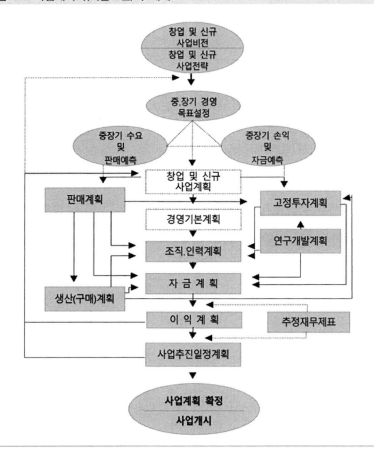

나. 기본모델의 목차(안)

서 문(요약문)

일반사항

1. 회사개요
2. 회사연혁
3. 조직기구도
4. 주주현황
5. 경영진 및 기술진
6. 금융거래현황
7. 관련기업현황
8. 기타 특기사항 등

사업계획

I. 계획사업의 개요
  1. 계획사업 내용(총괄요약)
  2. 계획사업 개요
  3. 계획제품
  4. 기술개요
II. 판매계획
  1. 연차별 판매계획
  2. 시장현황 및 전망
  3. 제품별 수요예측 및 매출액 추정
III. 생산(구매)계획
  1. 연차별 생산계획
  2. 원부재료계획
13. 공정계획
IV. 비유동자산 투자계획
  1. 연차별 고정투자계획
12. 설비투자계획
13. 입지계획
  4. 건축(공사)계획
  5. 건물 및 시설배치계획
  6. 기타 비유동자산 투자계획
V. 조직 및 인원계획
  1. 조직계획(조직도)
  2. 인원계획
  3. 기준인건비 계획
VI. 자금계획
1. 연차별 자금계획
  2. 자금소요계획
  3. 자금조달계획
  4. 자금수지계획
VII. 이익계획
  1. 연차별 이익계획
  2. 수익계획
  3. 비용계획
VIII. 미래 경영상태 분석
  1. 손익분기점 분석
  2. 수익성 요인 분석
IX. 연구개발계획
X. 사업추진일정계획
  1. 추진일정계획
  2. 계획지연(차질)시 대책
XI. 추정재무제표
  1. 추정재무상태표
  2. 추정손익계산서

제출 첨부자료

1. 경영진이력서
2. 기술진이력서
3. 최근 3년간 결산서류
4. 담보제공 시 담보물 감정서
15. 보증관련서류
6. 사업자등록증 사본
7. 정관
8. 법인등기부등본
9. 제품카탈로그
10. 기타 필요하다고 인정되는 서류 등

※ 계획사업의 내용이 유통 및 서비스업종 등과 같이 투자규모가 작은 소자본 투자사업인 경우에는 모든 계획사항에 대하여 상세 내용을 요구하는 '완전사업계획서'가 필요하지 않을 수도 있다. 경영관리 목적 상 계획내용의 요점만 정리하는 '약식사업계획서'만으로도 충분한 경우에는 다음과 같은 체계(목차)를 활용하면 무난할 것으로 생각된다.

❱❱ 약식사업계획서 목차(안)

서 문(요약문)

일반사항

1. 회사개요
2. 대표자 인적사항 등

사업계획

Ⅰ. 계획사업의 개요
　1. 사업개요
　- 사업목적 및 동기
　- 계획사업 기대효과
　2. 계획제품
　- 종류 및 규격
　- 용도 및 특성
Ⅱ. 판매계획
　1. 총괄(연차별계획)
　2. 판매전략
　- 가격 및 경로전략
　- 판촉전략
　- 대금회수전략
　3. 시장성 분석
　- 통행량 및 인구통계 조사
　- 접객시설 및 경쟁업체 조사
Ⅲ. 생산(구매)계획
　1. 총괄(연차별계획)
　2. 제조 및 자재구매(소요)계획
　- 제품 및 자재 구매 내역
　- 주요 품목별 구매처 계획

Ⅳ. 투자계획
　1. 총괄(연차별 계획)
　- 항목별 투자계획 세부명세
　2. 시설 배치계획
Ⅴ. 조직 및 인원계획
　1. 조직계획(조직도)
　2. 인원계획
　- 기준 연도 인당 인건비 계획
Ⅵ. 자금 및 이익계획
　1. 창업(개업)자금조달과 운영
　2. 손익분기점의 활용
　3. 연간 이익계획
　4. 월별 손익 및 자금계획
　- 차입금 상환계획
Ⅶ. 사업추진일정계획
　- 추진일정계획
　- 계획 지연 또는 차질시 대책
Ⅷ. 추정재무제표
　1. 추정손익계산서
　2. 추정재무상태표
　3. 추정재무제표 산출명세서

제출 첨부자료

1. 임원이력서
2. 사업자등록증
3. 제품카탈로그 등

6-2. 사업계획서(기본모델)의 내용과 형식

가. 서문(요약문)

예시

이 사업계획서의 작성목적은 제품개발의 완성, 제조 공장의 설립, 의욕적인 판매 및 마케팅 수행을 위한 ○○억 원의 자금 조달 및 경영관리를 위한 기초자료를 제공하는 데 있다.
(※ 작성목적과 취지)

"창신" 주식회사는 "갑"이라는 이름의 "○○" 제품을 개발한 신설 회사이나바, 일반고객은 물론이고 산업용 및 공업용으로 폭 넓게 사용될 이 신제품의 잠재시장은 향후 5년간에 걸쳐 ○○○억 원 이상에 달할 것으로 예상된다.
(※ 취급제품과 시장규모)

"창신" 주식회사는 창업 후 1년 이내에 흑자를 기록할 것이며, 3차 연도 말까지는 적어도 ○○○억원의 매출 및 ○○○억원의 순이익을 실현할 것으로 기대된다.
(※ 향후 비전 및 경영현황 예상)

"창신" 주식회사는 1차 연도 말까지는 자립하게 될 것이다.　**(※ 회수기간 및 자립도)**

신제품의 주요 시장은 국내는 물론 전 세계 시장이 대상이 된다.　**(※ 판매대상 시장)**

면밀하고도 구체적인 시장분석 결과에 의하면 현재 유통되고 있는 어떠한 상품도 그 특성, 유익성 및 가격면에서 "갑" 제품과는 비교될 수 없음이 밝혀졌다.
(※ 제품의 경쟁력)

자금조달이 완료되면 3개월 이내에 생산체제의 100% 가동에 들어갈 수 있으며, 5개월 이내에 최초 1,000단위 제품을 출시하게 될 것이다.　**(※ 향후 가동현황 예상)**

"창신" 주식회사는 투자에 대한 적정 이익을 반드시 제공하고자 한다. 또한 당사는 필요한 자금을 조달하기 위하여 기타의 적절한 조치도 취할 것이다.
(※ 투자에 대한 보상 약속)

본 사업계획서에 활용된 제반 경영환경에 대한 가정과 당해 사업의 성공문제는 100% 보증할 수는 없으나 성공 가능성에 대한 기대 가치는 대단히 높은 수준임을 밝혀둔다.
(※ 사업성공 가능성의 예상)

○○○○년 ○○월 ○○일
"창 신" 주 식 회 사
대표이사 서　병 기
대표이사 서　찬 기

나. 일반사항

예시

목차(항목) 형식	주요 검토(평가) 내용
일반사항 1. 회사개요 2. 회사연혁 3. 조직기구도 4. 주주현황 5. 경영진 및 기술진 6. 금융거래현황 7. 관련기업현황 8. 기타 특기사항	**창업관련 일반사항** 1. 경영자 요소 2. 기업개요 가. 기업명 및 형태 나. 설립예정지역 다. 주요 생산품 등 ※ 평가 요소 1. 경영자 인성: 통찰력과 예측능력, 사업교섭력, 위기대응력, 조직관리능력 등 2. 경영진 능력: 동사업 관련경험, 평가된 경영능력, 학력 등 3. 경영자 재력: 금융, 정치, 경제, 학연, 지연, 자금조달 및 담보능력 등

다. 사업계획

예시

목차(항목) 형식	주요 검토(평가) 내용
Ⅰ. 계획사업의 개요 1. 계획사업내용(총괄요약) 2. 계획사업 개요 가. 사업의 목적 및 동기 나. 계획사업의 파급효과 다. 경영 비전	**기술현황 및 제품개발** 1. 창업대상 기술의 내용 및 특성 (기술의 우위성) 2. 아이템 선정 과정 및 제품현황 3. 창업동기 및 목적 - 사업전개 방향 및 기대효과

목차(항목) 형식	주요 검토(평가) 내용
3. 계획제품 가. 제품의 종류 및 규격 나. 제품의 용도 다. 제품의 특성 4. 기술개요 가. 기술개발 또는 보유경위 나. 계획사업의 관련 기술내용 　(공업소유권 포함) 다. 경쟁기술 또는 연관기술과의 비교	4. 기술개발 및 현황 가. 개발목표 및 내용 나. 개발인력 구성 등 ※ 주요 평가 요소 1. 제품의 개발 가능성 및 기술 능력: 기술인력현황, 핵심기술내역, 기술도입 및 협력가능성, R&D과정 및 개발일정 등 2. 제품의 특성 및 경쟁력: 유사품 대비 기술적 우위성, 가격경쟁력, 대체기술 출현 가능성, 기술특허 현황, 기술도입 가능성, 기술변화 등
II. 판매계획 1. 연차별 판매계획 가. 총괄 나. 판매전략(가격, 유통, 촉진, 대금회수 등) 2. 시장현황 및 전망 가. 시장현황 및 특성 나. 수요 및 공급실적 다. 동종업계 및 경쟁현황 3. 제품별 수요예측 및 매출액 추정 가. 시장규모 및 수요예측 나. 매출액 추정	시장성 및 판매전망 1. 진출하고자 하는 시장 현황 가. 동종업계 현황 및 경쟁 강도 나. 계획제품의 시장침투 가능성 및 수요 전망 2. 판매계획 및 마케팅 전략 가. 마케팅전략 − 판매경로 및 방법 − 가격전략 및 중점대상 시장 　(목표고객 선택) 나. A/S 계획 ※ 주요 평가 요소 1. 시장특성: 제품의 용도와 성격, 시장규모, 경쟁강도 및 경쟁사 현황, 수요예측 및 근거, 수요계층, 연도별 판매계획 2. 마케팅전략: 판매경로, 판매전략, 가격정책, 목표 M/S 및 달성전략

목차(항목) 형식	주요 검토(평가) 내용
III. 생산(구매)계획 　1. 연차별 생산계획 　가. 총괄 　나. 가동전략 　2. 원부재료계획 　가. 제품 단위당 소요량 계획 　나. 원부재료 조달계획 　3. 공정계획 　가. 공정도 및 공정설명 　나. 공정능력계획	**생산(구매)능력 및 투자** 　1. 생산 및 시설투자 계획 　가. 생산에 필요한 시설 및 설비 　나. 투자계획 　2. 원·부자재 사용 및 조달계획 　※ 주요 평가 요소 　1. 생산능력: 기술 및 생산인력 보유, 시설 　　확보 정도 및 능력, 원·부자재 조달능 　　력, 생산기술확립, 설계개발능력, 유지
VI. 비유동자산 투자계획 　1. 연차별 비유동자산 투자계획(총괄) 　2. 설비투자계획 　3. 입지계획 　4. 건축(공사)계획 　5. 건물 및 시설 배치계획 　6. 기타 비유동자산 투자계획	보수계획 등 　2. 원가추정: 원단위 산출, 원가의 유동상 　　태 등 　3. 공장건설: 설비구입 및 Layout, 공사일 　　정, 설비계약관련 사항 　4. 생산형태: 양산가능성, 생산규모 등
V. 조직 및 인원계획 　1. 조직계획(조직도) 　2. 인원계획 　가. 연차별 인원계획 　나. 부문별, 직위별, 인원계획 　3. 기준인건비 계획	**조직 및 인력운용 계획** 　1. 조직기구 및 의사결정 경로 　2. 조직 및 인력구성의 특성 　3. 종업원 현황 및 고용, 급여, 복리후생계 　　획 　4. 교육훈련, 동기부여계획 등
VI. 자금계획 　1. 연차별 자금계획(총괄) 　2. 자금소요계획 　가. 고정자금계획 　나. 운전자금계획 　3. 자금조달계획 　4. 자금수지 계획 　가. 자금수지예상 　나. 차입금상환계획	**자금운용 및 조달계획** 　1. 소요자금 명세 및 용도 　2. 조달계획 　가. 자금조달 규모 및 방법 　나. 보증 및 담보계획 　3. 차입금 상환계획 　※ 주요 평가 요소 　1. 소요자금 규모 및 조달 가능성

목차(항목) 형식	주요 검토(평가) 내용
	2. 재무수익성
	3. 차입금상환 능력 등
VII. 이익계획	※ 주요 평가 요소
1. 연차별 이익계획(총괄)	1. 투자수익성(ROI)
2. 수익계획	2. 경제적 타당성의 정도
3. 비용(원가)계획	3. 재무정보 산출의 적정성 등
가. 제조(매입)원가 계획	
나. 판매비와 관리비 계획(총괄)	
다. 영업외 수익비용 계획	
VIII. 미래 경영상태 분석	※ 주요 평가 요소
1. 손익분기점 분석	1. 미래 경영상태 예측
2. 수익성 요인 분석	2. 경영환경 변화에 따른 재무적 성과의 변동 정도
IX. 연구개발계획	
X. 사업추진일정계획	
1. 추진일정계획	
2. 계획지연(차질)시 대책	
XI. 추정재무제표	
1. 추정 재무상태표	
2. 추정 손익계산서	

라. 제출 첨부자료

예시

목차(항목)형식	주요 검토(평가) 내용
1. 경영진 이력서	※ 주요 평가 요소
2. 기술진 이력서	― 사업계획의 검증 및 보완
3. 최근 3년간 결산 서류	
4. 담보제공시 담보물 감정서	
5. 보증관련서류	
6. 사업자등록증 사본	
7. 정관	
8. 법인 등기부 등본	
9. 제품 카탈로그	
10. 기타 필요하다고 인정되는 서류 등	

참고문헌

국내문헌

김기영(1985), 『생산관리』, 법문사.

김신복·노화준(2003), 『개발기획론』, 한국방송대출판부.

김언수(2004), 『Top을 위한 전략경영 2.2』, 박영사.

김원수(1993), 『경영학원론』, 경문사.

김원수(1998), 『인간욕구와 신상품 개발』, 경문사.

김학주 역저(1974), 『대학 중용』, 명문당.

김훈철·장영열(1993), 『신제품 개발을 위한 전략적 사고법』, 김영사.

김희경·성은숙(2001), 『BSC실천매뉴얼』, 시그마인사이트컴.

대한상공회의소(1995), 『산업·기술정보조사 실무지침서』, 대한상의.

래리 A. 로울라드(1997), 『목표설정과 달성』, 알파경영혁신센터.

매일경제 지식프로젝트팀(1998), 『지식혁명보고서』, 매일경제신문사.

박동준(1992), 『무계획은 실패를 계획하는 것이다』, 도서출판 성림.

박춘엽(1991), 『중소기업 창업과 사업성분석』, 도서출판 아오.

박춘엽·김성희(1992), 『신규사업의 전략과 실무』, 도서출판 아오.

백종현(1984), 『입지의사결정론』, 박영사.

서비스경영연구회(2003), 『서비스경영』, 한경사.

서정민(1999), 『창업과 경영을 위한 사업계획서』, 한국세정신문사.

세노우 아키오(妹尾晶夫), 우인하 역(1997), 『신상품·신사업 개발전략』,
산업기술정보원.

손기원(1998), 『현금흐름과 재무전략』, 경영베스트.

안광호·김동훈·김영찬(2002), 『시장지향적 마케팅전략』, 학현사.

윌리엄 던(William N. Dunn), 남궁근 외 3인 역(2009), 『정책분석론』, 법문사.

이용희(1992), 『장단기경영계획 작성법』, 한국생산성본부.

이한검(1993), 『경영정책·전략론』, 형설출판사.

정승화(1990), 『벤처창업론』, 박영사.

제이 겔브레이스(Jay R. Galbraith), 김현주 역(2006), 『전략 구조 프로세스 통합을 위한 조직설계방법론』, ㈜시그마인사이트컴.

조동성(1997), 『21C를 위한 전략경영』, 아이비에스.

채서일(1994), 『사회과학조사방법론』, 학현사.

최석룡(1998), 『연도 경영계획 작성법』, 갑진출판사.

최종태(1995), 『현대인사관리론』, 박영사.

토마스 사티(Thomas L. Saaty), 조근태 외 2인 역(2003), 『리더를 위한 의사결정』, 동현출판사.

패트릭 딕슨(Patrick Dixon), 고빛샘 역(2007), 『퓨처와이즈』, ㈜웅진씽크빅.

한국은행(2007), 『산업연관분석 해설』, 한국은행.

한상만·하영원·장대련(2004), 『마케팅전략』, 박영사.

김상욱(2001), 「마케팅능력과 성과와의 관계에 관한 연구」, 고려대학교 박사학위논문.

김원배(2001), 「BSC모형의 비재무적 성과측정치와 재무적 성과측정치의 관계에 관한 실증적 연구」, 단국대학교 박사학위논문.

김형준(1999), 「신제품 개발조직의 지식역량이 신제품 경쟁우위에 미치는 영향에 관한 연구」, 서울대학교 박사학위논문.

서정민(2005), 「신규사업 개발전략과 종합마케팅능력이 성과에 미치는 영향에 관한 연구」, 한국해양대학교 박사학위논문.

조서환(2000), 「신제품 개발의 성공요인에 관한 연구」, 경희대학교 박사학위논문.

주호식(2002), 「한국기업 자회사의 전략적 통제의 결정요인에 영향관한 연구」, 부산대학교 박사학위논문.

최원일(1997), 「신제품 개발전략, 과정 및 구조와 성과의 관계에 관한 연구」, 부산대학교 박사학위논문.

홍미경(2000), 「BSC가 기업성과에 미치는 영향에 관한 연구」, 숭실대학교 박사학위논문.

홍재범(1996), 「한국기업의 다각화 결정요인과 경제적 성과에 대한 연구」, 고려대학교 박사학위논문.

국외문헌

Aaker, D. A. (1995), *Strategic Market Management 4th ed.*, John Wiley & Sons. Inc.

Abell, D. F. (1980), *Defining the Business: The Staring Point of Strategic Planning*, Prentice-Hall.

Booz, Allen & Hamilton(1982), *New Products Management for the 1980s*, NY: Booz, Allen & Hamilton Inc,

Christoper Lovelock(2002), *Principles of Service Marketing*, Prentice - Hall.

Cooper, R. G. (1993), *Winning at New Products 2nd ed.*, MA: Addison - Wesley Publishing Company.

Crawford, C. M. (1991), *New Products Management 3rd ed.*, IL:

Homewood.

Day G. S. & D. Reibstein(1997), *Wharton on Dynamic Competitive Advantage*, John Wiley& Sons, Inc.

Hamel, G., & Prahalad, C. K.(1994), *Competing for the Future*, MA: Harvard Business School Press.

Kaplan, R. S. & D. P. Norton(1996), *The Balanced Scorecard; Translating Strategy into Action*, Harvard Business School Press.

Curtis, C. C. & L. W. Ellis(1997), "*Balanced Scorecards for New Product Development*", Journal of Cost Management, May-June.

Davila, A.(2000), "*An Empirical Study on the Drivers of Management Control Systems' Design in New product Development*", Accounting, Organizations and Society, vol.25, no.4.

Homburg & Pflesser(2000), "*A Multiple-Layer of Market-Oriented Organizational Culture: Measurement Issues and Performance Outcomes*", Journal of Marketing Research, vol.37(November).

Mintzberg, H. (1987), "*The Strategy Concept I : Five Ps For Strategy*", California Management Review, Fall.

Webster, J. E.(1992), "*The Changing Role of Marketing in the Corporation*", Journal of Marketing, vol.56(October).